タイム・スリップの断崖で

２００４－２０１６

絓秀実

書肆子午線

タイム・スリップの断崖で　目次

装幀　濱崎浩司
写真　迫川尚子
写真集『日計り Shinjuku, day after day』（新宿書房）より

タイム・スリップの断崖で　2004–2016

2004年4月−6月
リベラル・デモクラシーの共犯——鶴見俊輔の場合

高遠菜穂子さんら三人がイラクのパルチザンに拘禁され[*1]、日本国内で「自己責任論[*2]」が沸騰した時、パウエル国務長官[*3]が「日本人は彼（女）らのような善意のボランティアの存在を誇るべきだ」といった意味の発言をしたことは知られている[*4]。しかし、この発言に対する高遠さんらを支援する日本の左派からの批判は聞かれなかった。これは奇妙なことではないのか。パウエルが相対的にリベラルで、ブッシュ[*5]政権内で「疎外」されているとは言っても、彼はアメリカの対イラク戦争の責任ある当事者なのである。日本の政治家とちがって、アメリカはさすがに度量が広いなどと感心している場合ではない。イラク戦争が、アメリカによるリベラル・デモクラシー[*6]の輸出という「大義」を掲げざるをえないのであれば（それは事実だ）、左派は当然にも、パウエル発言を批判しなければならないはずだ。ブッシュ政権にとって高遠さんのような存在（NGOもジャーナリストも含む）

＊1 イラク戦争下の二〇〇四年四月七日、イラク・ファルージャ近郊でボランティア活動家の高遠菜穂子、フリーカメラマンの郡山総一郎、ボランティア志願の未成年の少年の三人が武装勢力によって拘束され、イラクのサマーワに駐留している自衛隊の撤退を要求する声明が出された。当時の首相小泉純一郎は早々に自衛隊を撤退しないことを明言。それに対し、人質家族たちが会見を開き、自衛隊の撤退による人質の救出を求めると、「2ちゃんねる」やブログを中心としたネット上で、拘束された三人とその家族に対するバッシングが過熱。その後、新聞、週刊誌でも展開された。

＊2 本来、近代法学においては、「個人は自己の過失についてのみ責任を負う」原則を「自己責任」と呼ぶ。ただし、イラク邦人人質事件の時期以後の日本では、特に、個人がリスクを負って行なった結果はすべて自業自得であり、国家にその救済・保証・解決などを求めることは「甘え」であるとする論調を指す。

＊3 コリン・パウエル（一九三七—）。アメリカ合衆国の政治家、元軍人（退

は、「帝国主義の娘」[*7]（レヴィ＝ストロース）とも言えるわけで、イラク戦争を遂行する上で、必要不可欠な「駒」だと言える。

イラクのパルチザンが、もし、高遠さんらを、ただちに殺害したとしたら、どうだっただろう。彼らにとって、それは、充分にありえたリーズナブルな選択だったはずだ。なぜなら、高遠さんらの主観的なモチベーションはどうであれ、彼（女）たちほどアメリカが掲げる「大義」を担保してくれる存在はいないわけだし、ブッシュ政権にとってひそかに、しかし、最も都合のいい存在のはずだからだ。その意味で、まっさきに「自己責任論」を口走ってしまった小泉[*8]以下日本政府・政治家は、きわめて反ブッシュ政権的である。小泉がアメリカに追随したい（そのことで、中東利権を確保したい）のなら、率先して高遠さんらを「日本国民の誇り」と言うべきだったのだ。同じことを日本の市民主義左派について言えば、高遠さんらの善意を賞揚する彼らの運動が、本質的に「反戦」たりえないことも明らかだろう。左派もまたフセイン政権の崩壊を歓迎せざるをえないわけだし、結局のところ、リベラル・デモクラシーの注入による民主的な政権の樹立を望んでいる。これでは「反戦」ではなく、イラク戦争支持ということになりはしないか。ここに今日の市民主義的反戦運動のディレンマも存在している。

今日の反戦運動と、六〇年代のヴェトナム反戦運動[*9]との大きな差異も、ここに存在する。周知のように、六〇年代から七〇年代初頭の日本においても、「ベ平

役陸軍大将）。ブッシュ政権第一期目の国務長官（二〇〇一—〇五）。

＊4 日本において、「自己責任」論が過熱するなか、JNNの単独インタビューに答えたもの。

＊5 ジョージ・W・ブッシュ（一九四六—）。アメリカ合衆国の政治家。第四三代アメリカ合衆国大統領として二〇〇一年から〇九年までアメリカ政府を運営。父親は湾岸戦争時に第四一代アメリカ合衆国大統領だったジョージ・H・W・ブッシュ。

＊6 法の支配による公私の分離を重視するイデオロギー。「公」の領域では議会制民主主義のもと選挙を中心とする参政権を特に重視し、「私」の領域では自由主義的な経済活動が保障されることを特に重視する。フランシス・フクヤマ（本書一一九頁＊23参照）が『歴史の終わり』において「人類のイデオロギー上の進歩の終点」と規定したことでも知られる。現在の論者のなかではベルギー出身の政治学者シャンタル・ムフ（一九四三—）が参照される筆頭のひとり。

＊7 「人類学は遠くからものを眺めることに淵源する天文学のように冷静な

連[10]」（ベトナムに平和を！市民連合）の市民運動が隆盛をきわめた。しかし、ベ平連の「アメリカはベトナムから出て行け！」というスローガンが有効たりえたのは、アメリカが出て行ったあとには、ソ連なりヴェトナム共産党が存在したからである（その意味で、ベトナム反戦運動は、ソ連邦の極東戦略に合致していた）。ところが、イラクからアメリカが出て行った場合、そこに現出するのは、アナーキーな内戦でしかないことを誰もが予感してしまうのだ。「自衛隊撤兵」は言えても、「米軍撤兵」を第一義的に言うのをためらっているかに見える市民主義左派が、結局はアメリカのリベラル・デモクラシーと密通してしまう理由である（もちろん、米軍が国連軍に代わっても問題は変わらない）。

今日、日本の左派の間では、ベトナム反戦運動を回顧する六〇年代市民運動の再評価が盛んになっている。しかし、六〇年代市民運動が今日においては反復不可能であることを認識しない時、きわめて安易な歴史の捏造が行われ、あたかも、それが事実であり今日的であるかのごとき言説が生産されてしまうのである。『〈民主〉と〈愛国〉　戦後日本ナショナリズムと公共性』（新曜社、二〇〇二年）で鶴見俊輔[11]や小田実[12]のベ平連運動のアクチュアリティーを賞賛した小熊英二[13]が、上野千鶴子[14]とともに鶴見にインタヴューした『戦争が遺したもの　鶴見俊輔に戦後世代が聞く』（新曜社、二〇〇四年）は、そうしたものの代表例と言えるだろう。鶴見の近年の回顧的言説のいかがわしさについては、すでに、やはりベ平連関係者で

科学ではない。それは人類の大部分を他の道具と化して、その間に無数の罪もない人間たちが資源を略奪され、制度や信仰を破壊された歴史的過程の所産であり、彼ら自身はといえば容赦なく殺され、奴隷に売られ、抵抗すべくもなかった病気に感染させられたのであった。人類学はこの暴行の時代の娘である」（「人類学、その成果と将来」田島節夫訳、「みすず」第93号、一九六七年二月号）。

＊8 小泉純一郎（一九四二―）。政治家。二〇〇一年から二〇〇六年まで第八七―八九代日本内閣総理大臣。

＊9 日本では一九六五年のアメリカによる北ベトナム爆撃を契機に本格的に始まる。後述の「ベ平連」など既成政党の統率下にない穏健な市民を主体に標榜し発展していった運動体が、広範な運動の盛り上がりを得る媒介となった。さらに学生運動においては、佐藤栄作首相の南ベトナム訪問阻止を掲げた羽田闘争や佐世保エンタープライズ入港阻止闘争、三里塚空港阻止闘争などへと継続的に発展する。

＊10 一九六五年に小田実を代表として鶴見俊輔、高畠通敏などが発足した

あった栗原幸夫の『自由主義』以後の思想的境界（続）」（『反天皇制運動じゃ〜なる』一九九八・三・二〇号）での指摘があるが、問題は、そのような指摘にもかかわらず、小熊らの若い世代が鶴見の言説をカノン化しようとしている事態なのであり、栗原の文章もそうした動向に拮抗しうるものでないということなのである（栗原の文章は吉川勇一[*15]（ベ平連事務局長）の編集・管理によるWebサイト「旧『ベ平連』運動の情報ページ」で読める。[*16]なお、そこでは拙著『革命的な、あまりに革命的な「1968年の革命」史論』〈作品社、二〇〇三年〉からの恣意的な抜粋が吉川による否定的なコメントとともに著者に無断で掲載されているが、一言、掲載を求める断りがあってしかるべきだろう）[*17]。

まず、『戦争が遺したもの』から、捏造と疑われる、いかがわしい発言を幾つか見ておこう。

ベ平連のメンバーが中心となった米軍脱走兵をソ連経由で海外に脱走させたことについて、[*18]鶴見は、それは吉川勇一がソ連大使館と「つながっていたとかじゃなくて、知合いがいたという程度」の関係からなされたのだと言う。しかし、ちょっと考えれば分かることだが、発覚すれば国際問題になりかねない脱走兵幇助を、単なる「知合い」に頼まれたという程度で、ソ連が引き受けるものだろうか。たとえば、塩見孝也[*19]『赤軍派始末記　元議長が語る40年』（彩流社、二〇〇三年）によれば、「国際根拠地建設」のためキューバに渡りたいと希望してキューバ大

「ベトナムに平和を！市民文化団体連合」が発端。六六年十月に「ベトナムに平和を！市民連合」に改称し、全国的な展開を見せる。徐々に学生からは、穏健な「市民連合」に飽き足らず、さらに別の学生運動セクトへ向かうための足掛かりとしての位置づけになる。七四年一月、解散。

＊11 鶴見俊輔（一九二二—二〇一五）。主著に『限界芸術論』（一九六七年）など。月刊思想誌『思想の科学』（一九四六—一九九六年）同人。六〇年安保闘争時に「声なき声の会」を組織。二〇〇四年には大江健三郎などとともに「九条の会」呼びかけ人になった。

＊12 小田実（一九三二—二〇〇七）。作家・市民運動家。一九六一年に刊行された、著者の欧米からアジアにかけての貧乏旅行記『何でも見てやろう』がベストセラーになった。

＊13 小熊英二（一九六二—）。社会学者。『単一民族神話の起源——〈日本人〉の自画像の系譜』（新曜社、一九九五年）でデビュー。その他著書に『1968』上・下巻（新曜社、二〇〇九年）など。

＊14 上野千鶴子（一九四八—）。社会

使館に接触し、「知合い」以上の関係にあった様子の赤軍派に対しても、キューバは渡航の便宜を図ってはいないのである。吉川勇一とソ連大使館とは「知合い」以上の密接な関係にあったと考えるのが妥当だろう（そう考えうる傍証は幾らでもあげられる）[20]。もちろん、脱走兵幇助がソ連邦の世界戦略に合致すると思ったから、援助したのだと思われる。

ところで、鶴見がこのように言う背景は、言うまでもなく、今やソ連邦が崩壊し、コミュニズムに対する信用が失墜しているからにほかなるまい。輝かしいべ平連運動が悪名高い旧ソ連の極東戦略に加担するものであってはならないのだ。おそらく、その鶴見のモチベーションを察知してであろう、さすがに、当時の歴史的文脈をリアル・タイムで知る上野千鶴子は「ソ連にあまり頼るのもどうかという議論になりませんでしたか」と問うているが、鶴見に簡単にはぐらかされている。歴史家であるはずの小熊は、何も疑問を呈していない。これでは、歴史は都合のいいように記述され、さまざまな疑問点は隠蔽されるばかりではないか。

他にも幾つもあるが、もう一例をあげよう。六〇年安保の六・四交通ゼネスト[21]の時、藤田省三[22]（政治学者、故人）から鶴見に、「吉本隆明[23]が全学連[24]の学生たちを率いて、今日の急行を止めると言っている。これをやれば怪我人が出る。やめさせなければいけない。それで、吉本をつかまえて説得してくれ」という電話があり、説得に奔走し成功したという記述がある。しかし、これまた常識的に考えても奇

学者。著書に『女という快楽』（勁草書房、一九八六年）、『家父長制と資本制　マルクス主義フェミニズムの地平』（岩波書店、一九九〇年）、『おひとりさまの老後』（法研、二〇〇七年）など。

＊15 吉川勇一（一九三一—二〇一五）吉川は東大在学中、所感派の活動家として、山村工作隊、砂川闘争などに参加。一九六五年共産党除名後、市民活動家となり、ベ平連の第二代事務局長に就任、解散まで務めた。

＊16 現在は栗原幸夫のHP「ホイのホイ」（http://www.shonan.ne.jp/~kuri/hyouron_5/jiyuushugi_2.html）で読むことができる。一九九八年の朝日新聞による鶴見へのインタビュー記事のなかで、「ベ平連」運動の盛り上がった要因に宮沢喜一がそのティーチインに参加したことを指摘する鶴見の証言のいかがわしさなどを挙げている。なお、栗原はこのころ以降の鶴見の発言を「思想的な老化現象」と捉えているため、かつての「不良少年」鶴見像はそのまま温存される問題がある。

＊17 吉川勇一による『革命的な、あまりに革命的な』の紹介ページ（http://www.jca.apc.org/beheiren/

怪な話だ。当時の全学連はブント[*25]（共産主義者同盟）の指導下にあったが、ブントは小なりといえども自称「前衛党」である。たかだかシンパサイザーに過ぎない吉本隆明が前衛党に方針を出すはずはないだろうし、また、出したとしても受け入れるはずがないではないか。まして、吉本は六〇年安保においては「一兵卒」としてブントのシンパサイザーを任じており、そのことによって学生から信頼を得ていた存在なのである。事実、当時ブント＝全学連の中枢にあった何人かの「ネイティヴ・インフォーマント」にヒアリングをした（その中には、六・四の現場指揮をした者もいる）が、誰もが鶴見＝藤田省三の言うようなことは初耳だ（そんなことは、ありえない）といって驚愕していた。

　ところが、さらに驚くべき証言が、『戦争が遺したもの』刊行の二年以上前（二〇〇一年）に存在していた。六〇年安保時に革共同[*26]（革命的共産主義者同盟）の議長であった黒田寛一[*27]（当時・革マル派指導者）によれば、六・四ストにむけて結成されたニューレフト系のインテリゲンツィアや編集者によって結成された「六月行動委員会[*28]」（吉本、鶴見、藤田を含む）において、藤田、鶴見が「ブランキスト[*29]的言辞を吐」き、六・四ストで「東海道の列車転覆」を計画し、このことを黒田に電話で依頼。しかし黒田は「ただちに拒否」したというのである（『黒田寛一のレーベンと為事[*30]』〈解放社、二〇〇三年〉、これは黒田側近の者による聞き書きをちりばめた書物だが、黒田自身の校閲を経ていると思われる）。

saikin85SugaHidemi-Kakumeitekina.htm）。コメントには「構改派コミュニストとベ平連との関係の論述も皮相的」とある。

＊18 ベ平連は一九六六年から米兵に対して「反戦」運動を行ない、ソ連の諜報機関KGBと協力し、ソ連経由でスウェーデンなどの中立国への脱走する米兵を支援した。

＊19 塩見孝也（一九四一—）。共産主義者同盟赤軍派元議長。国際根拠地論を提唱。『赤軍派始末記』では京都大学入学後の学生運動から、「よど号」ハイジャック事件、連合赤軍までが語られている。

＊20 絓著『1968年』（ちくま新書、二〇〇六年）一〇三—一〇四頁参照。（著者註）

＊21 一九六〇年五月一九日に岸信介内閣が野党などを除いて安保条約を強行採決したことを受け、六〇年安保闘争は、以後、連日国会前に自発的に抗議する市民が集まるなど高揚を見せる。その潮流のなかで、総評中心の労働組合は六月四日と一五日に抗議のゼネストを起こしている。

＊22 藤田省三（一九二七—二〇〇三）。

これも、にわかに信じがたい話だが、今や「謀略論」の専売所である革マル派の黒田寛一といえども、この問題にかんして偽証をおこなう理由は考えられない。やはり六月行動委員会のメンバーであった「ネイティヴ・インフォーマント」の松田政男[*31]によれば、黒田の証言は事実だという。また、少なくとも当時、黒田＝革共同がゼネストに乗じて列車転覆を実行することは想像しにくい。黒田＝革共同にとって、その国鉄フラクションは「虎の子」であったから、弾圧を招きやすい「ブランキズム的」戦術は厳しく斥けられねばならないからである。列車転覆の要請があったとして、黒田が即時に拒絶するのも当然なのだ。しかし、当時において国鉄に足場を持っていたニューレフトは黒田＝革共同だけなのだから、列車転覆を頼めるのは黒田しかいないのだ。

ほとんど正反対の（しかし相補的な）全学連の行動を語る、鶴見俊輔と黒田寛一の証言のどちらが正しいのか（あるいは、どちらも誤りなのか）。改めて私見を言えば、鶴見証言のほうがいかがわしく思えるのだが、黒田証言が正しいとすれば、鶴見がいかにも疑問点の露呈している証言をしている理由も忖度可能である。『戦争が遺したもの』を読むかぎり、鶴見をはじめとする著者たちには、黒田証言の存在を知っている痕跡さえない。もし知っていたならば、いかに鶴見とて、こんな安易な証言をしなかっただろうと思われる（松田政男によれば、鶴見＝藤田の列車転覆計画は、六月行動委員会のなかにおいて、公然の、しかし秘密

政治学者。著書に『天皇制国家の支配原理』（一九六六年）など。

＊23 吉本隆明（一九二四—二〇一二）詩人・評論家。著書に『芸術的抵抗と挫折』（一九五九年）、『言語にとって美とはなにか』1・2（一九六五年）など。

＊24 全日本学生自治会総連合。一九四八年に全国の大学学生自治会から結成された学生組織。初代委員長は武井昭夫（一九二七—二〇一〇）。

＊25 一九五八年結成。一九五五年に武装闘争路線を放棄した共産党から独立した学生運動組織。六〇年まで全学連主流派を担う。五九年の国会構内突入、六〇年の羽田闘争を行ない、吉本隆明をはじめ多数の知識人の支持を受けた。六〇年安保闘争当時には、反日本共産党のブントが主流となっている。

＊26 革命的共産主義者同盟。一九五七年に日本トロツキスト連盟を前身として設立。後に革命的共産主義者同盟全国委員会（中核派）、日本革命的共産主義者同盟革命的マルクス主義派（革マル派）、日本革命的共産主義者同盟（第四インターナショナル日本支部）などに分裂した。

だったという）。
文献博捜を誇る『〈民主〉と〈愛国〉』において、鶴見や吉本を論じ六〇年安保を歴史として研究したはずの小熊英二が、黒田証言を知らなかったことを責めることもできる。『黒田寛一のレーベンと為事』は『〈民主〉と〈愛国〉』の一年前に刊行されているから、小熊は参照可能だったはずだ。参照していれば『〈民主〉と〈愛国〉』の鶴見を論ずるハッピー・エンディングな記述[*32]も、そう簡単には書けなかったかもしれないし、もう少し調べもしただろう。しかし、そのことは問うまい。黒田証言を知らずとも、『戦争が遺したもの』において、鶴見の言説のいかがわしさをインタヴュアーとして質すことは、すでに指摘してきたような素朴なレベルからでも、十分に可能なはずなのだ。

それが、なぜなされていないのか。推測するに、鶴見俊輔に象徴される日本の市民運動が、即、今日のイラク反戦に見られる市民運動へと継承されるべきアクチュアリティーを持っていることを小熊が疑わず、鶴見もそのことを誇ろうとしているからだ。そのためには、鶴見の言説の、ここで指摘してきたようないかがわしさが隠蔽されねばならないわけであり、そうした美しい物語を語るために、二人（あまり発言していないが、上野も含めて三人か？）は、共犯しているからである。

しかし、最初に述べたように、鶴見らに代表される日本の市民運動が掲げたリ

*27 黒田寛一（一九二七—二〇〇六）。日本革命的共産主義者同盟革命的マルクス主義派（革マル）議長・最高指導者。

*28 吉本隆明、鶴見俊輔、藤田省三、橋川文三、松田政男、谷川雁など多数の「左派」により、安保条約強行採決後の六月に結成される。安保総括集会が開催され、八月には吉本、鶴見、藤田などの発起による声明「さしあたってこれだけは」を発表。日本共産党に対し、全学連主流派のブントを支援した。

*29 フランスの社会主義者ルイ・オーギュスト・ブランキ（一八〇五—一八八一）による。主に一揆主義的な跳ね上がりの傾向を指して呼ぶ蔑称。

*30 「六・四ストにむけての革共同・全国委員会とブントが計画した特別会議（五月二十五日）——港地区委員会の日共党官僚田川和夫や山崎衛、そして労対部長の森茂などのすべてのブント系の活動家が姿をみせなかったとのこと。他方、このストライキにむけて、吉本隆明・秋山清・松田政男・石井恭二らが「六月行動委員会」を結成。鶴見俊輔や藤田省三らもブランキスト

ベラル・デモクラシーは、今日では、アメリカの対イラク戦争の遂行を担保するイデオロギー的な役割を、結果として担わされる以外にはなく、その耐用年数はとうに過ぎていることを認識しなければならない。今日の左派がしなければならないのは、たとえば高遠さんの「善意」の反動性を指摘しうるような、市民主義的リベラル・デモクラシーへの批判なのである。

＊この文章が、この時評連載の第一回目だったことは、何やら感慨深い。以後、出来不出来や幾つものブレはあるが、同じ事ばかり書いてきたような気がする（そうでもないか？）。

的言辞を吐いたのだそうである。／たとえば、「東海道線の列車転覆」を計画し、このことを黒田に電話で依頼。しかし黒田はただちに拒否」（『黒田寛一のレーベンと為事』三三九頁）。

＊31 松田政男（一九三三―）。政治活動家・映画評論家。著書に『風景の死滅 増補新版』（航思社、二〇一三年）。

＊32 同書の第十六章「死者の越境」全体が鶴見俊輔に割かれており、その末尾近くには、ベ平連解散式での鶴見の次のような言が引用されている。「なかば定型化したベ平連の手法が将来の世代によってのりこえられ、「他日、ベ平連がベ平連としてではなく、姿を現すようでありたい、と私は思います」（七九二頁）。

2004年7月—9月
脱落するロウアーミドルクラスと2ch「ウヨ」共同体の誘惑

「ぷちナショナリズム」[*1]とも呼ばれる日本的現象が、グローバリゼーション下の世界経済のありかたに規定されていることは、ほとんどあからさまである。「帝国」（ハート／ネグリ）なる概念は、ネイション・ステイトの衰退しつつあることを主張していた。[*2] もちろん、その総体的な傾向が変化するとは考えられないが、ネイション・ステイトの衰退が決してその廃棄ではありえないことに、われわれは改めて直面しつつあり、それが資本主義の問題であることを忘れがちである。もちろん、ナショナリズムは、しばしば経済問題を隠蔽するイデオロギーではある。

周知のように、少し前までの日本のナショナリズムは、主に、韓国の「反日」イデオロギー[*3]に対抗して発動されていた。それは、韓国経済の勃興と相即的であった。それ以前においても、韓国に反日イデオロギーがあったことは事実だし、

＊1 香山リカ『ぷちナショナリズム症候群　若者たちのニッポン主義』（中央公新書ラクレ、二〇〇二年）による。香山は、同書のなかで二〇〇二年サッカーワールドカップでの国民的熱狂や齋藤孝『声に出して読みたい日本語』（草思社、二〇〇一年）のベストセラーなどを受けて、ナショナリズムの「ぷち」再燃を危惧している。

＊2 マイケル・ハート／アントニオ・ネグリ『〈帝国〉グローバル化の世界秩序とマルチチュードの可能性』（以文社、二〇〇三年）。例えば、同書の「今日の世界市場がかつてなく完璧に実現されるにつれ、それは国民国家の境界を脱構築することへと向かっている。以前の時代には、諸々の国民国家はグローバルな生産と交換の近代帝国主義的組織化における主たる担い手であったが、世界市場にとっては、それらはますますたんなる障害となってきているのだ」（水嶋一憲訳、一九九頁）などの記述。

＊3 二〇〇三年発足の韓国盧武鉉政権（二〇〇三—〇八）は当初、日本との関係改善に前向きだったものの、その後、小泉政権との対立を深め、二〇〇四年

日本の側に韓国人・朝鮮人差別があったことも確かだが、それは日本のナショナリズムを刺激する契機ではありえなかった。一九六〇年あたりまでの日本のナショナリズムは、おおむね、「反米愛国」として表現されていたのである。[＊4] しかし、六五年の日韓条約以降、[＊5] 幾つかの曲折をへてではあるが、韓国資本主義の成長と相即して、それは日本のナショナリズムを規定するものへと変貌していった。だが、今や『冬のソナタ』をはじめ「韓流ブーム」などと言われる現象[＊6]からも明らかなように、韓国の反日イデオロギーが、日本人のナショナリズムを突き動かすといった傾向は、相対的にではあるが、衰退しているといってよい。代って目前に登場してきたのが、七月に行われたサッカーのアジアカップで一挙に露呈した感のある中国の「反日」イデオロギー[＊7]であり、それに対抗的に規定されたナショナリズムにほかならない。

現在の「韓流ブーム」を特徴づけているのは、韓国が、もはや理解可能な存在と認識されつつあるということだろう。八八年のソウル・オリンピックを契機として（それと前後して）、これまでにも何度も小さな韓国ブームが存在した。[＊8] しかし、それらは「近くて遠い国」という韓国を規定した言葉からも知られるように、本質的にはエキゾティシズム＝オリエンタリズムによって担保されていたのであり、それゆえ韓国は理解困難な、しかし魅力的な「他者」として措定されていたといえる。それは、サイードの規定したオリエンタリズムなる概念[＊9]がそうで

三月には、日本統治時代の「親日行為」を改めて断罪し歴史記述に反映させる「日帝強占下親日反民族行為真相糾明に関する特別法」が公布され、日本側の反発を招いた。

＊4 日本共産党は五〇年代に「反米愛国」を掲げて幅広い統一戦線を模索した。

＊5 日本国と大韓民国との間の基本関係に関する条約。通称日韓基本条約。一九六五年六月二二日に日本と大韓民国の間で結ばれた。これにより日本は韓国を朝鮮半島唯一の合法国家と認め、国交を樹立した。

＊6 韓国ドラマ『冬のソナタ』が二〇〇三年にNHK・BS2で放送されたことがきっかけとなり、日本国内の大衆的心性を牽引するブームとなった。

＊7 AFCアジアカップ2004（七月一七日〜八月七日）は中国で開催されたが、その際日本戦で会場に詰めかけた中国人の観客が国歌斉唱の際や日本人選手のプレイに露骨なブーイングを行なう様子がテレビ中継されると、日本人の観客に物が投げられたことなども報道され、物議を醸した。同年三月には中国人活動家が釣魚島に上

あったように、自らの（日本資本主義の）欲してかなえられぬ欲望を投影させた「他者」であったが、同時にそれは、日本人から享楽を盗み取る者と考えられた「他者」でもあった。小松左京[*10]や開高健[*11]から梁石白[*12]にいたる作家が描いた大阪猪飼野の「アパッチ族[*13]」なる在日朝鮮人・韓国人たちは、そのような両義的な存在の典型ではなかったか（彼らは、旧日本軍の埋めた膨大な屑鉄を盗掘していた）。そうであるがゆえに、韓国人は差別され、ひそかに羨望もされたのである。ところが、「冬ソナ」の清純な恋愛は忘れていた六〇年代の日本を思い出させる（吉永小百合？　日活青春映画[*14]？）、などといった言説からも知られるように、今や韓国は「他者」ではない、十分に認識可能な「近い」国となったのだ。

いうまでもなく、韓国が「他者」であったのは、日韓条約締結以降の韓国が、日本資本主義を凌駕するかのごとき発展を見せていたからである。もちろん、日本は、そのような事態に、おおむね、タカをくくって応援してきた。だからこそ右派は、凌駕されることの恐怖を、「日韓併合[*15]にもよいところもあった」とか「創氏改名[*16]は韓国側からの要請だった」などといった放言でやりすごそうとしてきたのだし、左派はＰＣ（ポリティカル・コレクトネス）[*17]的に日帝支配の歴史に「恥じ入り続ける」と、これまた言うばかりであったのだ。

これらは、実は、表裏一体の「無責任な」対応である。前者については言うまでもなかろうから、後者の無責任なゆえんについて一言しておけば、その「自虐

陸して逮捕。七月には日本がノルウェーの調査船を雇い東シナ海で海底資源調査を開始するなど、両国の緊張関係が高まっていた。

＊8 同オリンピックを機に、例えば韓国出身の演歌歌手キム・ヨンジャがソウルオリンピック讃歌「朝の国から」で日本国内で再ブレイク。翌年の第40回NHK紅白歌合戦にはキム・ヨンジャ、桂銀淑、パティ・キム、チョー・ヨンピルの4組の韓国人歌手が出場した。二〇〇一年に韓国人歌手BoAが日本デビューしJ-POPの一部として概ね好評に受容されたのは、本論でいわれる「韓流」のはしりだったかもしれない。

＊9 エドワード・サイード（一九三五—二〇〇三）。文学研究者・批評家。「オリエンタリズムとは、オリエントを支配し再構成し威圧するための西洋の様式（スタイル）なのである」（『オリエンタリズム』上巻、今沢紀子訳、平凡社ライブラリー、一九九三年、二十一頁）。

＊10 小松左京（一九三一—二〇一一）。SF作家。著書に『日本沈没』（一九七三年）など。

＊11 開高健（一九三〇—一九八九）。小

的」とも評される「もっと、もっと（糾弾を）」というＰＣ的な主体のありかたが、実は、不断に拡大再生産に向かって行く、後期資本主義[*18]において全面開花した「資本」という主体と相同的であるからにほかならない。「資本」もまた、「もっと、もっと（拡大再生産を）」という以外には言う言葉を持たないのだ。ＰＣ的な主体がいかがわしいのは、資本主義的な「悪」の歴史を反省しているようでいて、自らは、それに加担する主体をモデルにしているところに無自覚だからだろう。九〇年代日本におけるＰＣ的主体の登場は、バブル経済の崩壊と長期不況下における、「資本」の拡大再生産の新自由主義的努力に対応していたと言うべきである。

　しかし、今や問題は、そのようなＰＣ的主体が機能失調に陥りつつあるということだ。韓国と日本の関係は一種の均衡がもたらされそうな気配が見られる。それは、両国ともに、中国資本主義のヘゲモニーに対等に接することができないからだろう。アジアカップにおける「反日」騒擾は、日本の側が中国に対して、ＰＣ的に「もっと、もっと」と言えなくなりつつあることを証している。中国政府は反日騒擾に対して、遺憾の意を表したという。[*19]それは、巷間言われているように、次回の北京オリンピック[*20]を成功裡に収めるための事前の配慮というよりは、もはや中国が日本を端的にのりこえた資本主義大国となったことの「誇り」と見なすべきである。日本を凌駕したのであれば、資本主義にとって、「反日」ナ

説家。著書に『裸の王様』（一九五八年）、『日本三文オペラ』（一九五九年）など。

＊12　梁石白（一九三六―）。小説家。著書に『血と骨』（幻冬舎、一九九八年）など。

＊13　戦中米軍の集中爆撃によって壊滅した猪飼野区大阪砲兵工廠の焼け跡から、戦後金属類を回収して生計を立てていた在日朝鮮人集落の総称。小説では、小松左京『日本アパッチ族』（一九六四年）、梁石白『夜を賭けて』（一九九四年）などで題材となった。

＊14　60年代、日活純愛路線として浜田光夫・吉永小百合コンビによる『キューポラのある街』（一九六二年）、『泥だらけの純情』（一九六三年）、『愛と死をみつめて』（一九六四年）などが次々と公開され大ヒットした。

＊15　一九一〇年に大日本帝国が大韓帝国を併合、大韓帝国は終わりを告げ、朝鮮総督府が設置され、一九四五年まで朝鮮全土がその統治下に置かれた。

＊16　朝鮮総督府により朝鮮における皇民化政策の一環として一九三九年に公布、翌年、施行された。朝鮮固有の父系血統による「姓名」を、日本的イエ

ショナリズムの発動は邪魔なだけであって、中国政府当局としては、日本の右派が言うところの「成熟したナショナリズム」*21（つまり、金持ち喧嘩せず）へとシフトしたいところだろう。

だが、中国が「金持ち喧嘩せず」の国になった時、それは、日本が自らの劣位を認めてしまうことにも帰結する。事実、中国は「世界の生産工場」から巨大な消費市場をも並存させる国となっており、日本経済がそこで貿易を開拓・拡大できるかは死活問題なわけだが、それは簡単に言えば、日本の中国への依存・属国化という事態にほかならない。

もちろん、中国資本主義は今や日本を属国だと認識しはじめているだろう。だが、それなら反日イデオロギーなど余計なものを露出せず、資本主義の原則で交通してくれればいいのだが、そうはいかない様子なのだ。いまだ日帝の中国侵略を問題化して排日＝反日的行動をとる中国民衆に対して、日本はＰＣ的に「もっと、もっと」と言い続けることができるだろうか。この度の事件に際しても昔と同様に、そう言っている知識人は、寡聞にして知らないのである。かつて、彼らがそう言いえたのは、とにもかくにも日本資本主義が「もっと、もっと」と言いうる余裕、つまり、日本が「金持ち喧嘩せず」の立場にありえたからではあるまいか。ＰＣ的主体がうさんくさいのは、結局、それが「金持ち喧嘩せず」という程度にしか見えないからであった。ところが今や、日本を経済的に規定し

制度である「氏名」に改めさせ、天皇家を宗祖とする家父長制を植え付けようとした。二〇〇三年五月には当時、自民党政調会長だった麻生太郎が「創氏改名は、朝鮮の人たちが〝名字をくれ〟と言ったのがそもそもの始まりだ」と発言し、韓国側から非難された。

＊17 職業・性別・人種・文化などを理由とした差別を斥けた政治的公正さを目指す。日本では一九九〇年代以降に徐々に浸透を見せた。

＊18 ポスト・フォーディズムともいう。大工場生産と福祉国家をモデルとした大量生産・大衆消費・大量雇用のフォーディズムの画一性に代わり、個々の人的資本のあらゆる能力を資本主義的な価値のために動員する。

＊19 サッカーアジアカップでの自国の観客の態度に対して、中国政府はそのような振舞いは「真の愛国」ではないとの見解を表明した。二〇〇五年四月には「人民日報」が一九七二年の日中国交正常化を果たした「共同声明」をはじめ、「平和友好条約」「共同宣言」の全文とその解説を掲載した。

＊20 二〇〇八年八月、中国で初の開催となった。

ている「金持ち」の国の国民から、「もっと、もっと」と追い詰められているのである（もちろん、中国社会の貧富の格差を指摘して、日本の相対的な豊かさを誇ることはできようが、そんな幻想もつかの間であり、日本が中国以上に階級格差のある社会になりかねないことは、誰もが感じている）。こんな「理不尽」（？）を前に、資本主義的余得配分から脱落した、若者をはじめとするロウアーミドルクラス（負け組？）が、保守的なナショナリズムへと回帰する傾向が強くなるのも、当然である。[*22] 今やそれは、擬似伝統的な物語である「冬ソナ」や「セカチュウ」[*23]のようなものであるばかりでなく、もっとも膨大な層としては、2ちゃんねるの「ウヨ」的書き込み[*24]として現出しているものだろう。

大著『責任と正義　リベラリズムの居場所』（勁草書房、二〇〇三年）でリベラリズムの「立ち位置」を選択し、「2ちゃんねる」の「ウヨ」的言説について警鐘を鳴らすエッセイや対談も公表している北田暁大[*25]が、ユング派で反フェミニストを標榜する林道義とのネット上の論争[*26]で、いささかドジを踏んでいる様子である。事の詳細は両者のＨＰその他を見てもらいたいが、つまりは、北田が、林は「女は家に帰れ」と言っているだけだと批判したのに対し、林は事実としてそんなことは言っていないと、八月下旬に今すぐの謝罪を求め、九月上旬現在まででは北田が沈黙しているという展開である。その間、北田が或るblogで、林を揶揄する２ｃｈもどきのジャーゴンを用いた下手な書き込みをしたりして、どう

＊21 むやみに排外主義に走らず、自国に自信を持ったうえで寛容の精神で他国に対応できることを誇れるナショナリズム。

＊22 酒井順子『負け犬の遠吠え』（講談社、二〇〇三年）がベストセラーとなり「負け犬」が流行語大賞にもなったことをはじめ、山田昌弘『希望格差社会「負け組」の絶望感が日本を引き裂く』（筑摩書房、二〇〇四年）など、この時期に勝ち組／負け組といった言葉がひろく流通する。のちに「負け犬」の若者が「保守化」することは雨宮処凛と佐高信の共著『貧困と愛国』（毎日新聞社、二〇〇八年）、山田昌弘『なぜ若者は保守化するのか　反転する現実と願望』（東洋経済新報社、二〇〇九年）などで指摘されている。

＊23 片山恭一の小説『世界の中心で愛を叫ぶ』（小学館、二〇〇一年）の略称。ベストセラーとなり、映画化・テレビドラマ化もされた。ヒロインが不治の病にかかる純愛もの。

＊24 ネットウヨクこと通称「ネトウヨ」によるもの。主には匿名で、インターネット上に排外主義的・差別的な書き込みを行ない「愛国」を唱える。

も論争としては北田が拙劣に見える。

メディア論を専攻してネット社会に精通しているはずの北田が、どうして（今のところ）こんなことになってしまったのか。北田と林の論争は、かつてアメリカで行なわれ、もちろん決着を見なかったリベラリズムとコミュニタリアリズムの一種の反復とも言えるが、私見では、北田の2ちゃんねる論が（リベラリズムの盲点と思うが）、ほとんど階級と共同体の問題を欠落させていることに淵源していると思う。

改めて指摘するまでもなく、2ちゃんねる——とりわけ、そこで多々見られる、読むに耐えないものまで存在する「ウヨ」的な「祭り」に明らかなように——は、ロウアークラスへの脱落におびえる者たちの匿名の共同体であり、自ら享楽するための形式となっている。2ちゃんねらーは、もはや韓国人や中国人に対して（あるいは、「女」に対しても）、面と向かって差別することもできなければ、PC的に「もっと、もっと」と言うことができないがゆえに、そのような生活共同体を欲したのである。そのような（その意味で、きわめて「日本的」でもある）共同体に対しては、北田のように、「《リベラル》の花束を」[*27]といった合理的・超越的な忠告は、無効なのだ。2ch的共同体は、そもそも非合理的である享楽のためのものだからである。そのような享楽に対して無自覚であるからこそ、北田はblogという有名性の場に2ch的書き込みをしてしまうという、自ら禁じ

だが、政治団体「一水会」元最高顧問の鈴木邦男（一九四三—）などからは「日本を冒涜する」存在と捉えられている。

＊25 北田暁大（一九七一—）。社会学者。主著に『嗤う日本の「ナショナリズム」』（日本放送出版協会、二〇〇五年）など。

＊26 林道義（一九三七—）。経済学者・心理学研究者。東京大学法学部在学中に全学連組織部長として六〇年安保闘争に参加。その後、ユング研究に転じた。また、フェミニストとして事実婚を実践したが、一九九六年刊行の『父性の復権』（中公新書）以降は、父権論者としてラディカル・フェミニズムを批判。当時、荒川区の男女共同参画条例制定懇談会会長を務めていた林に対し、この条例案を北田が自身のホームページで「スーパーバカ条例」などと批判した。これにまた林が「誤読にもとづくもの」と反論、謝罪を要求し、一部で「祭り」となった（現在、北田のHPは閲覧不可）。

＊27「北田暁大インタビュー 2ちゃんねるに《リベラル》の花束を」による。元サイトはすでに削除されているが、

ているはずの享楽への誘惑に屈するごとき誤りまで犯してしまったのだ。

では、どうしたらいいか。別段、2ch に書き込みをしたなどと告白することではないだろう（北田・斎藤環対談「匿名化するメディアからメディア化する匿名性へ」、『談』71号参照）[*29]。もちろん、「私」が匿名で書き込みをしているなどという告白を、ここですることもない（実際、私は「ラーメン板」に二度ほど書いた以外は、2ch には、いまだ観察者の位置にとどまるのだが）。ただ、匿名でいながら、個々に闘えばいいだけではなかったか。たとえ、それがいかにも消耗戦にみえようとも、である。

「自己の相対化に耐えられないナイーヴな2ちゃんねらー」に対し「2ちゃんを『嗤う』リテラシー」=リベラリズムを求める発言がされていた。

*29「2ちゃんねる」に書き込みをしたことがあるかという北田の質問に、斎藤が「それこそ匿名で自分の悪口を書いたことがあります」と答えたのを受け、「あっ、それは僕もやりました」と返している。

*今日の2ちゃんねるの衰退は、当時はまったく想定できなかった。

2004年10月―12月
デリダが亡くなった時、宮本顕治について考える

すでに予告されていたこととはいえ、ジャック・デリダ[*1]の死は「ポストモダン[*2]の終焉」を――「ポストモダン」が何であるかは問わず――多くの者に印象づけた様子だ。しかし、すでにフーコー[*3]が、ドゥルーズ[*4]が、ガタリ[*5]が、そして「ポストモダン」の喧伝者であったリオタールが亡くなっている今日にあっては、「ポストモダンの終焉」をことさらに言い立てることは、ある種の退嬰におちいるほかない。

「ポストモダンの終焉」という言説[*6]は、日本にあっては一種の歴史回帰を伴ってあらわれており、文学的には小林秀雄への――時として安易な――回帰をもたらしていると同時に、特殊左派陣営にあっては、中野重治に対する無内容な礼賛を呼び起こしているように思われる。小林秀雄に言及した文章や書物はひきもきらないし、それほど目立たないとはいえ、中野重治を礼賛する者も数多い[*7]。これに、これまた流行の保田與重郎[*8]を加えれば、日本における「ポストモダン以後」の正典（カノン）は出揃ったというべきだろう。小林、中野、保田らについての否定的な言

＊1 ジャック・デリダ（一九三〇―二〇〇四）。フランスの哲学者。主著に『グラマトロジーについて』（一九六七年）など。

＊2 元は建築においてモダニズム建築に対する反発として唱えられた。一般的には『ポストモダンの条件』（一九七九年）においてフランスの哲学者・ジャン=フランソワ・リオタール（一九二四―一九九八）が述べるところの「大きな物語の終焉」と理解されている。

＊3 ミシェル・フーコー（一九二六―一九八四）。フランスの歴史学者。主著に『知の考古学』（一九六九年）など。

＊4 ジル・ドゥルーズ（一九二五―一九九五）。フランスの哲学者。主著に『差異と反復』（一九六八年）など。ガタリとの共著に『アンチ・オイディプス 資本主義と分裂症』（一九七二年）、『千のプラトー 資本主義と分裂症』（一九八〇年）など。

＊5 ピエール=フェリックス・ガタリ（一九三〇―一九九二）。フランスの精神分析学者。精神医学改革運動を行なう。主著に『精神分析と横断性』（一九七四年）など。

＊6 浅田彰は蓮實重彦との対談「空

辞を探すことは困難であり、八〇年代に「小林秀雄をこえて」といったスローガン[*9](?)があったという記憶さえ薄れている。いうまでもなく、それは一九二〇年代から三〇年代の思想的(文学的)なパラダイムが、改めて意識されはじめたということでもある。

そこで意識されているのは、小林が、中野が、そして保田が遂行したと見なされている「大正的なもの」(大正デモクラシー? 大正教養主義[*10]?)からの切断ということだろう。周知のように、戦後デモクラシーの参照枠であった戦後憲法の改訂が公然と日程に上り[*11]、「ゆとり教育[*12]」や国立大学の独立行政法人化[*13]をはじめとする「教育改革」=階級再編が、「教養主義の崩壊[*14]」といった事態を否応なく印象づけているとすれば、それに応接すべく、大正的なるものを切断した、昭和初期の知識人としての小林、中野、保田が召還されるのも、これまた必然といえよう。このような歴史観に立つかぎり、「ポストモダン」なるものも、大正教養主義の一変種と見なされていることは、その当否を問わず、いうまでもない。

しかし、小林や中野、保田による大正的なものの切断は、漠然と信じられているように、それほど自明のことだろうか。そのことをここで詳しく論じる余裕はないが、二〇〇四年に刊行された書物のなかで、少ない私見に触れたかぎり最も刺激に満ちた一冊であった、社会思想史家・渡辺和靖[*15]の浩瀚な大著『保田與重郎研究』(ぺりかん社、二〇〇四年)の記述を敷衍するならば、保田は大正的なものを切

白の時代」(『エイティーズ』河出書房新社、一九九〇年)の冒頭で次のように述べている。「八〇年代、あるいはもっと広くいって七〇年代以降というのは、俗にポストモダンなどと呼ばれもした時代であって、とにかく「終わった」「終わった」といってすべてを終わらせていき、さらには——ここがモダンとの違いなのでしょうが——終わること自体をも終わらせていった挙句、あらゆる終わりのあと、いわば始めも終わりもない宙吊りの時空の中で、紋切り型を反復することに終始してきたはずなので、空白であるのはもう定義上明らかなんですね」。「ポストモダンの終焉」の言説は「ニューアカ・ブーム」の否定も伴い、この延長上で行なわれた。

*7 小林秀雄(一九〇二—一九八三)文芸評論家。日本の近代批評の確立者とされる。著作に「様々なる意匠」(一九二九年)など。二〇〇二年から〇五年にかけて、新潮社は全集とは別にリーダブルな『小林秀雄全作品』全二八巻と別巻四冊を刊行。それに伴い、この時期幾つかの小林秀雄論が刊行されている。中野重治(一九〇二—一九七九)小説家・詩人・評論家。プロレタ

断したというよりも（確かに、切断すべく苦闘してはいるのだが）、逆に、大正的なものにどっぷりと身を浸したところから出発し、ついに、そこからの切断を果たしえなかった存在というべきなのだ。すでに刊行されている幾つかの雑誌新年号（〇五年）などにおいて、「今年（〇四年）の収穫」なる企画が散見されるが、残念ながら、この『保田與重郎研究』が挙げられている形跡はない様子なので、特記して、この本の意義を推奨しておきたい。

保田が大正的なものに対して断絶しているゆえんとしては、一つには、その日本の古典や古美術に対する感性が、保田の出生（奈良・桜井）ともあいまって、先天的・天才的なものであったとする理解が風靡してきた。[*16] それは、教養主義的な古典論とは異質で本質的であり、それゆえに、新しい時代を刻印したというわけである。しかし、渡辺のきわめて厳密な実証によれば、保田の（とりわけ）初期古典論・美術論の多くは、和辻哲郎、芥川龍之介、土田杏村など大正教養主義イデオローグの古典論からの、「剽窃」とも見まがうパッチワークによって成り立っているというのである。そして、渡辺の本に徴す限り、そのことを否定することは難しいのだ。

それはともかく、小林、中野、保田の三人が大正的なものを切断した代表者と見なされている時、忘れてはならない存在でありながら、そして、今なお生存しているにもかかわらず、あたかも、すでに死んでしまったかのように、絶対に名

リア文学運動の中心人物のひとり。一九三一年に共産党に入党ののち転向。一九三五年発表の小説「村の家」は転向文学の代表的作品とされる。
＊8 保田與重郎（一九一〇―一九八一）。評論家。主著に『日本の橋』（一九三六年）、『戴冠詩人の御一人者』（一九三八年）など。
＊9 柄谷行人と中上健次による対談評論『小林秀雄をこえて』（河出書房新社、一九七九年）参照。
＊10 大正デモクラシーは吉野作造の民本主義や美濃部達吉の天皇機関説を背景に活発化した普通選挙運動など、大正期の市民社会の成熟を指す。大正教養主義は和辻哲郎や岩波書店に代表される大正期の旧制高等学校において盛んになった文化。
＊11 二〇〇四年に、自民党が改憲に向けて憲法草案大綱を発表し、翌年には自民党憲法起草委員会の動きが活発化した。民主党も同年これに対抗して憲法提言などを行なった。
＊12 一九八〇年から二〇一〇年代初頭まで、文部科学省は「詰め込み教育」からゆとりある経験重視・個性重視の教育への転換を指導した。この時期の

前を挙げられることのない人間が一人いる。それは、デリダの著作をもじって言うならば、「マルクスの亡霊」として、あるいは、「マルクスの息子」として存在している。[*17] いうまでもなく、一九二九年（昭和四年）、小林秀雄が「様々なる意匠」によって『改造』懸賞論文次席でデビューした時、「『敗北』の文学」で第一席を占めた宮本顕治[*18]である。周知のように、この論文は、マルクス主義の立場から、自殺した芥川龍之介の小ブルジョワ的良心を否定する「野蛮な情熱」が必要だと説いたものであり、それ自体として大正的なものへの批判を主題としている。その後、宮本顕治がこのデビュー作で描かれた線に沿って日本共産党の指導者となっていったのは知られた事実だろう。宮本は、今や現役を退いてはいるが、なお共産党の名誉議長の席にあるはずだ。その宮本顕治について、いかに、ソ連邦の崩壊後の時代とはいえ、大正的なものからの切断が――無自覚にではあれ――問題化されている今日、どうして全く想起されることがないのであろうか。

繰り返し指摘されているように、小林秀雄は「私小説論」（一九三五年）にいたって、ようやく、マルクス主義こそが日本の私小説という「封建文学」の伝統――これは大正的なもの、という概念の近傍にあるだろう――を切断したと言ったのだし、芥川をパトロンとしていた中野重治が、「むらぎも」（一九五四年）などで描かれているように、芥川からの切断も図っていたことは、よく知られている。[*19] しかし、彼らの切断は宮本顕治ほどに徹底したものなのだろうか。平野謙[*20]が生涯の

学習指導要領に沿った教育方針を指していわれる。

＊13 二〇〇三年に国立大学法人法等関係六法が成立し、翌年四月から九九の国立大学が八九の国立大学法人として再編された。各大学が「独立」して成果業績を出すために自主経営することが図られた。

＊14 社会学者・竹内洋（一九四二―）の著書『教養主義の没落 変わりゆくエリート学生文化』（中公新書、二〇〇三年）を受けたもの。

＊15 渡辺和靖（一九四六―）。社会思想史家。

＊16 奈良県桜井町（現桜井市）が保田の出生地。『万葉集』巻頭の雄略天皇の歌が詠まれた場所とされ、「万葉のあけぼのの地」として知られる。

＊17 ジャック・デリダの著書『マルクスの亡霊たち 負債国家、喪の作業、新しいインターナショナル』（藤原書店、二〇〇七年）、『マルクスと息子たち』（岩波書店、二〇〇四年）から。

＊18 宮本顕治（一九〇八―二〇〇七）。一九三一年に共産党に入党、翌年から地下に潜り、三四年に収監される。戦後まで非転向を貫き、五八年から共産

問題としたところの、「私小説論」が戦時下人民戦線の提唱であり、それに小林秀雄が挫折したところに日本の一九三〇年代問題があるという歴史観は、視点を変えれば、小林が大正的なものからの切断に失敗したことを言っており、その限りでも説得的である。「歌のわかれ」と言われるものも、中野の、その切断の身振りだが、しかし、わかれると言って歌をうたいつづけていたところに、中野の中野たるゆえんがあるのではないだろうか。[*21] さらに言えば、先の渡辺和靖の考証によれば、保田も芥川の「影響の不安」[*22]から脱すべく、宮本顕治に倣ってそれを「敗北の文学」と呼んでいたのだ。[*23]

　だとすれば、もっとも早く果敢に切断を遂行しえたのは、宮本顕治であった。そのような宮本顕治を隠蔽するにあたって強力に作用した文章に、吉本隆明の「転向論」（一九五八年）があるのは間違いがないだろう。これまた周知のように、吉本のこの記念碑的批評は、宮本の非転向と中野の苦渋に満ちた転向を比較して、前者に対する後者の優位を宣言するものだった。宮本の非転向が「大衆」から孤立した自閉的なものであるのに対して、中野の転向は——後の吉本の言葉を使えば——「大衆の原像」を内部に組み込むことでなされたからだというのだ。この吉本の宮本批判は、即、日本共産党批判として、その文化的ヘゲモニーの失墜に大きく貢献したのである。以後、宮本顕治は思想的に問題にするに足りない存在としか見なされなくなったといえる。実際、吉本が「転向論」を書いた当時は、

党書記長に就任。以後党のトップであり続けた。

*19 中野重治の一九二五年ごろを舞台とした自伝的小説『むらぎも』に、芥川がモデルの葛飾から、「才能として認められるのは深江（編者註・堀辰雄のこと）君と君とだけでしょう?」と言われ、「あ、あ、あ……（…）この人はまちがっている。学問・道徳的にまちがっている」と主人公安吉（中野）が思う場面がある。

*20 平野謙（一九〇七—一九七八）。文芸評論家。主著に『文学・昭和十年前後』（文藝春秋、一九七二年）など。

*21 中野重治の小説『歌のわかれ』（一九三九年）は、短歌を詠むことに自信がある片口安吉が最後に「短歌的なものとの別れ」を感じ、「兇暴なものに立ちむかっていきたいと思いはじめていた」という一文で終わる。

*22 アメリカの文学研究者・ハロルド・ブルーム（一九三〇—）の著書『影響の不安　詩の理論のために』（新曜社、二〇〇四年）による。

*23 「自害した芥川氏は芭蕉の浪漫的生涯を愛好する上に早急でなかつた（…）元禄の浪漫家が現實の非自由を

まだ共産党員であった中野も六四年には除名され、宮本批判の小説とも言うべき大作「甲乙丙丁」（一九六五―六九年）を著すことになる。[*24] 吉本の「予言」が実現したかのようである。

しかし、本当に中野は宮本に対して優位にあるのか。別段、転向を指弾するつもりは毛頭ないし、非転向を神聖視するつもりもない。拷問が、ある閾域を越えてしまえば、誰もが転向するか、さもなくば死亡するかしかないからだ（もちろん、精神を崩壊させるということもあろう）。われわれのアイデンティティーとは、その程度のものである。だから、宮本が非転向たりえたことを、ことさらに否定する必要はないし、中野の転向を、あえて持ち上げるのも奇妙なことだというだけである。

宮本が中野に対して思想的に優位だとすれば、それは、中野が共産党を「故郷」（村の家？）だと生涯信じていたのに対して、宮本には、その感覚が一切欠けているということだろう。中野の信奉者たちは一切語っていないが、最晩年の中野は宮本＝共産党に対して、ひとを介して復党を申請しようとしていたという有力な証言が複数存在している（私的リサーチも含む）。[*25] これは、ヘルダーリンもどきの「帰郷」ではないのか。[*26] 渡辺和靖の指摘によれば、日本浪漫派時代の保田與重郎は中野重治を高く評価していたというが、[*27] 中野は死ぬまでロマン派だったわけである。これに対して、今にいたるまで共産党からの「除名」＝故郷喪失を経験して

雲の彼方の茜の光に求めるとき、大正の敗北の文學といはれる文客は、現實の矛盾の中によき處置を心得てゐた」（「芭蕉襍俎」八八頁、『保田與重郎全集』四十巻、講談社、一九八九年）。

＊24 中野は一九六四年に、部分核実験禁止条約をめぐり共産党の方針に逆らい、志賀義雄、神山茂夫らとともに「日本のこえ」を結成し、党を除名処分となる。『甲乙丙丁』が完成する六九年には神山と共著で『日本共産党批判』（三一書房）も刊行。

＊25 「晩年の中野は「党への復帰をひそかに願」（高橋克博「中野重治と「日本のこえ」」、「季報唯物論研究」七九号、〇二年）っていた。これは私的な調査によるが、死の半年ほど前、いまだ共産党員であった古在由重（哲学者）のもとに中野の関係者と称する人物が、復党の仲介の依頼をしてきたという。もちろん、中野重治の復党はかなわなかった」（絓著『1968年』ちくま新書、二〇〇六年、二四七頁）。

＊26 フリードリヒ・ヘルダーリン（一七七〇―一八四三）。詩人。書簡体小説『ヒューペリオン』（一部・一七七九年、二部・一七九九年）ではギリシャの青年

いない（というよりは、そのような事態を巧妙に避けた）宮本は、ロマン派的な感性とはハナから無縁なのだ。いうまでもなく、保田＝中野的な「故郷喪失」は、和辻＝芥川から引き継がれたものであり、それを「野蛮に」否定したのが、宮本だったのである。今日、大正的なものからの切断が真に問題化されねばならぬとすれば、そこで召還されるべきは、この宮本顕治のはずであり、それを隠蔽する時に肯定されているのは、実は、大正的な「敗北の文学」ではないのか。

もちろん、宮本がつくってきた日本共産党を称揚しようというのではない。そもそも、それは今や、宮本的切断を全く放棄して、天皇制を是認してみせるかと思ったら、共産党の応援団長・井上ひさしが文化功労者となってしまうといったていたらくである。[*28] そして、そうなってしまったことに、宮本顕治が大いに責任があることも確かだろう。しかし、ここでは宮本顕治の犯してきた罪悪を逐一あげつらおうというのではない。そんなことは、すでに繰り返しなされている。ここで言いたいことは、にもかかわらず、「ポストモダンの終焉」が語られる時代に、宮本顕治は「亡霊」として（？）召還されるべきだということに過ぎない。

宮本顕治に失敗があったとすれば、それは結局、戦後の彼がイエス・キリストになれなかったことだろう。戦前においては、非転向の宮本をイエス・キリストとなそうと、自らユダと化す転向者は存在した。太宰治や亀井勝一郎の転向は、明白に、そのような意図を含んでなされたものだった。[*29] 宮本（に象徴される党）

ヒューペリオンが祖国解放戦争での失望や、ギリシャ的な美を体現する恋人ディオティーマの死の絶望から、ドイツへ旅に出るが、そこでの文化的荒廃に耐えられず、祖国の自然とともに生きる決意をして帰郷する。

*27 渡辺和靖の著書『保田與重郎研究』では旧制大阪高校時代の「芭蕉襍記」での中野重治への言及から、保田が中野の『校友会雑誌』に投稿したマイナーな短歌まで読んでいたことが示され、また保田、伊東静雄らを主な同人とする文芸同人雑誌『コギト』（一九三二―一九四四）の「詩時評」での田中克己の証言を拾っている箇所がある。絓著『1968年』も参照。

*28 井上ひさし（一九三四―二〇一〇）。小説家・劇作家。主著に『吉里吉里人』（新潮社、一九八一年）など。一九九九年に当時の日本共産党委員長・不破哲三との対談『新日本共産党宣言』（光文社）を出し、二〇〇四年の「九条の会」発起人の一人としても知られる。二〇〇四年、文化功労者に選ばれた。

*29 亀井勝一郎「生けるユダ シエストフ論」（一九三五年）、太宰治「駈込み訴え」（一九四〇年）参照。亀井は次の

をキリスト（の教会）たらしめるための転向である。ところが、戦後の転向者（党からの除名者）の大半は、六〇年安保の学生トロツキスト[30]から中野重治まで、宮本の近くにあって宮本の思想的堕落を批判する者たちばかりであり、ユダではなかったのである。つまり、彼らはイエス・キリストよりも正しい者だった。

　綿谷りさ[31]が好きな作家だと言ったからではあるまいが、近年、また太宰治が着目されつつある様子である。しかし、それはやはり抒情的ロマン派（敗北の文学！）としての域を出ないように思われる。だが、戦後の太宰は、再びユダたらんとした形跡がある。つまり太宰は、懲りることなく、戦後の共産党に入党しているらしいのだ（有力な証言も存在する）[32]。そのことを踏まえた太宰論の存在を寡聞にして知らないが、おそらく、太宰と宮本顕治を同一の平面で捉えてみることは、無自覚な切断によるポストモダン批判をこえる「党」の問題という、未曽有の一歩を踏み出すことになるだろう。

＊誰か、宮本顕治の評伝を書く人間はいないのだろうか。それは『昭和天皇実録』に匹敵するかもしれない。

ように書いている。「背教者ユダこそ永遠に呪われた罪人であるならば、むしろ彼こそ真の殉教者であり、偉大なる殉教者とは最も醜悪な背教者の謂に他ならぬという逆説が成立つ」。

＊30　一九五七年、太田竜や黒田寛一らが日本トロツキスト連盟を結成。同年中に日本革命的共産主義者同盟（革共同）に改称、のちに中核派と革マル派に分裂した。五八年には共産党を除名された全学連主流派の学生たちが共産主義者同盟（ブント）を結成、共産党から「トロツキスト」と呼ばれる。

＊31　綿谷りさ（一九八四―）。小説家。二〇〇三年に『蹴りたい背中』で芥川賞受賞。

＊32「戦後共産党の幹部であり、その文化部門の責任ある地位にあった増山太助の『戦後期左翼人士群像』（拓殖書房新社、二〇〇〇年）によれば、太宰治は戦後すぐに共産党に（再）入党している様子である。その真偽を武井昭夫の慫慂で増山に再確認した由井格も私的な質問に答えて言ったように、太宰には共産党をかつて本当に裏切ったという意識はなかったのであろう」（絓著『1968年』一二二頁）。

2005年1月—3月
マネー資本主義が眩惑するもの

「法人資本主義」[*1]（奥村宏）とも護送船団方式とも呼ばれた、いわゆる日本型資本主義が危機にさらされ、いよいよグローバル資本主義[*2]（アメリカニズムとも市場原理主義とも言われる）の波に本格的に洗われはじめたことが、誰の目にも明らかになりつつある。言うまでもなく、ライブドアVSフジ・サンケイグループのニッポン放送株取得をめぐる「抗争」[*3]や、堤義明前コクド会長の証券取引法違反容疑での逮捕[*4]（三月三日）が、そのことの徴候である。三月十一日には東京地裁がフジ側の主張を斥けて、ニッポン放送株の増資を認めぬという仮処分を出した。これら個々の事件の帰趨がいかなるものになるかは、本誌（「en-taxi」Vol.9 Spring 2005、二〇〇五年三月二十九日）発売の頃には、ある程度は明らかになっているだろうが、この原稿を書いている三月上旬の時点では予想すべくもないし、また、予想することに、それほど意味があるとも思えない。

このような事態の到来は、誰もが昔からひそかに予感していたことではなかっ

*1 経済学者の奥村宏（一九三〇—）の著書『法人資本主義「会社本位」の体系』（御茶の水書房、一九八四年）によれば、日本の企業間における株式相互持合により、業績にかかわらず株高を維持することができるため、競争にさらされることなく生涯ひとつの会社にしがみついてサラリーを得る「会社本位人間」が生み出される。これは日本特殊的な自足性であるとされた。

*2 ソ連が崩壊した一九九一年以降に顕著となった世界経済体制。投資家の利益を図るため規制緩和や金融市場の自由化がIMF主導で推進され、また多国籍企業が世界各国に市場を得て台頭した。

*3 二〇〇五年一月、フジテレビがニッポン放送の株五〇％取得を目標にした公開買付を発表。しかし二月にライブドアがニッポン放送株三五％取得、筆頭株主となり業務提携を申し込むも、フジ・サンケイグループがこれを拒否。以後、ライブドアとフジ・サンケイグループ間でニッポン放送株の取得率をめぐり「抗争」が展開された。四月に入り、フジテレビがライブドアに出資、後者は前者にニッポン放送株

たか。ベルリンの壁が崩壊し、ソ連邦をはじめとする共産圏が解体して、世界が「帝国」（その概念規定はさまざまだが）と化した八九年／九一年以降の「グローバリゼーションの時代[*5]」からか？　いや、ドル・ショック[*6]（七一年）へといたる資本主義の「危機」と並走して世界的に生起した「一九六八年（の革命）」以来である。

一九六八年とは、先進資本主義国では、フランスの五月革命[*7]やアメリカのウッドストック・フェスティヴァル[*8]で、あるいは日本では「全共闘運動[*9]」で知られるが（もちろん、中国の文化大革命[*10]や世界的なヴェトナム反戦運動を忘れるわけにはいかないが）、同時に、資本主義の深刻な危機の時代だったのである。付言するまでもないだろうが、マネー資本主義あるいは市場原理主義として現出している今日のグローバル資本主義は、ドルの金交換停止と変動相場制への移行によって六八年／七一年の「危機」に応接したことのあらわれ以外ではあるまい。

二月二十八日の報道ステーション（テレビ朝日）の世論調査によると、ライブドアVSフジ・サンケイグループの「抗争」について、ホリエモンことライブドアの堀江貴文[*11]社長の側を支持する層で一番多いのは、二十代、三十代、四十代ではなく、五十代だという。四十代以下の世代のホリエモン支持率が四十パーセント台なのに対して、五十代は五十パーセントをこえているということが、報ステでは驚きをもって報道されていた。六十代のホリエモン支持は三十パーセント台に落

をすべて売却することで和解となった。

＊4 二〇〇五年三月三日、西武鉄道株式に関する有価証券報告書の虚偽記載、インサイダー取引の疑いで、堤義明を東京地検特捜部が逮捕、同月二三日に起訴した。十月二十七日、有罪確定。

＊5 アルゼンチンの社会学者サスキア・サッセン（一九四九―）の著書『グローバリゼーションの時代　国家主権のゆくえ』（平凡社、一九九九年、原書刊行は一九九六年）に由る。

＊6 金との交換が保証されていた米ドル基軸の固定相場制であるブレトン・ウッズ体制下では六〇年代後半からのインフレ加速に対応できず、ドルの価値切り下げが避けられなくなったアメリカは、七一年に金・ドル交換の一時停止を宣言。その後、一時的に固定相場制に復帰するも、七二年には世界各国が変動相場制に移行。日本は七三年に変動相場制に移行した。

＊7 一九六八年三月にパリ大学ナンテール校で学生による占拠事件が起き、これに対する大学当局の対応に抗議する学生たちが五月にカルチエ＝ラタンに集結、バリケードを築き「解放区」を

ち、全体での支持も、四十パーセントを切っている。

この調査が、どの程度の妥当性を持つかは今一つ定かではない。しかし、田原総一朗[*12]によらずとも、堀江VSフジ・サンケイグループの抗争は、世代間闘争のイメージで、主に前者の側から演出されているわけだから、この世論調査の結果はおおむね予想されたとおりではある。しかし、五十代が以下の世代をやや圧してホリエモン支持というのは、いかにその世代が世界的には「一九六八年」の担い手であったとはいえ、やはり多少の意外性は残る。日本の六八年世代は、今や保守化した層として知られているからだ。しかしともかく、世代的なメンタリティーの切断が、日本においても六八年を境にして起こっていることは間違いないだろう。日本の六八年世代が、以下の世代と同等（以上）にホリエモンを支持しているらしいということは、日本の――ひいては世界の先進資本主義国における――六八年革命の質を考える上で、かなり示唆的なところがあると思う。

端的に言ってしまえば、六八年革命を反資本主義運動として見る場合、それは資本主義の自己解体的な（正確には「脱構築的な」と言うべきだろう）潜勢力に依拠したものだったということである。事実、先進国における六八年革命の担い手たる学生たちは、資本主義が生み出したカウンターカルチャーを、そのバックグラウンドとしていた。しかし、それだけではない。六十年代当時、すでに世界通貨としてのドルは危機に瀕しており、そのことが、アメリカ合衆国のヘゲモ

つくった。その際の治安部隊の対応に抗議する労働者や市民などが学生を支援して、大規模なデモ、工場や大学でのストライキが打たれ、翌年のド・ゴール大統領の退陣にもつながった。

＊8　一九六九年八月十五日から三日間、ニューヨーク州サリバン郡で行なわれた大規模な野外ロック・コンサート。四十万人もの観客を動員し、「愛と平和」のヒッピー文化における象徴的出来事として伝説化された。

＊9　全学共闘会議。一九六八年の日大闘争・東大闘争を発端として、大学当局及び政府の対応、機動隊の介入などを受けて全国化した。バリケード封鎖やゲバルト闘争などを行ない、「大学解体」が唱えられた。

＊10　一九六六年に始まり、七七年に終結宣言が出された。「大躍進」政策失敗後、中華人民共和国の実権を握った劉少奇と鄧小平が部分的な市場経済導入を行なったことに対し、毛沢東が修正主義と批判、以後党幹部を含むさまざまな「反革命勢力」が毛の煽動した学生たちや組織された紅衛兵などによって糾弾、攻撃された。事態は内戦状態となり、多数の死者が出た。七六

ニー国家としての地位を揺るがし、ひいては資本主義体制を崩壊に導くとさえ予測する者もいたのである。日本においては、岩田弘（経済学者）の世界資本主義論[*13]が先駆的にその説をとなえ、アメリカではウォーラーステインの世界システム論[*14]が事後的に、そう追認した（両者は、いまだこの説を全面撤回しているわけではない）。

しかし、その後の三十数年という短期で見れば、解体したのは共産圏であって資本主義体制ではなかったことは、誰でも知っている。アメリカは、すでに古典的な意味での資本主義世界のヘゲモニー国家とは言えない。にもかかわらず、ドルは今なお基軸通貨であり（その没落のきざしは見えてきてはいるが）、アメリカは軍事的・政治的に強大な力を維持している。ドル・ショック以降も、資本主義体制は「脱構築的に」延命したのである。

かつて、ポスト資本主義を展望しうると思っていた六八年世代やマルクス主義を中心とする左派も、現在ではおおむね、資本主義は永遠に続くと見なし、せいぜい、そのなかでの「リベラルな」改革を目論む以外のことはしなくなった。日本では、資本主義の脱構築的な力に賭ける左翼リバタニアニズム[*15]やアナルコキャピタリズム[*16]も、思考実験としてさえ、ほとんどリアリティーを持ってこなかったと言える。

現在、日本資本主義が自らの脱構築的な潜勢力にややおびえている（最大

年の毛の死去を機に、終結に向かった。

＊11 堀江貴文（一九七二―）。実業家。ライブドア創業者。二〇〇四年に経営難からオリックス・ブルーウェーブとの球団合併が進められていたプロ野球球団・近鉄バッファローズの買収を申し入れ一躍有名になる。〇五年のフジテレビ買収の際に会見で発した「想定の範囲内」は、流行語大賞に選ばれ、同年の衆議院総選挙に広島六区から出馬するも落選。〇六年一月、証券取引法違反容疑で逮捕され、一一年四月実刑確定。

＊12 田原総一朗（一九三四―）。ジャーナリスト・評論家。「朝まで生テレビ！」（一九八七―・テレビ朝日）の司会者として知られる。

＊13 岩田弘（一九二九―二〇一二）。経済学者。宇野弘蔵のもとで経済学を学びながら、世界資本主義論を構築した。宇野経済学において純粋資本主義が展開される原理論を批判し、現実の世界資本主義の発展過程を原理論として把握しなければならないとした。主著に『世界資本主義　その歴史的展開とマルクス経済学』（未來社、一九六四年）。

の？）問題といえば、「少子化」がある。[17] 今のまま少子化傾向が続くなら、二十二世紀のいつの日かだかには、日本国民は消滅するのだそうである。しかし、一部の反フェミニズム論者[18]が言うのとは異なって、少子化傾向は、「女は家にいて出産・子育てをするより、自立した仕事を」と主張するフェミニズム思想の一般化・大衆化（男女共同参画！[19]）が元凶というわけではない。あるいは、フェミニズムが悪いというのであれば、それは自らの胎内からそれを生み出した資本主義の自業自得であると言うべきだ。出生率低下が、識字率の上昇――いうまでもなく、フェミニズムは識字率上昇の延長上に生起する――とともに、リベラル・デモクラシー「発展」のメルクマールであるのは人口学の常識だろう。それらはともに資本主義の高度化によってのみ可能なことである。

　だから、ラディカルなリベラルが「少子化なぜ悪い[20]」（赤川学）というのは資本主義の論理として正しいし、極端に言えば、その果てに日本資本主義の――あるいは、先進資本主義の――解体を夢見ても、それほど間違ってはいない。このまま放っておいても、現在の先進資本主義国は消滅するということになる。ただし、世界全体として人口が減少しているわけではないから、日本資本主義も、その少子化傾向によって「消滅」するわけではなく、その構造を変えることで、それに応接するだろうことくらいは予想できる。テリー・イーグルトンも言うように、フェミニズムは「六八年」が残した最大の遺産であるかもしれない。[21] しかし、そ

＊14 イマニュエル・ウォーラーステイン（一九三〇―）。アメリカの社会学者。各国を独立に捉えるのではなく、中心・半周辺・周辺からなる世界システムの分業体制を把握することを重視する。一六世紀以降成立した近代世界システムは現在のグローバルな資本主義の素地と考えられている。

＊15 自由市場を肯定し、リベラルな文化を支持する左派。

＊16 夜警国家に残された治安管理も民間のサーヴィス業者で賄い、それらの価格を公開市場での競争に委ねる無政府主義。国家の民営化論を唱える。

＊17 日本では、一九七三年の第二次ベビーブームをピークとし（出生数約二〇九万人、合計特殊出生率二・一四）、以後、出生率の減少傾向が続いてきたが、二〇〇五年には、出生数が約一〇六万人、合計特殊出生率は一・二六と一九四七年以降の統計史上過去最低となり、総人口の減少も始まった。

＊18 2ちゃんねるをはじめ、匿名ブログなどネットで多く見られる、女性の社会進出が少子化の原因とするような考え方をもつ。女性の社会進出を否定し、専業主婦による育児を推奨する

れが資本主義の胎内から生み出されたものである限り、フェミニズムが資本主義をこえることはないはずだ。資本主義の脱構築的な潜勢力とは、そういうものだろう。

閑話休題。しかし、今回のホリエモン騒動で改めて思うのは、リベラル左派が今や資本主義の永遠性を肯定して、そのなかでの漸進的かつ微温的な「改革」しか主張できなくなっているのに対して、大衆的なメンタリティーとしては、いまだに、資本主義の崩壊と切断がどこかで夢見られているのではないか、ということなのである。つまり、日本においては、ありふれたマネー資本主義が、あたかも、左派リバタリアニズムやアナルコキャピタリズムの「実践」(「思考実験」ではない)のように受け取られているのではないだろうか、ということなのだ。小泉も民主党も信用できない、「ホリエモンを総理大臣に」と煽動する「週刊プレイボーイ」誌(集英社、二〇〇五年三月十五日号)の主張など[22]は、その典型だろう。

言うまでもなく、ホリエモンのやっていることは、ウォール街では日常茶飯の市場原理主義的な株取引であって、この事件から資本主義が崩壊することなど、その端緒さえ見えはしまい。その力はフェミニズムの百分の一にも及ばない。にもかかわらず、六八年世代以下の受け止め方は、資本主義の「脱構築的な」力に依拠して株取引を行なっているホリエモンに(あるいは、その先に)、その崩壊を夢見ているのではないかとさえ思えるのである。日本においては、リベラル左

反フェミニストに林道義など。

*19 男女共同参画社会基本法。一九九九年に施行された。男女が均等に社会活動に参画し、政治的・経済的・文化的利益を享受し、責任を負う社会を目指す。

*20 社会学者・赤川学(一九六七年—)の著作『子どもが減って何が悪いか!』(ちくま新書、二〇〇四年)による。同書では、男女共同参画の実現が少子化問題を解消すると主張するフェミニストを批判。

*21 テリー・イーグルトン(一九四三年—)はイギリスの文芸批評家。自著『アフター・セオリー——ポスト・モダニズムを超えて』(小林章夫訳、筑摩書房、二〇〇五年)にて次のように述べる。「一九六〇年代が終わりに向かうと、グローバルと個人、政治と文化との間にもっとも強いつながりを、女性解放運動がつくり上げたのである」(六〇頁)。「人間はあまりに個人化すると同時に、あまりに政治化する可能性もある。この点をまさに物語っていたのがイギリスのフェミニストで、彼女たちはかっとなると、「個人の問題に口を出すな!」と書いたバッジを襟につけたの

派が市場原理主義を批判する時、八〇年代のレーガノミックス[*23]やサッチャリズム[*24]に対して言われたネオリベラリズム[*25]（ネオリベ）と呼称することが多いが、左派が資本主義を全面的に容認してしまっている現在、リベラル左派よりも右派ネオリベの方が、はるかに「革命的」に見えてしまうというパラドックスが、ここにある。

周知のように、日本のネオリベ路線の端緒は八〇年代の中曽根民活[*26]にあり、現在の小泉構造改革[*27]にまで受け継がれている。しかし、国鉄民営化にしろ道路公団や郵政の民営化にしろ、それらへの大衆的な支持のメンタリティーは、おおむね「嫉妬」であった。つまり、相対的な高賃金と終身雇用制に守られた公務員（に準ずる者）に対する、それである。八〇年代の日本資本主義は、すでに、公務員の雇用・賃金体系が嫉妬の対象となるところまできていたのだ。今では信じられないだろうが、敗戦後から高度成長期にいたる日本では（あるいは、それ以前からも）、就職時に公務員や教員になるということは、相対的に「負け組」の選択と見なされていたのである。

ニーチェ[*28]やフロイト[*29]が言うように、ルサンチマンや嫉妬は公正的正義の基盤にほかならない。いい目をみている奴らを引きずりおろして、利益を公正に分配せよというのが、嫉妬から正義が誕生するその機制である。資本主義を容認して、その枠内での相対的に平等な再分配を要求するだけのリベラル左派に、右派ネオ

だ。個人的なことと政治的なこととの違いが、道徳的なことと政治的なことの違いと同じではないのは事実である。そして何よりもフェミニズムこそが、現代にあってこの貴重な洞察を擁護してきた」（一七八頁）。

＊22 同記事のタイトルには「老人〝抵抗勢力〟二大反論！ いっそのことニッポンごと乗っ取って♡」の煽り文句が付されている。

＊23 一九八〇年代にアメリカでロナルド・レーガン大統領のもとに行われた経済政策。金融政策でインフレ率低下を図りつつ、市場原理を重視し、規制緩和と減税により民間の投資を促進、社会保障費と軍事費を増やし「強いアメリカ」を復活させることが目指された。

＊24 一九八〇年代にイギリスでマーガレット・サッチャー首相のもと行われた経済政策。社会保障費を拡大しながらも、国営の水道・電気・通信・交通サービスを民営化し、「大きな政府」から「小さな政府」への転換が目指された。金融部門でも規制緩和を行ない外国資本の参入を招くビッグバン政策も含まれる。

リベが勝利した理由も、ここにあった。リベラル左派は、分配的正義が嫉妬という土壌から生まれるという機制を見ることなく、ただ、それは「良心」に従えば実現できると思ってしまったのである。そして、大衆的には、自分よりもいい目をみているかに見える者を引きずりおろすことが、「革命的」に正義を実現することに思えたのだ。

しかし、今回のホリエモン騒動はやや異なって、事態は累進しているようだ。それは、嫉妬から公正な分配を求めるのではなく、むしろ、アナーキーな「自然状態」への憧憬であるようにさえ見える。そして、それが資本主義の脱構築の果てに現出するユートピアのごとく、大衆的にイメージされているのではないか。ホリエモンをその象徴として、である。もちろん、それは単なる幻想であり、マンガ以上の話ではない。しかし、それを、「六八年」を端緒とする反資本主義運動のカリカチュアライズされた現在的反復と見なすだけでは足りないだろう。ただ、改めてポスト資本主義という問題にいかに対処するかということだけが、解答しがたいリアルな難問として、目前にあるのではあるまいか。

＊今のホリエモンを見ると隔世の感がある。

＊25 新自由主義。代表的な論者にフリードリヒ・ハイエク、ルートヴィヒ・フォン・ミーゼス、ミルトン・フリードマンなど。自由競争が経済の繁栄をもたらすとし、民間の経済活動への政府の干渉を最小限に抑え、国家が担うサービスの民営化や規制緩和を推奨する。

＊26 中曽根康弘（一九一八―）第七一―七三代内閣総理大臣による任期中の民営化政策を指す。日本専売公社を日本たばこ産業株式会社（JT）に、日本国有鉄道を分割して各旅客鉄道株式会社（JR）に、日本電信電話公社を日本電信電話株式会社（NTT）に民営化した。

＊27 二〇〇〇年代に小泉政権下で行なわれた、主に民営化及び規制緩和政策を指す。郵政事業や日本道路公団など四公団が民営化された。

＊28 フリードリヒ・W・ニーチェ（一八四四―一九〇〇）。哲学者。『ツァラトゥストラかく語りき』（一八八五年）、『道徳の系譜』（一八八七年）など。

＊29 ジークムント・フロイト（一八五六―一九三九）。精神分析学者。主著に『トーテムとタブー』（一九一二年―一九一三年）など。

2005年4月─6月

「革命無罪」から「愛国無罪」へ──「東風」計測の新・尺度──

いわゆる「プチナショナリズム症候群」（香山リカ）が、どうも沈静しつつあるのではないかという感じがしてならない。別段、2chを不断にチェックしているわけではない。しかし、随所にプチナショふうの議論はあっても、今ひとつ盛り上がりに欠けているように思えるのだ。もちろん、それはプチナショの「前衛」窪塚洋介が自宅マンションから空中浮揚して[*1]、「プチ」のレベルから失墜してしまったこととも関係があるだろうし、「ウヨ」の揶揄の対象だった「サヨ」たちのイラク反戦運動が、あいまいに沈静化したということもあるはずだ。しかし、今年になって猛威をふるっていた中国や韓国における反日デモ[*2]は、プチナショ「ウヨ」にとってのかっこうの素材のはずではないのか。ところが、この反日デモ（暴動！）の帰趨が、逆に、日本のプチナショを沈静化させてしまったと考えられるのである。

＊1 二〇〇四年六月六日に神奈川県横須賀市の自宅マンション九階から俳優窪塚洋介が「転落」した事件。頭蓋骨骨折など深刻な傷を負うが、命に別状なし。窪塚は主人公が「暴力こそ正義」と唱えるナショナリスト・グループで活動する『凶気の桜』（二〇〇二年）に主演し、発案も兼ねるなど積極的に入れ込んだ模様。

＊2 二〇〇五年三月、竹島（独島）問題を契機に韓国の反日活動が報道された。また中国でも歴史教科書問題、国連安保理常任理事国入り反対の署名活動が始まり、四月には四川省で日系スーパーに対する暴動が発生、北京では大規模な反日デモが行なわれた。

反日デモへの日本政府の抗議に対して、中国政府は国内的にはひとまず沈静化（弾圧！）をおこないながら、一方では愛知万博[*3]で来日のついでに小泉首相を表敬訪問するはずだった、呉儀副首相を帰国させる[*4]（五月二十三日）という手を打ってきた。ところが、このドタキャンに対しては、もちろん「非礼外交」という声はあがってはいるものの、これまた、今ひとつ盛り上がりに欠けるのが「ウヨ」たちなのである。これは、どういうことなのか。

いうまでもなく、中国が例によって例のごとく持ち出してきたのは、小泉首相の靖国参拝問題[*5]である。小泉が靖国参拝をやめないかぎり、日本は侵略戦争を反省していないということであり日中関係の改善はない、それは「歴史認識」の問題だ、という繰り返されてきた応援である。じゃあ、中国のチベットや新疆ウイグル自治区の問題[*6]はどうなんだと言いたいところだが、それはさしあたり日中関係とはかかわらないので日本からは言えないところなのだろう。

もちろん、中国の靖国問題への介入に対しては、相変わらず「内政干渉」だという中国批判もなされているが、周知のように、経済界を中心にして、「靖国などという小さな問題に拘泥して、日中関係を損ねるべきではない」という声が高まりつつある。公明党が靖国参拝批判を言うのは、その政治的＝宗教的スタンスからして当然だが[*7]、今やそればかりではない。元「ミスター円」榊原英資[*8]はあちこちで、この主張を繰り返しているし、有力な企業経営者も同種の発言をしてい

＊3 二〇〇五年三月二五日から九月二五日まで愛知県名古屋市で開催された日本国際博覧会。通称「愛・地球博」。

＊4 五月一九日、愛知万博「中国ナショナルデー記念式典」に参加していた呉儀副首相は二三日、河野洋平衆院議長と会談、日本経済新聞社主催「アジアの未来」で講演、奥田碩経団連会長と昼食会を行なったが、その後の予定だった小泉純一郎首相との会談をキャンセルして帰国した。

＊5 小泉は二〇〇一年の自民党総裁選の際、毎年八月一五日の靖国神社参拝を公約に掲げた。同年に靖国参拝して以後二〇〇五年まで、八月一五日は避けながらも毎年、年に一度参拝を行ない、中国・韓国から批判の声明が出された。任期満了となる二〇〇六年には八月一五日に参拝を行なった。

＊6 中華人民共和国は一九四九年に建国すると同時にチベットを併合した。一九五六年には独立を求めるチベット動乱が起きるも鎮圧された。中華民国時代、新疆省はかねてより多民族地域だったが、やはり四九年に中国に再統合されて、五五年に新疆ウイグル自治

る。[9] 自民党のなかからさえ、首相の靖国参拝自粛を求める声が幾つも出ている。小泉自身も、今年は行くとも行かないともつかぬ、ぬらりくらりとした言葉でお茶をにごしているありさまなのだ。

そもそも、小泉首相の靖国参拝は、二〇〇一年の首相就任時に、「八月十五日に参拝する」と公言しておきながら、二日前に前倒しして参拝し、一部、「心ある」ウヨからの顰蹙を買ったことからも知られるように、[10] 政治家としては当然にも外交関係を忖度した上で国内向けになされた、プチナショ向けのパフォーマンスに過ぎなかった。しかし、ここにきて靖国問題は、その程度のマヌーヴァーでは通用しない段階に来てしまった（というか、中国がそのようなカードにしてしまった）のだ。日本資本主義は、対中国貿易が対アメリカ貿易をしのいでいるという一事からも知られるように、中国という市場（もちろん、労働力市場も含む）なしにはやっていけないのである。これは世界経済全体についても言えることだろう。世界資本主義のヘゲモニーは、**実質的に**中国が握っているといって過言ではない。そんな時に、たかだか靖国問題ごとき小事で中国との関係が悪化してもらっては困るというのは、ブルジョワジーの当然の反応である。

小泉首相が今なお、言を左右にし、今年も靖国に行くと断固として宣言できないことからも知られるように、プチナショ的心性など、経済問題の前ではひとたまりもないということだろう。もし、私見のように、今やプチナショ的心性が萎

区として整理される。二〇〇九年にはウイグル騒乱が発生。これまで両者に対する中国の軍事的虐殺・弾圧は国際的に非難されている。

*7 公明党（一九六四—）は創価学会を支持母体とし、「平和の党」を自称する議会政党。外交では、日中・日韓関係の改善を重視する方針をとる。

*8 榊原英資（一九四一—）。経済学者。財政金融研究所所長として為替介入政策を行ない、一九九五年に超円高の是正に成功。「ミスター円」と呼ばれた。二〇〇三年十一月のソウル市内のホテルにおける講演での発言「われわれの世代で神社を参拝するのは1%にも満たない。小泉純一郎首相は例外だ。(首相は態度を) 変えなければならない」など。

*9 例えば『諸君!』二〇〇五年二月号で、当時の富士ゼロックス会長・小林陽太郎、同じく日本IBM会長・北城恪太郎などの、小泉の靖国参拝を憂慮する発言が読まれる。

*10 例えば当時、東京都知事の石原慎太郎は二〇〇一年八月十七日の会見で「(太平洋戦争開戦日の) 十二月八日にお参りするなら問題があるが、八月一

縮しつつあるとすれば、それは彼らクボヅカ的なウヨが、自らの経済的基盤に気づきつつあるからである。つまり、彼らが経済的な余裕をもって、ストリート派[*11]だかヒキコモリ[*12]だか、フリーター[*13]だかニート[*14]だかでいられるのは、日本経済がいまだ相対的に崩落をまぬがれているからだが（最近では、景気が回復したとさえ言われる）、そのことを支えているのは中国「資本主義」（！）だということを、である。だとすれば、クボヅカ的「ウヨ」がネオナチ的なものへと進化せず、所詮は「プチ」にとどまっているのも、日本経済の「安定」のためであり、中国のおかげ、ということになる。

やや歴史的な観点に立ってみれば、この中国の相対的なヘゲモニー確立は、やはり「一九六八年」に由来すると考えるべきだろう。周知のように、「六八年」は七一年の、いわゆるニクソン・ショックとして顕在化するアメリカのヘゲモニー国家からの失墜として現象するが、それは単にドルの基軸通貨からの脱落（ドル・ショック）を意味するだけでなく、その直後における突然のニクソン訪中[*15]をも含む「ショック」だったはずである。今から見れば明々白々のことだが、ニクソンはドルの変動相場制への移行を睨んで、中国を世界市場へと参入させるべく訪中したのだった。それは、今日の米中支配による資本主義世界システムの端緒であった。

かつて、毛沢東は「東風が西風を圧する」と言った[*16]。これは、「六八年」にお

五日は敗戦記念日。戦争を反省して過ちを繰り返すまいとほぞを固めるためのいい機会。共産党が独裁している国の言い分をそのまま聞く必要はない。いずれにしろ残念だった」などと語った。

＊11　東急ハンズ、新宿西口三井ビルプラザなどの総合プロデューサーを務めた浜野安宏『人があつまる　浜野安宏ストリート派宣言 界隈・生活地・棲息都市』（ノア出版、二〇〇五年）による。「人にとって快適なストリートの再生」が謳われる。

＊12　社会問題として「引きこもり」に言及する書籍は日本で一九九〇年代から出始めていたが、一九九九年の京都日野小児殺害事件（てるくはのる事件）、二〇〇〇年の新潟県柏崎市女性監禁事件、佐賀西鉄バスジャック事件（ネオ麦茶事件）など、「引きこもり」当事者によって実行された事件により一般的に認知されるようになった。

＊13　一九八七年、リクルート社発行のアルバイト求人情報誌『フロムエー』で「フリーアルバイター」を略した「フリーター」という名称を生み出し、自由なライフスタイルとして紹介した。し

いて広く知られた革命スローガンであった。この予言(?)は、今まさに実現されていると言っていい。それは、西側の資本主義から日本のプチナショナリズムまでをも圧しているというべきだろう。ただし、それは毛沢東が望んだように、「共産主義」中国が圧しているのではない。「資本主義」中国が他を圧しているのである。そのことは、毛沢東の指示した六〇年代文化大革命のスローガンが「革命無罪」であったのに対して、この度の反日デモが「愛国無罪」を掲げていたところに、端的に表現されている。[17] ここにおいても、六八年の「革命」は「受動的革命」[18](=反革命)として現実に実現されていることが知られるはずである。だとすれば、この「受動的(反)革命」を革命的に転換するために日本の側から必要なのは、小泉に靖国参拝の実行を求めることである。それが、日本資本主義を追い込むことだろう。

ちなみに言っておけば、ニクソン・ショックとして現出したアメリカのヘゲモニー国家からの失墜に対して、当時の日本の首相・田中角栄は、ニクソンを追うようにして訪中し、日中国交回復を果たした。[19] イマヌエル・ウォーラーステインは後に、アメリカの没落後のヘゲモニー国家は日本であろうと言ったが[20](『ポスト・アメリカ』〈藤原書店、一九九一年〉など)、田中訪中は、日本が中国と組むことによって世界資本主義のヘゲモニーを、アメリカに取って代わろうとする試みであったと見なすべきである(奇妙なことに、ウォーラーステインの説は、ロッ

かし、バブル経済が破綻して以降、アルバイトの賃金は低下し、就職氷河期に入って正社員の枠が抑制されたこともあり、みずからの自由な選択としてフリーターとなったわけではない人々が増加。次第に不安定で福利厚生に乏しい就労形態として認知されていった。

*14 一九九九年にイギリスで就学・就労・職業訓練を行なっていない人を意味する用語 Not in Education, Employment, or Training の略称として NEET とその存在を指摘されたのが、始まり。日本では二〇〇四年刊行の経済学者・玄田有史とジャーナリスト・曲沼美恵の共著『ニート——フリーターでもなく失業者でもなく』(幻冬舎)において同用語が導入された。

*15 一九七二年二月二十一日アメリカ大統領リチャード・ニクソンが中華人民共和国を初めて訪問。以降、朝鮮戦争以来の米中間の対立政策が転換されることとなる。周恩来総理との晩餐会と首脳会談の冒頭挨拶は世界中で生中継された。一九七九年にアメリカと中国は国交を樹立した。

*16 一九五六年のフルシチョフのスターリン批判以後、ソ連は平和共存路

キード事件[*21]のはるか後に出されているのだが)。その意味で、田中角栄は、確かに六八年的な政治家であった。しかし、その目論見はロッキード事件(七六年)による田中の失脚によって潰えてしまう。以後、世界はヘゲモニー国家ではないはずのアメリカによる支配が続いているような様相——これを「帝国」(ハート/ネグリ)と呼ぶことも可能だが、そこには「中国」というファクターが入っていない——を呈することになる。いまだ、日本ではロッキード事件を、単なる贈収賄事件のように見なす立花隆史観[*22]が一般的だが、すでに事件当時から言われ、今日では田原総一朗や保阪正康も言うように、事件の解明には世界資本主義における先進国間の覇権闘争という観点が必要だろう[*23]。

ところで、「ウヨ」がこのような情勢であるとして、「サヨ」の方も、どうも状況への応接がトンチンカンのように見えるのは、おそらく「六八年」が受動的革命(=反革命)として成就してしまったノーテンキな現在に対応しているのであろう。今年は、戦後六十年ということで(しかし、十年周期で「戦後」を回顧ばかりしていても仕方ないと思うが)、「戦後思想」なるものの再評価が一部の若い世代からなされはじめている。小熊英二の大著『〈民主〉と〈愛国〉戦後日本のナショナリズムと公共性』に続く、これまた七百頁をこえる道場親信の『占領と平和〈戦後〉という経験』(青土社、二〇〇五年)は、そのなかでももっとも有力な仕事と言えるだろう[*24]。小熊の著書は司馬遼太郎[*25]的な「面白さ」でポピュラリ

線へ転換するが、翌年モスクワでのロシア革命四〇周年記念式典に参加した毛沢東は演説のなかで「東風は西風を圧する」と語り、この政策転換を批判した。

*17 「革命無罪」とは「革命に罪はない」の意味。文革において紅衛兵が「造反有理(謀反には道理がある)」とともに特に唱えたスローガン。「愛国無罪」は二〇〇五年四月の中国国内の反日デモで「抗日有理」とともに大々的に掲げられた。

*18 元はイタリアのマルクス主義思想家・政治家のアントニオ・グラムシ(一八九一—一九三七)による概念であり、「革命なき革命」ともいう。グラムシは、国家に対し民衆がヘゲモニーを持てずに実行される革命の意味で用いている。ベニート・ムッソリーニのイタリア・ファシズムやアメリカのニューディール政策などが「受動的革命」の例に挙げられる。

*19 一九七二年九月に時の田中角栄首相は中国を訪問、「日本国政府と中華人民共和国政府の共同声明」を発表し、日中国交正常化を果たす。また、この声明にもとづき、それまで国交の

ティーを持ったが、道場の本には良くも悪くもそれが欠けているとはいえ、これもまた今後のスタンダードとなっていくのであろう。

しかし、小熊と同様、道場の本にあっても顕著なのは、「六八年」に対する徹底的な軽視であり、それは、せいぜい小田実らの「ベ平連」に象徴させておけば足りるという姿勢である。これは、ベ平連的な反戦平和運動が、先のイラク反戦運動に復活・継承されたという認識に根拠を置く歴史的なパースペクティヴにもとづいているが、しかし、今やあのイラク反戦は全くダメだったという視点こそが必要であり、そこから歴史を再構築してみることが必要なのではないだろうか。

このことについては、多くの言葉を費やさねばならないが、紙幅の関係もあり、端的に言う。イラク反戦が思想的に可能だったとして、それは、ただ一つのスローガン「フセインの（戦争以前の状態への）現状回復」以外ではありえなかったはずである（今や誰もが知っているように、フセインは「無罪」である）。それ以外のスローガンは、ことごとく、アメリカの対イラク戦争を支持することにしか帰結しないし、実際、現在までの状況はそのように推移している。そもそも、フセイン逮捕を容認したままで、イラクの「民主化」を希求するなど、ネオコン支持以外の何ものでもないではないか。もちろん、イラク反戦運動のなかで「フセインの現状回復」を掲げる者はいなかった。そんなことが起きてしまえば、イラクの「平和と民主化」はもっと遅れると、誰もが知っているからである。

あった中華民国（台湾）に断交を通告した。

＊20「長期間の大国拮抗を経てある覇権国家から次の覇権国家へという継承循環が起きることを示すなら、二つの継承候補に見立てられるのは、日本と西欧である。日本は海洋・航空国としての候補であり、西欧は大陸勢力としての候補である。さらに、日米間の経済・政治同盟の出現、アメリカが最初上位のパートナー、次いで下位のパートナーをつとめる状況――日米多国籍企業間の新しい関係の中にその初期的徴候が見える――をも予測できよう」（『ポスト・アメリカ』丸山勝訳、八三頁）。

＊21 一九七六年二月、アメリカの航空機製造会社ロッキードの受注に関する世界的に大規模な汚職が発覚した。日本では、田中角栄元首相が同年七月、受託収賄と外国為替・外国貿易管理法違反の疑いで逮捕。そのほか多数の逮捕者を出した。

＊22 立花隆『ロッキード裁判傍聴記』1〜4（朝日新聞社、一九八一年―八五年）、『田中角栄いまだ釈明せず』（朝日新聞社、一九八二年）参照。

ヴェトナム反戦運動が可能だったのは、反戦を主張する者の主観的な意志はどうであれ、アメリカがヴェトナムから撤退しても、ソ連邦が代わりをしてくれることを誰もが知っていたからである（もちろん、そうなった）。ヴェトナム反戦運動は、客観的に見れば、ソ連の「平和共存」政策の先進資本主義諸国における展開以外の何ものでもなかった。そして、平和共存とは、実際には、そのこと以外にはありえなかったのである。ところが、今現在、アメリカがイラクから本当に撤退してしまったとしたら（その可能性がないわけではない）、それに代わるものはない。そんなところで、イラク反戦をヴェトナム反戦の伝統の継承などというのは、それこそ（道場も批判的なはずの）日本人の平和ボケというものではないか。

道場の膨大な研究的書物は、今や「サヨ」が平和ボケ以外のことを意味しないことをあかしてしまっている。その意味で、「ウヨ」の「サヨ」批判は正鵠を射ていたとは言えるのだ。それは、これまでに述べてきたように、いかに「ウヨ」が思想的に脆弱であるとしても、そうなのである。

もちろん、そのことに批判的に応接しようとする者もいないわけではない。たとえば、スラヴォイ・ジジェク『迫り来る革命　レーニンを繰り返す』[*26]（岩波書店、二〇〇五年）と府川充男「経歴詐称常習者平井玄——「歴史の捏造」と「解釈の餘地なき事実」[*27]」（『情況』二〇〇五年五月号）をその例として挙げることができよう。前

＊23 田原総一郎「アメリカの虎の尾を踏んだ田中角栄」（『中央公論』一九七六年七月号）で最初に指摘され、これを読んだ田中や中曽根康弘なども興味を示した。大枠では、田中が国際石油資本からの脱却を図り積極的な資源外交を展開したことで、アメリカに睨まれたために失脚させられたという説。ノンフィクション作家・保阪正康（一九三九—）も自著などで言及した。

＊24 道場親信（一九六七—二〇一六）。社会運動史研究者。特にその第二部は「「反戦平和」の戦後経験——対話と交流のためのノート」と題され、一九四五年から九一年以後まで、幾つかの段階を分けながら、「反戦平和」の根拠と課題が探られる。

＊25 司馬遼太郎（一九二三—一九九六）。作家。代表作に『竜馬がゆく』（文藝春秋新社、一九六三年—一九六六年）、『坂の上の雲』（文藝春秋、一九六九年—一九七二年）など。

＊26 スラヴォイ・ジジェク（一九四九—）。哲学者。同書では、二〇〇一年の九・一一テロ以降に露呈したリベラル左派の無力に、国家への洞察の欠如を指摘し、レーニンの再考・再導入を促す。

者は、今日において決して「平和」ではなく、「革命」を肯定しようとする困難な思想的試みであり、後者は、反戦平和主義者の「サヨ」（それは、道場もそうであるように、歴史の再発掘をおこなうカルスタ＝ポスコロ[*28]的なスタンスを取ることが多いが）が、実は、歴史の改竄を必要としていることを完膚なきまでに実証したエッセイである。印刷史研究上の金字塔であり、それ自体でカルスタ批判となっている『聚珍録　圖説＝近世・近代日本〈文字─印刷〉文化史[*29]』（全三巻、三省堂、二〇〇五年）の編著者・府川ならではのエッセイであり、そのスキャンダラスなタイトルに惑わされず味読すれば、ジジェクの書物と相即する重要な問題を提起している。

＊府川充男の病状回復を祈る。

＊27 府川充男（一九五一―）。印刷史研究者・タイポグラファー。同論文は一九八〇年代に批評家の平井玄（一九五二―）たちと『同時代音楽』の編集に携わった経歴を持つ府川による平井批判。表題どおり、平井のさまざまな経歴詐称を指摘した。

＊28 カルチュラル・スタディーズとポスト・コロニアルの略称。前者は主に日常的・地域的な大衆文化を扱い、イデオロギーやジェンダーなどの枠組みを利用して分析する。後者は、例えばかつての宗主国の文学が植民地をどのように表象しているか、植民地文化をいかに抑圧しているかなどを、文学作品などを題材に分析する。日本で最初にカルスタ、ポスコロという略称を批判的に用いたのは、柄谷行人といわれる。

＊29 幕末から昭和期までの日本の活字字体・組版の歴史研究書。ほぼ初めて集録された膨大な図版を用いており、これまでの府川の研究の集大成となる。

*2005*年*7*月—*9*月

小泉総選挙勝利を準備した市民ならざる「市民」の正体

前回のこの欄で暗に予測したごとく、小泉首相は八月十五日には靖国に参拝しなかった。[*1] そして、そのことに対する世論の批判も、それほど聞こえてはこなかった。小泉が靖国に行かなかったのは、何も、高橋哲哉のベストセラー『靖国問題』[*2]（ちくま新書、二〇〇五年）が世論を喚起したからではない。小泉は日本資本主義の意向に沿って靖国に行かなかっただけなのだが、その資本主義の意向を、おおかたの世論は肯定したのである。事実、八月十五日前の世論調査では、参拝不支持は五〇パーセントを超えていた（もちろん、これから小泉が靖国に参拝することはあるだろう。八月十五日でなければ、それほどの問題を喚起しないからである）。

その小泉が仕掛けて「郵政民営化、是か非か」と国民に問うたという九月十一日の総選挙は、知ってのとおり小泉自民党が二九六議席を獲得するという「歴史

＊1 小泉は二〇〇五年の十月十七日に靖国神社に参拝した。

＊2 高橋哲哉（一九五六—）。哲学者。主著に『戦後責任論』（講談社、一九九九年）、『デリダ　脱構築と正義』（講談社学術文庫、二〇一五年）、など。近年『沖縄の米軍基地「県外移設」を考える』（集英社新書、二〇一五年）も話題になった。

＊3 二〇〇五年八月八日の参議院本会議で郵政民営化法案が否決されたことを受け、かねて宣言していたとおり、小泉は衆議院を解散、総選挙を行ない、公明党とあわせて与党が衆議院議員定数の三分の二を超える圧勝に終わった。

的大勝利」に終わった。[*3] すでに、さまざまな人間が指摘しており（東谷暁「郵政民営化は小泉政権の責任放棄だ」[*4]〈『中央公論』二〇〇五年六月号〉など）、郵政民営化法案に反対して自民党本部の公認をえられなかった野田聖子[*5]（岐阜一区）に対して、自民党から送り込まれた「刺客」佐藤ゆかり[*6]でさえそれに否定的だったという一事をもってしても分かるように、小泉の郵政民営化にほとんど意味がないことは、大方暴露されているといってよい。にもかかわらず、「官から民へ」[*7]という単純きわまりない——しかし、現代資本主義の基調ではある——スローガンを「国民」が支持したということは、靖国問題と等しく、世論のおおかたが日本資本主義の方向性に、いまだ期待を持っているということであろう。小泉が靖国に行って中国や韓国との軋轢を増すよりは、思想に反しても行かない方が資本主義のためだし、民営化を推進するのも資本主義のためだという判断である。

しかし、これまた誰でもが指摘しているように、民営化が国民の貧富の差を拡大していくことも、火を見るよりも明らかである。貧富の差を示す日本のジニ係数は、アメリカ合衆国を超える〇・四九の高数値を記録しているが（ジニ係数は〇・二から〇・三あたりが適当とされている）、民営化によって、これがさらにはねあがるだろうことも、誰もが予測できる。確かに郵政民営化によってビジネスチャンスが拡大し雇用も新たに創出されるように見えるが、まあ、ビジネスチャンスを生かせる人間は一握りに過ぎないし、創出された雇用が概して低賃

＊4 東谷暁（一九五三―）。ジャーナリスト。同論文で郵政民営化が必要な根拠のひとつとされた、郵便貯金が民間銀行の不振の原因とする考え方は誤りであると批判。むしろ郵便貯金と簡易保険が民間から生じた財政赤字を補填していると指摘した。

＊5 野田聖子（一九六〇―）。政治家。二〇〇五年の郵政民営化法案に反対票を投じて、衆院総選挙では自民党の公認を得られなかったものの、当選。しかし、「郵政選挙」での自民党圧勝を受け、再度提出された郵政民営化法案には賛成票を投じた。

＊6 佐藤ゆかり（一九六一―）。政治家。小泉は参議院で郵政民営化法案に反対票を投じた自民党議員を「抵抗勢力」として、衆議院選挙では非公認とし、その該当選挙区に郵政民営化に賛成する公認の「刺客」候補を立てた。佐藤ゆかりはそのひとり。

＊7 小泉政権でよく唱えられたスローガン。郵政民営化のほかに道路公団民営化など、官公庁の事業を市場で競争する民営企業へと転換する方針を表した。

金・重労働であろうことも、これまた明らかである。にもかかわらず、今回の選挙結果を分析する各紙によれば、自民党圧勝の原因は都市の若年無党派層が小泉を支持したということが大きいというのだ。いうまでもなく、この階層は民営化によってもっとも不利益をこうむるはずの者たちである。いや、ニート、フリーター、パート、派遣社員、契約社員といった「労働」条件のなかで、すでに不利益をこうむっているはずだ。にもかかわらず、彼らが小泉支持を表明したのはいったい何故か。小泉政治を、「劇場型」[*8]とかポピュリズム[*9]というのはたやすい。中西輝政[*10]が指摘するように（「宰相小泉が国民に与えた生贄」〈『文藝春秋』二〇〇五年十月号〉）、小泉はイギリス自由党政治を壊滅に追い込んだロイド＝ジョージ[*11]に似ており、今回の自民党大勝は自民党政治の「終わりの始まり」[*12]（田中康夫）なのかも知れぬ。しかし、小泉政治が都市無党派若年層を対象として掘り起こしているのであれば、そのポピュリズムの方向性は、もう少し掘り下げて分析されなければならないだろう。

世に言う「フリーター問題」[*13]というのは、「偽の」とは言わないまでも、もう少し深刻で「本質的な」問題を隠蔽するための囮のようなものではないだろうか。現代の日本資本主義を支えているのは、フリーターでも正社員でもなく「派遣社員」[*14]と呼ばれる存在である。彼らが失業率の下げ止まりを演出しているのはもちろん、日本資本主義の「景気回復」にかなりのところ資していることも、多くはこ

＊8 二〇〇五年の通称「郵政解散」から衆議院総選挙圧勝、郵政法案成立にいたるなかで「小泉劇場」という言葉がマスメディアで多用され、同年の流行語大賞にもなった。

＊9 大衆迎合主義。複雑な政治問題を単純化して大衆の利益・不安・願望などに訴え、その支持を基盤に強引に政策を実現しようとする政治手法。

＊10 中西輝政（一九四七―）。国際政治学者。二〇〇二年から二〇〇六年のあいだ「新しい教科書をつくる会」理事を務めたことでも知られる。同論文では、小泉の解散総選挙の手法が、一九一八年に時のイギリス首相・ロイド＝ジョージが行なった「クーポン総選挙」に似ていると指摘、批判した。ロイド＝ジョージは自身と同じ自由党所属か否かにかかわらず、気に入った人間に「クーポンを配るように」公認を与え、気に入らない人間の選挙区から出馬させ、選挙を見世物化した。

＊11 デビッド・ロイド＝ジョージ（一八六三―一九四五）。イギリスの政治家。イギリスに健康保険制度、失業保険制度を導入したことでも知られる。第一次大戦中の一九一六年に首相に就任

の派遣社員という制度だろう。若年層の労働のエートスの減退については、これまでも多くのことが語られてきた。端的に言って、それは後期資本主義の必然的な帰結である。しかし、リクルートの某就職情報雑誌CM[*15]が言うように、過半の若年層は「二十六歳フリーター卒」くらいは、ばくぜんと志向していると言ってよい。しかし、終身雇用制度がもはやほぼ崩壊し去った現状においては、「正社員への道もある」と言われても、それほどそれが「ある」とは思えない。ハローワークに行ってみればわかるが、そこにある「正社員」の求人にしても（中小企業が多い）、ボーナスなし退職金なし手当なしがほとんどだし、そもそも正社員への道がそれほどないから、そのCMは、そう謳っているのであろう。そのCMで言われていることは、可能な選択肢は派遣社員ということにほかなるまい。事実、八〇年代に登場し、九〇年代から徐々に拡大のきざしを見せてきた派遣社員制度は、今や大資本にとっては欠かせないものとなっている。派遣社員の数は毎年増えているが、その年収は毎年減っている。厚労省調べによれば、二〇〇三年の派遣社員数は二百三十六万人、前年比よりも十パーセントもアップしているが平均年収は二百万円台前半、九〇年代半ばが二百六十万円台平均だったことに較べて大幅に減っているという。近年、失業率が下げ止まって景気は回復基調にあるといった報道がよくなされているが、それを支えているのが、準失業者とも言うべき派遣社員（あるいは、他に契約社員も）であることは、ほぼ明ら

し、国内に総力戦体制を築き、戦後はヴェルサイユ体制の構築に大きく寄与した。

＊12 当時、新党日本の代表だった作家の田中康夫（一九五六―）は総選挙の結果が明らかになったとき、「自民党をぶっ壊すといった首相が、党と共についえる「終わりの始まりの日」だ」と発言した。

＊13 フリーター（ここでは主にアルバイトで生計を立てている場合を指す）の増加により、雇用の安定性が失われ、彼らの多くが年齢とともにバイト市場からも弾かれて貧富の差が拡大すること。またそこから生じる社会問題のこと。

＊14 職場となる企業と直接雇用契約を結ぶのではなく、人材派遣会社に登録し、派遣会社から仕事の紹介を受け、職場に派遣される雇用形態の人を指す。雇用契約は人材派遣会社と結ぶが、それは派遣先企業で働いている期間のみ成立するため、登録だけでは給与などは発生しない。

＊15 リクルート社提供の『フロムエー』のCM。二六歳までフリーターをしてきたが、将来のことを考えて「そろそろフリ卒」するために

かである。資本は派遣会社に高額の契約料を払っても十分にペイするのだ。たとえば、派遣社員の給与とほぼ同額を派遣会社に支払っているという例も少なくないという。それほどまでに、旧来型の「正社員」はリスクがあったということである。

　派遣社員は「社員」であるからフルタイム労働（もちろん、残業も）が可能で、なおかつ、労働契約を結んでいるから雇用保険や健康保険などの労働四保険が給与から天引きされる。つまり、契約社員はれっきとした労働者なのだ。当たり前のことだ、と思わないでほしい。多くの場合、契約社員の給与は時給計算である。これは、アルバイトのフリーターやパートタイマーと変わらない（それらとほとんど変わらぬ時給の契約社員も多い）。そして、アルバイトやフリーターとほぼ同様に、その時間給はあまりアップしない。しかも、労働契約の期間は、普通、三ヶ月とか一年と限られていて、その都度、契約を更新するというシステムとなっている。つまり失業の危機に不断に接して、いつ首を切られてもよいということになっていて、解雇撤回の争議など基本的にはおこらない仕組みなのである。

　しかし問題は、このような労働形態に対して、派遣社員の（あるいは、フリーターやパートの）正社員化を要求すれば良いといった古典的かつ単純な応援が、まったく無意味だというところにある。それは、資本の人件費削減という要請にこたえるものでもあるが、同時に、ＩＴ化などによって規律／訓練を必要とし

『フロムエー』で職を探そうという内容。

ない（かに見える）労働形態の増加によっているからだ。企業が被雇用者の規律／訓練を必要としなければ、終身雇用や高賃金を採用する必要はない。派遣社員のたずさわる労働が、おおむねキャリアを必要としない労働であることは言うまでもない（もちろん、派遣会社は専門性を持った人間を求めると謳っているのだが、そういった労働はごくごく一部である）。しかし、それは資本への拘束が弱いという意味で「自由」なのである。

今年四月のＪＲ福知山線の脱線事故の「原因」は、ＪＲ内における規律／訓練体制の崩壊と監視／管理体制の強化にあると言われた。[*16] つまり、八〇年代中曽根「民活」（官から民へ）の帰結が、あの事故であったわけだ。国鉄解体も、コンピュータ制御装置システムなどによって、個々の職員の規律／訓練が不要となった（と見なされる）ことを背景に遂行されたのである。現在、小泉郵政民営化を支持する層が、規律／訓練型の社会の崩壊という資本の動向を背景にしていることは間違いない。しかし、「官から民へ」というスローガンは、別名「規制緩和」でもあることからも知られるように、そこでは、ある種の「解放」がイメージされているだろう。市場原理主義＝リバタリアニズム[*17]がそうであるように、それは、ほとんどアナーキズム[*18]と踵を接している。もちろん、それは「地獄への道」でもある。しかも、これは規律／訓練システムを復活すれば良いというふうに論理が立たないことが問題なのだ。資本による規律／訓練システムは単に費用

＊16 二〇〇五年四月二五日ＪＲ西日本の福知山線塚口駅から尼崎駅間で発生した列車脱線事故。乗客運転士あわせて一〇七名が死亡する大事故となった。国鉄の民営化後、そのほか関西私鉄会社との競争にさらされ、所要時間短縮・運転本数増加などを強化し、そのため目標を達成できない乗務員には「日勤教育」と称する懲罰を科すなど厳格化する反面、安全対策を怠っていたことに主な構造的原因があると考えられた。

＊17 「小さな政府」論であり、税金によって賄われる公官庁の業務を民間企業に移し、市場の競争にさらせばサービスはより充実し、税収も増えるという考え方。

＊18 無政府主義と訳される。必ずしも無秩序を志向するのではなく、例えば国家がなくても自生的な相互扶助によって自由が担保されるとする考えもある。

がかかるから放棄されたというばかりではなく、同時に、労働者の資本からの解放をも意味してしまうから、人々に支持されたという側面も存在するからである。この「人々」は、今日、誤って「市民」と呼ばれている。

周知のように、「市民」社会はさまざまな利益集団や職能団体のあいだの係争と、その統合によってなりたっていた。たとえば、資本家は企業経営を学ぶことで市民として規律／訓練される。同様に、労働者は労働組合の一員であることによって規律／訓練され「市民」になっていく。ところが、現在では、たとえば民主党はいまだ「連合」[*19]が有力な支持母体だから市民政党に脱皮していないなどという言い方がなされることからも知られるように、市民でない存在を「市民」と呼んでいるのだ。そして、この市民ならざる「市民」＝ジャンクは市民的な規律／訓練（つまり、教育）をほどこされていないがゆえに、自身の方向性を欠いた存在と化しているといえよう。そして、彼らが、たとえば投票行動において基準とするのは、基本的には「嫉妬」と「資本からの解放」という二点である。この二つが矛盾しながらもリンクしているところに、小泉的ポピュリズムへの大衆的な支持がさしあたり表明され、同時に、それが資本主義にとって「地獄への道」であるゆえんも存在しているだろう。

「郵政民営化、是か非か」を問うて「是」と答えた市民ならざる「市民（ジャンク）」が、ある種の嫉妬の感情によって動いていることは見やすい。それは、古典的な日本

*19 日本労働組合総連合会（一九八七―）。社会党系の日本労働組合総評議会、民社党系の全日本労働総同盟、中間派の全国産業別労働組合連合、中立労働組合連絡会議が合流して成った。日本共産党系労組による全国労働組合総連合（全労連）はこれに対抗して結成されたもの。

的雇用が崩壊したはずの現在においてなお、終身雇用と相対的な高賃金を享受しているかに見える中下級公務員に対する嫉妬である。もちろん、それは公正な分配という正義を要求するタテマエに装われた嫉妬であり、派遣社員として生活しているような若年労働者層のものであることは見やすい。「官から民へ」を標榜する小泉政治が、実は、新たな官僚制の強化に帰結しているということは、つとに指摘されているが（たとえば、堺屋太一・野口悠紀雄「族議員死して官僚の高笑い――族議員退治は官僚たちの思うツボ」[*20]〈『文藝春秋』二〇〇五年十月号〉）、大衆的に問題なのは高級官僚ではなく中下級公務員だといえるだろう。

「職業に貴賤なし」というのは市民社会と資本主義を支える重要なイデオロギーだったはずだが、今や、その前提が崩れている。それは、フリーターや派遣社員といった規律／訓練を必要としない労働の形態が主流になったにもかかわらず、それと同じような労働にたずさわっているはずの中下級公務員が、相対的に高い賃金をえていることに対する嫉妬だとしても、基本的に「貴」ではなく「賎」のほうに同一化しようとしているという意味で、労働のエートスを破壊する反資本主義的な心性だといえよう。公務員のみがいまだに労働組合という市民社会的な組織を維持しているが、それは、職質上そう簡単には解体しないにしても、早晩、形骸化していくだろう。大衆的な「嫉妬」は、それを促進しようとする欲望である。そして、それが「資本からの解放」という心性とリンクしている

*20 作家・元経済企画庁長官の堺屋太一（一九三五―）と経済学者の野口悠紀雄（一九四〇―）による対談。九〇年代に官僚に対して政治主導を行使した議員が、それぞれ特定の省庁や業界団体と癒着していることが問題視され、小泉政権はこれを「族議員」と呼んで批判、失脚させていったが、その結果、業界団体と政治家との関係で官僚の力が独走的に強化されてきたことを指摘している。

のだ。

　改めて言うまでもなく、このような心性は、それ自体としては何ら革命的なものではない。それは、八〇年代の大衆消費社会が何ら革命的なものではなかったことと同様であり、資本主義がそれ自体としてディコンストラクティヴなシステムであることを示す指標に過ぎない。

＊「市民」という概念ほど都合のよいものはない。しかし、それは今や「人的資本」と同義である。

*2005*年*10*月—*12*月

「下流社会」時代に、「女系天皇」システムが無際限に拡大させる新・「上流社会」

グローバルスタンダードでは「アンダークラス」でいいのだろうが、その「日本的」呼称をめぐる言説上の闘争(?)が、ここ十年以上のあいだ継続していて、ネーミングが目まぐるしく変わっている。おそらくは「フリーター」から始まった、それについての呼称は、アトランダムに挙げていけば、「だめ」[*1]、「パラサイトシングル」[*2]、「ニート」、「マルチチュード」[*3]などがある。私的には、概して「ジャンク」[*4]とか「ルンプロ」[*5]を用いてきた。そして現在では「下流」[*6]という言い方が流行しはじめているのは周知のことである。これらさまざまな呼称は、それぞれに概念上のズレを含みつつ、グローバル資本主義下の日本の現状を規定しようとするものであった。現在流行の「下流」は、「下流社会」と用いられることからも知られるように、「下流」が「社会」を構成している(しつつある)と認識されているところに、特徴があるといえよう。時あたかも、マチュー・カソ

*1 だめ連(本書二一五頁*13を参照)が提唱した「生き方」。普通の人のように「働けない」「恋愛できない」「家族を持てない」ことなど「だめ」とされるあり方を否定せず、それを強制されないオルタナティヴを求める。

*2 学卒後も親と同居し生活基盤を親に依存している未婚者を指す。高齢化や男女雇用機会均等法などに伴い、男性だけでなく女性も納税していない生産年齢人口と見られ、社会問題化した。

*3 アントニオ・ネグリとマイケル・ハートが共著『〈帝国〉』で用いて流布した概念。かつてのフォーディズム体制下の労働者に代わり、グローバル資本主義に対してグローバルなネットワークを駆使して抵抗する有象無象を意味する。

*4 特に絓著『JUNKの逆襲』(作品社、二〇〇四年)所収の「Junk的なものをめぐって」参照。

*5 ルンペン・プロレタリアートの略。カール・マルクスが『ルイ・ボナパルトのブリュメール一八日』(一八五一—一八五二)で言及しているのが有名。プロレタリアートが革命の本体である

ヴィッツ監督の映画『憎しみ』[*7]（一九九五年）が拡大的に現実化したごとき、パリを中心としたフランスのアラブ系移民の子弟たちの暴動が勃発している時期である。[*8]

いうまでもなく、「下流階級」ではなく「下流社会」という言い方には、「下流」と措定されるひとびとが、「階級」的ダイナミズムを持たず、安定しているという含意が込められている。三浦展のベストセラー『下流社会　新たな階層集団の出現』（光文社新書、二〇〇五年）は確かにそのように読めるし、事実、われわれの周囲にも（あるいは、われわれ自身が）そのような社会を形成しているという気配は十分に感じられる。

たとえば、これは最近仄聞したことなのだが、すこし前話題になった「学級崩壊」[*9]は、今や若い父母において生起しているらしい。東京からの遠距離通勤圏にある地方都市の話である。そこの公立小学校の父母授業参観日では、時として、参観している茶髪の母親たちのあいだで、携帯が鳴りはじめ、あちこちで電話でのお喋りが巻き起こり、子供たちの授業が成り立たないことさえあるというのだ（もちろん、事はそれだけのことで、授業参観が終われば何事もない？）。三浦の著書も指摘しているように、東京近郊の地方都市は、相対的な地価・家賃の安さなどの理由によって、「下流」が流入・定着しやすい場所なのである。これまた三浦も指摘するように、彼ら「下流」の母親たち子供たちの日常は、おおむね地元で自足しており（マックもミスドもファミレスもある）、東京になどはほとん

のに対し、定職に就かないルンプロは政治的に変節しやすいことなどが批判されている。

＊6 マーケティング・アナリストの三浦展（一九五八―）の著書『下流社会 新たな階層集団の出現』（光文社新書、二〇〇五年）による。中流階層が崩壊して、取得が少ないのみならず、働く意欲もない層が出現したことを指摘、それを「下流社会」と呼んだ。

＊7 マチュー・カソヴィッツ（一九六七―）。フランスの俳優・映画監督・脚本家。『憎しみ』（一九九五年）で、〝バンリュー〟と呼ばれる低家賃の公営住宅地帯に暮らす移民の労働者階級の若者達を描きフランスで大ヒットした。

＊8 二〇〇五年一〇月二七日、パリ郊外で北アフリカ出身の若者三人が警察から逃亡中変電所で感電、死傷したことを受けて、十一月半ばまでフランス全土の都市郊外に拡大して起こった暴動。大量の車や公共施設などが放火された。

＊9 一九九〇年代後半から、中学生のみならず、既に小学校低学年から子供が悪戯や私語を繰り返し、授業が成立しない「学級崩壊」がメディア等で取り上げられ、話題となった。

ど出たことがない。彼ら／彼女らだけで均質的な「社会」を形成している。彼女たち母親の夫は東京で職を得ている者も多いが、男たちは概して朝の六時台に出勤し夜の十一時、十二時に帰宅するという生活スタイルなので、母子の「社会」にはほとんど無関係な存在なのである。

　しかし、このような「下流社会」的な安定が、グローバリゼーション下の日本資本主義の一部資本家がそれを希求していたにもかかわらず、外国人労働者の流入を厳しくチェックし、相対的に均質的な日本社会を維持してきたことによっていることは、パリの暴動を参照すれば明らかなことである。あるいは、日本の外国人労働者の置かれている現状は、ペルー人の容疑者が逮捕された広島小学生女子殺害事件[*10]のような、「個人」のかたちでしか顕在化しないということだろうか。その容疑者が「日系」を自称しなければ日本に渡航できなかったという一事が、日本の「下流社会」とさえ彼ら外国人労働者とが隔てられている事実を、逆説的に示している。本当は、下流社会の外こそが問題なのだ。マイケル・ハートとアントニオ・ネグリの『〈帝国〉』に続く近著『マルチチュード』[*11]（上・下巻、NHK出版、二〇〇五年）は、「マルチチュード」という概念を移民労働者と重ね合わせている。いうまでもなく、マルチチュードを翻訳するなら「有象無象」という言葉が、さしあたりそれに該当しようが、そのことを踏まえるなら、日本資本主義はマルチチュードの生成を、きわめて巧妙に阻止しているといえようか。その意味で、

＊10 二〇〇五年十一月二十二日広島市で帰宅途中の小学生女子児童がペルー人の男性によって強制猥褻のうえ殺害された事件。

＊11 同書では、ゆるやかなネットワークで形成されるマルチチュードによる絶対的民主主義が提唱される。それは、彼らマルチチュードが生産する〈共〉を〈帝国〉的主権から奪還し管理運営することで果たされると主張される。

日本のアンダークラス＝「下流階級」は、いまだグローバルスタンダードの水準に達していないのである。

そのように言うのは、別段、ネグリらの設定した基準に照らしてそうだからではない。むしろ、ネグリらの運動を日本に移植しようというひとびとが[*12]、自らそれを阻んでいるところさえあるのではないかと思うから、あえてグローバルスタンダードなどと言ってみただけである。

三浦展の著書の指摘によるまでもなく、「下流」を構成するひとびとが、上流やアッパーミドルに比して、相対的に教育資本・文化資本（簡単に言えば「学歴」）に乏しい存在であることは、常識的にはうなずける。だが、今日の日本では（日本のみならず、他の先進資本主義国においても、だが）、相当に高い教育資本・文化資本を持った存在たちによるアンダークラスが形成されつつあることも、大きな問題となっている。いうまでもなく、就職先もなく大量に排出される大量の大学院卒業者（OD（オーヴァードクター）、PD（ポストドクター）などと呼ばれる）[*13]や、専任職にありつける展望のない非常勤講師たちの存在である。「下流社会」の時代においては「年収三〇〇万」（森永卓郎）で生きる方法などをも提唱されているが[*14]、非常勤講師のみで生活するとして、年収二〇〇万を維持することさえ、きわめて難しいのが現状である。概算によれば、週に十コマという驚異的に過酷な量を担当して、ようやく三〇〇万程度だ。しかし、十コマを担当できる幸運な人間はほとんどいまい。

*12 例えば粉川哲夫（一九四一―）など。ネグリがかかわったイタリアのアウトノミア運動の「密輸」を提唱していた。

*13 ODは博士の学位を取得しながら定職に就いていない人、また博士課程三年の期限を超えて学位が取れない学生を指す。PDは博士号取得後、任期付きの職（日本学術振興会特別研究員など）を得ている人を指す。

*14 経済評論家の森永卓郎（一九五七―）の著書『年収300万円時代を生き抜く経済学　給料半減が現実化する社会で「豊かな」ライフスタイルを確立する！』（光文社、二〇〇三年）による。森永は同書で、小泉＝竹中の構造改革によって、年収一億円以上と年収三〇〇万円前後の一般サラリーマン、年収一〇〇万円程度の非正規雇用者たちからなる格差社会が到来すると予想。しかし、年収三〇〇万円は世界標準では貧乏にあたらないとし、「勝ち組」を目指すのではなく、ゆとりをもった暮らしを送ることを提唱した。

この間の「大学改革」[*15]の波は、ＯＤ、ＰＤの就職先を狭めるばかりか、非常勤講師のポストをも減少させつつある。とりわけ、フランス語やドイツ語を中心とした旧来の第二外国語系をはじめ、文学・人文科学系のコマが大幅に削減される傾向にある。いうまでもなく、六八年を契機とした「教養主義の崩壊」（竹内洋）に対する、大学・行政の側からの必然的な――新自由主義（ネオリベラリズム）政策の――リアクションではあるといえる。

昨秋、埼玉大学は埼玉りそな銀行と研究や経営面での連携を強化する協定を締結し、それにともなって、人文系やフランス語やドイツ語を中心にした非常勤教員の大量解雇を発表した[*16]（延べ二〇〇人に上ると言われている）。語学や人文系の教養主義的講座に代わって、「金融」や「起業」といった講座が開設される模様だ。このような傾向は国立大学の独立法人化のなかで予想されていたことであり、すでに大きく報道されている東京都立大学の首都大学東京への改組においてもあらわれていたものだが、今後は私立大学にも波及するであろうことは目に見えている。ともかく、このような流れが、高い文化資本・教育資本を持ったアンダークラスという奇妙な階層を顕在化させていくだろうことは確かである。しかし、この新たなアンダークラスが、はたして――ハート／ネグリの言う「マルチチュード」のごとき――ダイナミックな潜勢力を内包した存在かというと、多くの疑問符を付けざるをえないところが悩ましいのだ。彼らが頻繁にネグリ（のみ

＊15 二〇〇四年からの国立大学法人化や、二〇〇五年の私学学校法改正など、透明性や公共性、競争などの必要を謳い、フレキシブルな対応をとるため、産学連携を重視した理事会や学長からのトップダウン式で行なわれる「改革」。大学の生き残りをかけたこの成果主義は、大学が政府からの統制を受けやすいとされる。

＊16 二〇〇四年一〇月に、埼玉大学は埼玉りそな銀行との連携を強め、企業の求める技能の習得を重視すると同時に、今後六〇％の非常勤講師のコマを削減する計画を発表、それに先駆け、非常勤講師の給料を平均八％削減すると通告した。

ならず、ブルデュー[17]もフーコーもドゥルーズも）を援用する存在であるにもかかわらず、である。埼玉大学の問題を契機に、その当事者である非常勤講師二人によって編まれた白石嘉治[18]・大野英士[19]編『ネオリベ現代生活批判序説』（新評論、二〇〇五年）が示すのは、残念ながら、そのことなのである。

『ネオリベ現代生活批判序説』（以下『序説』と略）で言われているのは、端的に言えば、八〇年代以降のネオリベラリズム政策が非常勤講師というもっとも弱い立場の存在をリストラの対象としており、なおかつ、それが理不尽だということである。もちろん、そのとおりであろう。しかし問題の「本質」は、もう少し別のところに求められなければならないのではないだろうか。今日のネオリベ的「大学改革」は、それがいかにロクでもないものだとはいえ、かつての古典的かつ「教養主義的」な大学が、もはや残骸でしかないと宣告した、六八年に対する「受動的な」改革・応援だというところにある。『序説』は、単に古い「教養主義」を維持せよと言っているようにしか読めないところが、いかにも弱いのである。

現在の大学改革は、専任教員に対しては相対的に旧来の特権を保持させながら、非常勤のリストラを行っているといえる。試算によれば、非常勤と専任の待遇は、一対五以上で、「下流」と「上流」の格差がある。だとすれば、『序説』が単に大学当局のネオリベ的政策を批判するのは片手落ちであって、同時に、相対的に特

*17 ピエール・ブルデュー（一九三〇―二〇〇二）。主著に『ディスタンクシオン――社会的判断力批判』Ⅰ・Ⅱ（藤原書店、一九九〇年）など。
*18 白石嘉治（一九六一―）。フランス文学者。主著に『不純なる教養』（青土社、二〇一〇年）。
*19 大野英士（一九五六―）。フランス文学者。主著に『ユイスマンスとオカルティズム』（新評論、二〇一〇年）。

権を享受している専任教員にも「公正な分配」という問題を認識させるような闘争が組まれなければならないのではあるまいか。たとえば、端緒的には、専任・非常勤はともに所属しているはずの学会に問題提起することなどが考えられよう。

しかし、どういうわけか『序説』にはそのような問題意識はない。それが、所詮、非常勤も専任の上司にうまく立ち回って専任職をゲットすれば問題は解決だという心性の発露でなければ幸いである。同書で編者にインタヴューされている矢部史郎[*20]（ネグリ派を自称していたこともある）は自身が経営するバーのアルバイトに対する理不尽な賃金未払いで、フリーター労組[*21]から告発された人物である。両者の団交には私も組合側で出席したのだから、証人として言うが、そのような人物をネオリベに「抵抗する機械」などと持ち上げるようなセンスでは、やはりこころもとないのである。

上司や師匠にあたる専任という「上流社会」に対して一指だに触れえない非常勤教員という「下流」のありようは、それゆえ、やはりきわめて日本的だということができよう。そして、これは今や新たな「天皇制」として構築されようとしているシステムと酷似しているといえば、大げさに聞こえるだろうか。

「女系天皇[*22]」というシステムは、それが旧来のものに比べて、いかに「民主的」に見えようとも、それが、皇族宮家を無際限に拡大することで、生成しつつある「下流社会」に対して一種の「上流社会」を形成していく装置であることは、正

*20 矢部史郎（一九七一—）。九〇年代よりドゥルーズ、ガタリ、ネグリなどの思想を参照に山の手緑らと管理社会批判を展開。二〇一一年福島原発事故の際には「ゼロベクレル派」を名乗り、市民による空間・食品の放射線量計測を訴えた。著書に『放射能を食えというならそんな社会はいらない、ゼロベクレル派宣言』（新評論、二〇一二年）、山の手緑との共著に『無産大衆神髄』（河出書房新社、二〇〇一年）など。

*21 フリーター全般労働組合。二〇〇四年八月に結成。非正規雇用労働者を中心に、失業者やワーキングプアまで幅広く加入資格を認めている。創立当初のメンバーにはプロレタリア詩人の安里ミゲルがいた。

*22 母が天皇であることを根拠に天皇が継承された場合に、女系天皇が誕生する。一九六五年から二〇〇六年まで皇室から男子が生まれず、皇太子徳仁と皇太子妃雅子のあいだに産まれたのが女児だったため、将来的に女系天皇を認めるか否かが議論された。

確に認識しておくべきである。「下流社会」の時代において必要なのは、それと対をなす「上流社会」だからであり、そのためには男系天皇制は対応できないのだ。女系天皇を容認している小泉首相が、それなりに時代を読むことにたけたネオリベ政治家であるゆえんは、ここにも明らかだろう。その意味で、男系に固執する一部保守派は、天皇制の今日における役割を分かっていないのである。もちろん、この上流は「下流」の鏡像でしかない。そのような鏡像関係は、日本的「社会」の想像的な安定に寄与するだろうが、その安定もそう長く続くはずはあるまい。それを乱す足音は「下流社会」の外に、すでに確実に響きはじめているだろう。

＊日本は「天皇を中心とした神の国」（森喜朗）である。今ほど、それがリアルな時代はない。

2006年1月―3月

フランス暴動、ホリエモン、早大キャンパス警官導入……。立場への決断を問わぬ「非決定」の陥穽に打開の道はあるか

かつてドゥルーズは「新たな、肯定的な大衆が見出されなければならない」といった意味のことを言ったが[*1]、昨年のフランス暴動から今年初めのホリエモン逮捕[*2]まで、今日の問題は、誰もが肯定的な「大衆」のイメージを描けないというところにある。

ホリエモンは、あたかも今日の日本資本主義が、必要・必然的に生み出した肯定的な人物イメージであるかのように登場した。しかし、「国策逮捕」であろうこの度の事件は、支配階級がホリエモン的キャラクターを、今はまだ肯定できないでいることをあらわしている（おそらく、全的に肯定しうる時代は来ないだろう）。リバタリアニズムだけでは資本主義はやっていけないということも知っている支配階級は、時々、ブレーキを踏む必要があるということだ。ホリエモンを「我が息子」と持ち上げた自民党・武部幹事長に対して、あなたの実の息子とホリエモンの間に三千万円の金銭授受があったのではないかと民主党の永田議員が

＊1 「人間たちの闘争と芸術作品とのあいだにはいかなる関係があるのか。／その関係は、この上なく密接なものであり、私にとってはこの上なく謎めいたものです。そして、これこそまさに、パウル・クレーが「いいですか、人民が欠けているのです」と述べたときに謂わんとしていたことなのです。人民は欠けている、そして同時に、欠けてはいません。人民が欠けている、これが意味しているのは、芸術作品とまだ存在していないひとつの人民とのあいだのあの根本的に重要な親和力が、明らかなものではなく、これからも決して明らかなものとはならないということです。まだ存在していない何らかの人民に呼びかけを行わないような芸術作品などあり得ないのです」（「創造的行為とは何か」『狂人の二つの体制 1983―1995』廣瀬純訳、河出書房新社、二〇〇四年、一九五頁）

＊2 二〇〇六年一月二十三日、東京地検特捜部はライブドアグループの証券取引法違反の疑いで堀江貴文容疑者ら四名を逮捕。一年四月二十六日に堀江の有罪と実刑が確定すると、六本木の自宅から東京高等検察庁へ出頭する

「偽メール」をもとに迫り、たちまち「ガセネタ」（小泉首相）と分かってしまうという茶番[*3]は、彼らが肯定的な大衆イメージを持てないことを、上手にソフィスティケートして告白してみせるという、「国策的」儀式でもあったのではないかと疑わせる。

小泉「構造改革」路線は、アントニオ・グラムシの構造改革論[*4]がそうであったように、ある種のポジティヴな市民＝大衆イメージの措定なくしてはリアリティーを欠く。しかし、グラムシのそれが現代のポスト・フォーディズム[*5]（＝ポスト「市民」社会）の時代ではもはや有効性を失っているのと同様に、小泉のそれも、肯定的な市民＝大衆イメージを先送りしていくしかないのである。

アラブ系移民の二世・三世によって遂行されたというフランス暴動は、たとえば、ようやく「マルチチュード」という肯定的な概念を見出したかに見えた左派にとっても、ちょっと途方に暮れさせる問題であり、それは、日本においても無縁ではいられない種類の困難な状況を改めて顕在化させたといえる。すでに報じられているように、その暴動は「権力」に向けられたというよりは、自分自身（の公共物や自動車などの所有物）の破壊でしかなかったからだ。フランス暴動は六八年の五月と比較されるが、後者が今なお続く決定的な「切断」であったのに対して、前者がそのようなものをもたらすとは思えない。もはや、「あらゆる犯罪は革命的である」[*6]（平岡正明）といった楽天的なテーゼで暴力を肯定すること

までの一部始終をニコニコ生放送「緊急生放送！密着 堀江貴文収監のすべて」にて生中継した。

＊3 二〇〇六年二月十六日の衆議院予算委員会で民主党の永田寿康が、堀江が武部勤の次男に、選挙コンサルタント費用を請求したと指摘、十八日に請求メールの写しを公表したが、信憑性に疑問符が付くものであり、結局は「ガセネタ」と判明。混乱を招いた責任をとって、三月三十一日民主党執行部は退陣した。

＊4 ロシア革命のような機動戦は、国家と適正な関係を持つ市民社会を持つ西洋では通用しないため、教会・組合・学校などの市民社会の内部でのヘゲモニー闘争としての陣地戦（その結果、構造改革が実現される）が必要だとグラムシは唱えた。

＊5 フォーディズム体制における規律／訓練を重視した工場や事務所での労働とは異なり、時間的空間的なフレキシビリティに対応した価値生産が求められる。ここでの自由な創造は監視／管理社会に対応する。

＊6 評論家・平岡正明（一九四一—二〇〇九）の著書『あらゆる犯罪は革命

は不可能だと、誰もが認識せざるをえないのである。

　いうまでもなく、このようなことは、日本においてもすでに明らかなことであった。イラク反戦運動において「サウンド・デモ」という「新たな」スタイルを現出させた「ストリート系」左派[*7]は、アメリカ経由のラップやヒップホップ、レゲエとともに、若年層の「暴力」を肯定的に思い描こうとした。しかし、それらは所詮はクボヅカであり「プチナショナリズム症候群」に回収された存在が過半だったのである。ただ、日本では、それが「プチ」のレベルに収まっているがゆえに、それほど問題化するに及ばなかったに過ぎない。

　このことは、きわめてヌルいかたちで、今日隆盛な「社会学的」情勢認識において繰り返されてきたものである。例を挙げよう。雑誌『世界』二月号（岩波書店）は、「現代日本の〝気分〟――どこへ向かうのか」と題して幾つかの論考を掲載している。ここでは、並んで掲載されている二人の社会学者のものを取り上げ比較してみたい。一つは、韓流ブームの「反動」として生起した「嫌韓流」[*8]を論じる中西新太郎の「開花する『Ｊナショナリズム』[*9]」であり、もう一つは、格差社会を容認するかに見える若年層を論じる土井隆義の「キャラ社会の構造」[*10]である。ここで論じたいのは、二つの論考の妥当性云々ではない。メッセージ性の強い雑誌で同一の特集の下に並んでいる二つの、しかもよく似たカルチュラルスタディーズの手法を用いた論考を並べ比較した時に、見えてくることを問いたいの

的である』（現代評論社、一九七二年）に由る。
＊7「サウンド・デモ」は日本で二〇〇三年のイラク反戦運動のなかで生じた。トラックなどに大型の音響機材を載せ、ＤＪブースを設け、大音量の音楽を流す後をデモ隊が踊り歩くスタイルで、「新しいデモ」として注目を集めた。のちに社会学者・毛利嘉孝（一九六三―）の著書『ストリートの思想 転換期としての1990年代』（日本放送出版協会、二〇〇九年）で論じられた。
＊8 山野車輪（一九七一―）の著作『マンガ嫌韓流』（晋遊社、二〇〇五年）による。朝鮮総督府に勤めていた祖父の影響で日韓関係に興味をいだいた主人公が、大学の歴史サークル「極東アジア調査会」に入り、反日的とされるサークル「アジア歴史研究会」や在日朝鮮人とディベートを繰り返すなかで、彼らの「被害者史観」「自虐的な歴史観」を論破するという内容。日本側のキャラクターは冷静で論理的に、韓国側は感情的でわめきちらすなど、ステレオタイプに描かれている。同シリーズは四巻まで出版され、のちの

である。
中西の論考は、そのタイトルからもうかがわれるように、マンガ「嫌韓流」が、その「『テクスト様式――解読』の全過程」で「表象のコロニアルな暴力を亢進させ、新たな性格を帯びた攻撃的ナショナリズムの出現を予兆している」ことを論じている。もちろん、若年層の右傾化を批判しているのである。一方、土井は、先の総選挙で若年層が小泉「民営化」を支持した理由を、下級公務員に対するルサンチマンとする見方（私も、この時評でそう言った）に反対して、彼らは「脱力系[*11]」であって別にルサンチマンなどは持っていない、ただ小泉以下のキャラ立ち（という「表象」！）している候補に投票しただけだと言い、一定の留保をつけながらではあるが、そこに「ルサンチマンにもイデオロギーにもとらわれない清清しさ」さえ感じている。ところで、「嫌韓流」を読んでちょっとテンションを上げるのも、小泉「民営化」を支持したのも、同一の若年層ではあろう。だとすれば、ここで中西と土井とを同一視するつもりはないが、『世界』というメディアの編集のコンセプトを忖度して読者の立場に立てば、この特集で伝達されようとしているメッセージとは、つまり、嫌韓は悪いが（つまり、靖国参拝はイカンが）、靖国に参拝する小泉に投票する若年層は、まあ何も考えていないのだから肯定しておこう、ということになる。小泉と小泉チルドレン[*12]（ホリエモンを含む）に投票したにしても、それはシニカルに棄権などするよりは、低熱でノリ

「嫌韓本」のさきがけとなった。

*9 中西新太郎（一九四八―）。文化社会学者。同論文で、漫画という大衆的な表象のなかで現実の問題（竹島問題）がどのように表象されているかを分析している。

*10 土井隆義（一九六〇―）。社会学者。同論文で、「勝ち組」優位の小泉構造改革に何故低所得者層が喝采を送ったのかを、「キャラクター」に人間関係を還元するコミュニケーション社会という視点から分析した。

*11 「癒し系」などの延長上で、頑張らず、ゆるいさまを肯定的に形容した語。脱力系漫画、脱力系音楽などジャンルの分類に用いられた。近年では脱力系男子・女子などそれ自体「キャラ」の属性化している。

*12 二〇〇五年九月の衆議院総選挙で自民党が大勝した際に当選した、小泉純一郎の提唱する「郵政民営化」に積極的に賛同した新人議員を指してメディア等で言われた。元財務官僚の片山さつき（一九五九―）、エコノミストの佐藤ゆかり（本書五三頁*6参照）、証券会社の派遣契約社員だった杉村太蔵（一九七九―）など。

がいい分だけはるかにすがすがしいと言っているわけだ。しかし、これは、「靖国参拝反対＝而して参拝してもしかたない」と言っているようなものではあるまいか。ここに、現在のリベラル・デモクラシー派のディレンマが露呈している。それは、最初の話題である「暴力」について言えば、「暴力はイカン＝而して暴力は革命的である」というディレンマにほかならない。これが9・11以降――それは、二〇〇一年アメリカの9・11であり、そして二〇〇五年小泉解散の9・11である――顕在化してきた状況であり、このディレンマを意識しないでやり過ごす時にのみ、「大衆」への欺瞞的な肯定が可能になるのである。そして、それはブッシュの「平和のための戦争」の論理――それは「平和と民主主義はすばらしい＝而して戦争は避けられない」ということだ――と、ほとんど同じなのである（ブッシュの方がシニカルでないだけマシか？）。これこそ、現在のリベラル派がおちいっている「アイロニー」[13]（リチャード・ローティー）なのではあるまいか。

このことの「起源」は、ある程度確定できる。かつて、ルイ・アルチュセールは「重層的決定」と言った[14]。しかしその場合、マルクス主義者としてのアルチュセールには、「最終的な」決定の審級への信憑だけは確保されていた。ところが、ポスト・マルクス主義たる現代の社会学やカルチュラルスタディーズにあっては、そうした審級を措定できないから、「表象」の解読が恣意にまかされ「重層的な非決定」[15]（吉本隆明）におちいってしまうわけである。つまり、同じ対象であるは

＊13 アメリカの哲学者・リチャード・ローティー（一九三一―二〇〇七）の著作『偶然性・アイロニー・連帯』（岩波書店、二〇〇〇年）による。ローティーの掲げるリベラル・アイロニストとはみずからが最も正しいと信じることも偶然的なものにすぎないと知っているリベラル派のこと。

＊14 フランスの哲学者・ルイ・アルチュセール（一九一八―一九九〇）は論文「矛盾と重層的決定」（『マルクスのために』平凡社ライブラリー、一九九四年）において、本質と現象の関係に対応する経済的下部構造と上部構造の一方向性を否定し、政治的・文化的な上部構造にも相対的自立性を認め、それは重層的な要因から決定することを説いた。

＊15 吉本隆明『重層的な非決定へ』（大和書房、一九八五年）による。『マス・イメージ論』（福武書店、一九八四年）を前年に刊行していた吉本が、さまざまなマスカルチャーを論じた著作。

ずのものが、表象の解読の仕方においてご都合主義におちいるほかはないのだ。現代の社会学やカルスタは、表象の解読が、解読する者の語り方（ナラティヴ？イデオロギー？）によっていかようにも変わることを知っており、むしろ、そのことをこそ方法化していると自認している。だがそこでは、自らの解釈もまた恣意的であるということだけは括弧に入れられてしまう。ここで欠けているのは、実はマルクス主義ではない。「最終的な」立場の決断である。

フランス暴動やホリエモン、ジハードといった「大状況」への判断が決定不可能に置かれる時、もうひとつありうるのは、大問題はさておき、小さな身近な問題から取り組んでいこうぜという、ポストモダン的とも言える態度であろう。だが、はたしてそうだろうか。

昨年の十二月二十日、早稲田大学の文学部キャンパスで、二〇〇一年のサークル地下部室撤去反対運動（これは映画『LEFT ALONE』（二〇〇五年）の背景にもなっている）に端を発した諸問題をプロパガンダするビラを撒いていた人間が、それを阻止しようとする教員によって警察を導入され、逮捕されるという事件があった。[*16] 事件の経緯とその後の展開については、詳しくはHP（http://wasedadetaiho.web.fc2.com/i/tophtm）を参照してもらいたいが、[*17] ビラを撒いていた当該団体との長年のかかわりから、警官導入への抗議運動を、当該や他の支援者とともに行っている者として言えば、早稲田大学のリベラルを自称する教員の反応が、き

*16 二〇〇五年十二月二十日、早稲田大学文学部キャンパスにおいて、〇一年の早稲田大学サークル地下部室強制撤去に端を発する大学の再編成に反対し、それへの行動を告知すべくビラ撒きをしていた若い男性が、十数人の大学教職員に取り囲まれたうえ「私人逮捕」され、導入された牛込警察署警官に引き渡された事件。〇五年に劇場公開された井土紀州監督『LEFT ALONE』では、〇一年の早稲田大学でのサークルスペース移転阻止闘争がドキュメントとして描かれている。

*17 本論に記されているアドレスのサイトは現在閲覧できず。次のサイト(http://www.geocities.co.jp/CollegeLife-Club/9559) へ移行されている。

わめて鈍いように感じられる。

私見によれば、たかだかビラを撒いていたに過ぎない人間を見て大学が警察を導入するということは前代未聞であり、この事件をどう捉えて行動するかということが身近に問われるはずの立場の人間は、早稲田には（その他にも）多々いるはずである。ところが、いろいろ接して聞き取りをした限りでは、かなりの部分の人間が、ほとんど理由にならない言い訳をしながら、シニカルに沈黙し、問題をスルーしようとしてしまうのだ。しかも、そうした人間には社会学やカルスタ系のリベラル左派が多く含まれている。これはどうしたことか。

理由は幾つもあげられるが（自分の身近の問題こそ対処が難しいという、最初に言ったこととは逆の理由もあるだろうが）、ここで指摘しておきたいのは、彼らの表象分析という学問的手法が実は、立場への決断を問わぬ「非決定」なのではないかということである。実際、学問的には左翼的な言説を駆使しながら、身近に起こった警官導入に対しては、沈黙をもって事実上肯定するとしたら、これは自らを「非決定」の立場に置いていると見なすほかはないだろう。しかし、これは自己保身とか言行不一致とかと見なすべきではなく、社会学やカルスタといった現代的な「学問」が本質的に抱えているところの、最終的な決定審級への不決断に帰結すると考えうるのである。

忖度してみれば、彼らは警官導入について、次のようにして納得している（事実、以下のような反応がほとんどである）。逮捕された人間は早稲田の学生ではないということではないか。しかも、何やら教員に脅迫めいたことを言ったらしい。それがその教員の誤解であったとしても、とっさにそれを脅迫と受け止めて警官を呼んだのはいたしかたないのではないか。もちろん、警官導入がいいとは思っていない。今後、自分は自分の立場で戦いはするが、今回の問題は「事故」なのだ――云々。

　しかしそもそも、早稲田の学生でないと知れたのは事後的に過ぎない（いったい、早稲田の学生以外の者がビラを撒いて、なぜ悪いのか、この問題についてもHP参照）。これは、事後的な表象を事前のものと思いなすことである。また、教員が脅迫されたという思い込み（表象！）を肯定することは、単に恣意に過ぎまい。そもそも、口汚く大声でののしって排除しようとしてきた教員に対して、一言二言くらいは言い返すのが当たり前だろう。脅迫されたと思ったにしても、勝手な思い込みだけで（しかもビラを撒いていたのは一人であり、対して、その場に教職員は十数人いたのだ）警官を呼ぶということが是か非かを、まず問うべきなのである。そして、このような恣意的な表象分析で自己合理化することは、警官導入という決定的な問題から目をそらすだけなのだ。

　こうした自己合理化が、いかにもナイーヴとはいえ、社会学やカルスタの表象分析と相即することは、明らかだろう。しかも、このビラ撒き逮捕事件以降、それへの抗議行動（ごくごく穏当なものだ）に参加した現役の早大生に対して、文学部は今度は「学則違反」の名の下に処分を策動している。*18 学外者に対しては警官を、学内者に対しては学則を、というわけだ。もちろん、その学則なるものも、驚くべき拡大解釈がほどこされて適用されるほかはあるまい。文学部の教員に対しては少なくとも明らかにされているはずの（知らされていないのであれば、私がここで明らかにする）、当局のこのような動きに対して、はたして学内教員はどのように応接するのだろうか。

肯定的な大衆イメージが見出しえないことと、いわゆる「知識人」が知識人として機能しえなくなっていることとは相即する現象だし、今に始まったことではない。大学はもはや知識人が生息したり、それを生産したりする場ではなくなっているように見える。同時に、かつて「大衆」が存在しえた場——同じく大学から街頭まで、労働者階級から第三世界まで——にも、それは見出しえないかのようである。しかし、そこに「問題」があるのであってみれば、われわれが、さしあたり「そこ」にとどまるほかないのも確かだろう。つまり、そこには警官が導入されて逮捕者が出ており、それに抗議した学生が処分されようとさえしている、ということである。もちろん、「そこ」は決して固定されているわけではない。

＊反乱は、それ自体で「価値」ではない。舛添辞任劇は現代の大衆反乱であり、大衆反乱は今ではそれ以上のものではありえない。

＊18「2006年1月25日、早稲田大学文学学術院（文学部）は、本件不当逮捕に反対し文学部構内で抗議のビラをまき行動をおこなっていた法学部学生C君の行為を「学則違反」と見なし、「しかるべき処置」を求める文書を早稲田大学法学学術院（法学部）に提出しました。／これは、先の不当逮捕に続き、「学内者」の言論活動、すなわち一切の批判的行為をも封殺しようとする許しがたい目論見にほかなりません」（「[抗議文] 2005年12月20日早稲田大学文学部でのビラ撒き不当逮捕を許さない」（2004年4月10日追補）、現在はミラーサイト（http://www.linelabo.com/waseda051220.htm）内で、読むことができる。

2006年4月–6月

誰も反対しない「国民運動」＝クール・ビズに露見する新しい警察国家の様式

昨年は初年度ということで、あれよあれよという間だったから、それほど関心する余裕もなかったのだが、地球温暖化防止と称して提唱されているクール・ビズ[*1]なる国民運動の気味悪さというのは何だろう（冬にはウォーム・ビズというのもある）。とりわけ、政治家が率先して六月一日から一斉にクール・ビズに衣替えするという光景は、教育基本法の改定[*2]や、共謀罪[*3]、国民投票法[*4]など重要法案が審議されている今国会にふさわしい不気味さであるように思われる。国会に倣って田舎の地方議会からファッション業界、デパート等小売業界まで、クール・ビズで浮かれているらしい。しかし、クール・ビズが地球温暖化防止に「焼け石の水」程度にも有効だなどとは誰も信じていないだろうし、そもそも、誰も反対しない（できない）国民運動というのが最悪だというのは、それこそ常識ではない

＊1 二〇〇五年環境省主導で始まった、夏期にネクタイや上着を着用しない軽装を推奨し、冷房の節約などの環境対策を唱えるキャンペーン。

＊2 二〇〇六年十二月二十二日に、一九四七年公布・施行された教育基本法をすべて改定した新たな教育基本法が公布・施行された。特に旧法にはない道徳教育についての規定で「公共の精神」を尊ぶことが記され、おなじく旧法にはなかった「伝統と文化を尊重し、それらをはぐくんできた我が国と郷土を愛する」愛国心が教育目標に規定されたことが問題となった。

＊3 なんらかの犯罪の共謀それ自体を犯罪とする犯罪規定。日本の刑法において未遂罪は犯罪の実行に着手して初めて問えるという条件があるため、共謀罪の制定は従来の刑法との整合性が議論となり、また国民の権利が過度に制約される可能性が問題となっている。小泉政権下で制定が目指されたが、二〇〇五年八月の衆議院解散で一度廃案、その後再提出され審議入りしたが、二〇〇九年七月二十一日の衆院解散で再び廃案となった。

＊4 憲法改正の手続きを定めた法律。

のか。

　私は共謀罪など右記の法案には個人的に反対だが、それらに反対する一般的な言説や行動のありかたについては、ちょっと違和感を持っている。総じて、「戦前への回帰」だとか「ファシズムの復活」だとか言って反対する者たちのその言説（そして行動）の常套的なありかたには、気持ちは分からないでもないが（そして、ワン・オブ・ゼムでデモくらいならつきあうかも知れぬが）、ウンザリするのを禁ずることができない。これでは「戦後民主主義への回帰」以外でないではないか。そして、それはクール・ビズについては見逃してしまう感性である。地球温暖化防止という大義名分には文句がつけられず、政治家やビジネスマンがカジュアルになるのは悪くないという「民主的な」感性である。教育基本法や共謀罪に反対することが、同時に、クール・ビズへの反対でもあるように、言説を転換させなければならないだろう。

　これもまたTVなどで見る限りだが、クール・ビズに違和感を持っているのであろう、いつものようにスーツにネクタイという格好の議員も少数ながら与野党問わず見受けられる。しかし、彼らがクール・ビズ反対という声を上げている様子はない。昨年の総選挙においては、国会ではクール・ビズでも、選挙では国民・有権者に対する「礼儀」として背広にネクタイの候補者も多かったと聞く。しかし、大きな選挙が設定されていない今夏においては、そうした心配もないだ

憲法改正については憲法九六条が既定しているが、具体的な手続きは定められていなかった。二〇〇七年五月十四日安倍政権のもとで法案可決。

ろう。ここしばらく、クール・ビズは、国民的に浸透していくに違いない。

クール・ビズがいかなるファッションとして定義されているのかは知らない。多少調べて見ても、どうやら定義はないらしい。しかし、六月一日にＴＶその他で見ることのできた政治家のクール・ビズから察するに、そのスタンダードは、ワイシャツの上にスーツやジャケットを羽織るというものであるようだ。彼らは、クール・ビズの提唱者である小池百合子環境大臣の司会でファッションショーまでやった[*5]（なお、本稿では紙幅の関係などから論議の対象を男性に限った）。だとすれば、クール・ビズのモデルとは、もっとも知られたところでは、ＴＶドラマ『はぐれ刑事純情派』（テレビ朝日系）で藤田まことが演じた、安物の背広にノーネクタイ、白いワイシャツ姿の「安浦刑事」ではないだろうか[*6]。クール・ビズの不気味さとは、国会に（あるいはビジネス街に）藤田まこと＝安浦刑事が大量に闊歩しているということである。もちろん、昨今のクール・ビズは藤田まことの古典的なそれがはるかにソフィスティケートされたものだ。しかし問題は、どう見てもそれが私服刑事の格好にしか見えないということなのである。クール・ビズが私服刑事の格好だということについては、多少説明が必要だろう。なるほど、スーツにワイシャツというスタイルは、私服刑事に特化されたファッションではない。それは、まず繁華街などを遊歩する中下級ヤクザのものである。最近では、明け方に帰宅（？）するホストたちも似た姿が多い。そして私見によ

＊5 小池百合子（一九五二―）。政治家・元ニュースキャスター。現東京都知事。二〇〇六年五月三十一日表参道ヒルズにおいて環境省主催の「COOL ASIA 2006」が開催され、当時の小泉首相ら閣僚やアジア各国の大使らがノーネクタイのファッションを披露した。

＊6『はぐれ刑事純情派』はテレビ朝日・東映制作で一九八八年より放送が開始され、シリーズ化された刑事ドラマ。二〇〇五年にテレビシリーズが終了したのちも、〇九年まで年一回スペシャルドラマが放映された。藤田まことが演じる警視庁山手中央警察署刑事課所属の「やっさん」こと安浦吉之助刑事が、正義感と人情に富んだ心で犯罪捜査にあたり、犯罪の裏にある人間の弱さなどに触れる演出がなされた。

れば、かつては（今も？）新左翼（過激派！）の幹部クラスが、デモの横の歩道を伴走する時などのものでもあった。密集ジグザグデモには背広は不便だから、デモの隊列に入る者はクール・ビズではマズイのだが、横を歩く者はむしろクール・ビズなのである。

つまり、クール・ビズはカタギでない人間が、ネクタイをつけているカタギと差異化しつつ、しかしカタギに紛れ込む（つもりの時の）ファッションであった。ヤクザと過激派の両極端に接触することを職業とする警察が、クール・ビズを採用するのも故なしとしない。藤田まこと＝安浦刑事は警察からややドロップアウトした（「はぐれ」た）キャラとして設定されているが、逆に、その逸脱ぶりによって犯罪に接近する能力を与えられている存在である。その紛らわしさがクール・ビズというファッションを選択させているのだが、国会議員たちがクール・ビズをまとっているのも、まさに一種の「警察国家化[*7]」の象徴と見なすべきであろう。現代の警察国家は「戦前」のそれとは異なる。それはクール・ビズ的なものなのである。

しかし、クール・ビズというファッションは、どの程度のものまでオフィシャルに通用するのか。スーツの下がダボシャツではやはりマズイだろうし、ましてや、腹巻だけの素肌の上というのはいけない。Ｔシャツも不適当ということが現在のカノンであるようだ。つまり、スーツの、あるいは、ジャケットの下は襟

＊7　一般に警察が強大な権限を持って秩序を監理する国家を意味する。ここでは、むしろ国会議員までが安浦刑事のように「純情」で親しみのもてるキャラクターの警察＝監理者をみずから装おうとしている傾向が指摘されている。

のあるシャツだということが、クール・ビズの条件である（だから、スタンドカラーでも良い）。あるいは、襟のあるシャツを着ていれば上着が不要という場合もある。これは藤田まことのクール・ビズの条件でもある。藤田まこと＝安浦刑事はダボシャツもTシャツも着たことはないはずだ。ホリエモンが国策逮捕されたのは、やはりTシャツをオフィシャルな場（国会でさえ！）で通用させようとしたところにあったのではあるまいか。

クール・ビズを率先して着用している官房長官・安倍晋三のポスト小泉のためのスローガンは「再チャレンジ」[*8]であるという。六月二日、つまりクール・ビズへの衣替えの次の日に行われた、安倍晋三の総裁選出馬に向けた実質的な後援団体「再チャレンジ議連」には、予想をこえて百人近くの議員（もちろん、ほとんどがクール・ビズ）が集まって気勢を上げたという。ポスト小泉には安倍という印象がますます色濃いものになった。では、「再チャレンジ」とは何か。

安倍によれば、小泉構造改革は今後も継承していかなければならないが、改革の進捗によって生み出された負の部分であるフリーター層などに再チャレンジの機会を与えるのが、ポスト小泉に必要な政策だという。なるほど、小泉改革はともかく、再チャレンジ自体も反対しがたい政策ではある。しかも、これはきわめて藤田まこと＝安浦刑事的なコンセプトから来ているように見える。言うまでもなく「温情」ということである。「はぐれ刑事純情派」の安浦刑事は、しばしば、

＊8 二〇〇六年九月に発足した第一次安倍内閣において、主に就職氷河期にフリーターやニートになったまま年齢を重ねている層を対象に、社会活動に参画するために「再チャレンジ」の機会を提供しようとする政策。〇七年の第二十一回参議院議員選挙で自民党が敗北、安倍政権が総辞職したため、立消えとなった。

自分が逮捕した人間で、刑期を終えて出獄してきた者の就職先を世話していたのではなかったか。クール・ビズのひとは、また、再チャレンジを推進するひとでもあるのだ。つまり、犯罪者をどんどん逮捕するのと同様に構造改革なるものによって不安定雇用を促進し、同時に、出獄者に職を世話するように再チャレンジを言うというのが、クール・ビズに象徴される「警察国家」のありかただと言えよう。

もちろん、「再チャレンジ」を謳う安倍のスタンスは、ブレア[*9]やシュレーダー[*10]らヨーロッパ社民の「第三の道[*11]」あたりからヒントを得たものであろうが、それが日本で転用されると、通俗刑事ドラマをモデルにしたとしか思えないのは、いかにも日本的とは言えるだろう。

しかも更に悩ましいことは、この「社民的」な経済政策を、とにもかくにも可能であるかに見せるためには、中国（や韓国）との「友好的な」関係を前提にした日本の経済成長しかありえないということである。そのことは、小泉首相の靖国参拝に、左派以上に難色を示す財界が強調していることだ。中国の経済的パートナーであり、外交問題では中東で手一杯のアメリカが、同様に考えているのも周知のとおりである。だとすれば、靖国参拝を小泉以上に主張している安倍が矛盾を抱えていることは明らかだろう。しかも、安倍への国民的な高支持率の主たる理由が靖国に象徴される「タカ派」イメージによるものなのだから、矛盾は深

＊9 トニー・ブレア（一九五三―）。イギリスの政治家。第七十三代イギリス首相（一九九七―二〇〇七）。
＊10 ゲアハルト・シュレーダー（一九四四―）。ドイツの政治家。ドイツ連邦共和国の第七代連邦首相（一九九八―二〇〇五）。一九九八年の連邦議会選挙において「新しい中道」をキャッチフレーズに選挙戦を展開し、社会民主党（SPD）を勝利に導き、十六年ぶりの政権交代を果たした。
＊11 イギリスではトニー・ブレア首相が、従来の労働党の社会保障政策に、サッチャー以降の市場原理主義的な政策も採り入れ、両者が双方を補完する「第三の道」をスローガンに政治運営を行なった。理論的背景にイギリスの社会学者・アンソニー・ギデンズ（一九三八―）の『第三の道　効率と公正の新たな同盟』（日本経済新聞社、一九九九年）などがある。

い。社民的な経済政策を可能にするには、政治イデオロギー的にも社民的であることが、この場合、不可欠なのだが、そうすると国民的な支持は失われてしまうのである。「再チャレンジ」を謳うクール・ビズは、この矛盾を糊塗するための衣装なのではないか。しかし、クール・ビズは、あくまで刑事の衣装なのである。

四月三十日のメーデー（東京・原宿）において、警察は、サウンドデモに出発しようとしていたフリーター全般労組の組合員ら三人を、道路交通法違反容疑で、でっち上げ逮捕した[*12]（その後、不起訴・釈放）。言うまでもなく、イラク反戦以来、サウンドデモは何度も許可・遂行されているし、今回も届出段階の許可は下りていたのである。これが、「再チャレンジ」政策の対象であろう人間への弾圧であることを考えてみれば、その政策が実はどのようなものであるかが分かるはずだ。デモに際してはもちろん、フリーター労働においてもたぶん、クール・ビズは不向きなのである。もちろん、その弾圧にあたっては、クール・ビズの私服警官が大いに活躍したことは言うまでもない。

＊私は、今なおクールビズ用の男のワイシャツが大嫌いだ。

＊12 二〇〇六年四月三十日にフリーター全般労働組合主催で「自由と生存のメーデー06」の集会とサウンドデモが行なわれた。デモ当初から警察は弾圧を行ない、ＤＪをサウンドカーから引きずりおろして逮捕したうえ、混乱に乗じ公務執行妨害の疑いでもうひとりを逮捕、さらにバルーンを警察が強奪しようとして生じた混乱に際して、もうひとりを公務執行妨害の疑いで逮捕した。救援対策もあり、五月二日ＤＪ釈放、九日、十一日にほか二名も釈放された。

2006年7月–9月

憲法九条擁護の切り札＝「富田メモ」が生んだ天皇制をめぐる逆説的な状況

『日経新聞』七月二十日朝刊がスクープで報じたところの、昭和天皇が靖国神社へのＡ級戦犯の合祀に不快感を漏らしたことを伝える富田朝彦元宮内庁長官の、いわゆる「富田メモ」[*1]は、憲法九条擁護を掲げる、いわゆる護憲勢力を、きわめて危機的な状況に追い込んでいる。そのことに、当の護憲勢力は、果たして気づいているだろうか。戦後憲法は「世界遺産」[*2]だなどと陽気に言ってる場合なのか。

どマイナーな話で恐縮だが、去る六月十五日、六〇年安保を領導したブント＝安保全学連の旧メンバーたちが中心になって、護憲＝九条擁護（のみ）を政治スローガンに掲げたデモが行われた。[*3] 今や七十歳になろうとしている（なった）人びとが立ち上がったというので、ジャーナリズムも好意的に報道した。言うまでもなく、ブント（共産主義者同盟）は、日本の新左翼の濫觴であり、一国平和主義の社会党（社民党）や共産党に鋭く対立して「世界革命」を掲げたことで知られている。その

＊1「日本経済新聞」二〇〇六年七月二十日朝刊第一面トップで「昭和天皇、Ａ級戦犯靖国合祀に不快感」という見出しで、元宮内庁長官・富田朝彦（一九二〇—二〇〇三）が宮内庁次長時代の一九七四年から八八年まで昭和天皇の側近として天皇との会話や発言を記述したメモの内容が報じられた。全部で手帳十四冊、日記帳十三冊に及ぶメモだが、一部のみ報道で一般に公開された。件のメモには「私は或る時に、Ａ級が合祀され／その上松岡、白鳥までもが／（…）／だから私あれ以来参拝していない／それが私の心だ」とある。

＊2 中沢新一・太田光の共著『憲法九条を世界遺産に』（集英社新書、二〇〇六年）に由る。

＊3 元京大同学会副委員長の小川登（一九三六—）、元都学連副委員長の蔵田計成（一九三四—）などが呼び掛け人となり、九条改正反対を訴えるデモと集会を、四十六年前に警官隊との衝突で樺美智子が死亡した「六・一五デモ」と同日に行なった。

人びとが、今や社共と変わらないスローガンを掲げていることに軽い違和感を覚えた。果たして、九条は「世界革命」の戦略的な根拠になりうるのだろうか。

私は六〇年安保世代ではないが、それを中心的に企画した――その著作には敬意を持ってきた――方の一人から、デモへのお誘いをいただいた。賛同人に名前を出せとも言われた。賛同人はともかく物見遊山には出かけるかもしれないとお答えしたのだが、護憲＝九条擁護というスローガンには、どうしても乗ることができなかったので、結局、他の用事にかまけて失礼することにした。やはり賛同人を慫慂された或る友人は、「ブントのスローガンは「人民総武装」じゃないのか」と言って断ったというが、妥当なジョークであろう。そうこうしているうちに、「富田メモ」の出現である。「富田メモ」は、左派を壊滅させるための陰謀なんじゃなかろうか。

私見の範囲では、「富田メモ」でもっとも正鵠を射た発言をしたのは、ハマコーこと浜田幸一[*4]である。「週刊新潮」八月三十一日号によれば、ハマコー氏は「大東亜戦争を始める時に、天皇陛下の御裁可を仰いだ。その時、それを諒として陛下が御裁可した。つまり、天皇の命令によって、三百万人が死んでいったんです。命令を下した人間が裁かれなくて、命令を実行した人間だけが裁かれるなんて、おかしいじゃないか」等々とTVで喋っているという。まったくもって正論であろうし、だとすれば、「富田メモ」を政治的に利用することには慎重であ

＊4 浜田幸一（一九二八―二〇一二）。政治家。愛称はハマコー。暴言や右派的な言論で知られるが、政界引退後の勲二等の叙勲と国会議員表彰は辞退している。

るほかないはずである。ところが、七月二十一日朝刊の「朝日新聞」社説が「昭和天皇の重い言葉」と評したのをはじめ、焦点化していた八月十五日の小泉首相靖国参拝[*5]を阻止するための、ひいては小泉から安倍晋三[*6]にいたる憲法改定の機運に対するブレーキとして、「富田メモ」を利用するという動向は、実は墓穴を掘ることに等しいのである。日本共産党でさえ、そうである。あるいは、「戦後民主主義」勢力は、そういうことさえ分からないくらいに追いつめられているということであろうか？

「富田メモ」の出現を憲法問題として見れば、それは九条が一条（天皇条項）とセットであることを白日のもとにさらしてしまったところが重要である。戦後憲法によって天皇が日本国の象徴と規定されたのであれば、確かに天皇は九条を核心とする平和憲法の象徴であることが自明であろうし、その天皇が靖国へのＡ級戦犯合祀に不快感を表明してもおかしくはない。その意味で「富田メモ」の信憑性は疑いえないし、誰がどう言おうと天皇は政治的存在であることを免れないのである。小泉が八・一五に靖国に参拝するのを阻止するために、ひいては護憲＝九条擁護のために「富田メモ」を使っても悪いわけではないだろう。だが、もしそうであるならば、今日の護憲運動は明確に天皇制擁護を掲げるべきである。しかし、それでいいのかね。

日本共産党が、かなり以前から「反天皇制」のスローガンを降ろしていること

＊5　小泉が首相として任期満了となる二〇〇六年、これまで回避してきた八月十五日の靖国参拝を実行するのではとマスメディアで騒がれた。小泉は八月一五日の朝に靖国参拝を行なった。

＊6　安倍晋三（一九五四―）。政治家。第九十代内閣総理大臣（二〇〇六―〇七年）、第九六―九七代内閣総理大臣（二〇一二―）。二〇〇六年九月二十日、小泉の任期満了に伴う総裁選で麻生太郎、谷垣禎一を大差で破って自由民主党総裁に選出、同月二六日の臨時国会において内閣総理大臣に指名され、「美しい国づくり」「戦後レジームからの脱却」をスローガンにした第一次安倍内閣が発足した。

は知られている。[*7] だとすれば、志位委員長が、「〝靖国〟派のシナリオに従って参拝していた小泉首相の行動もいよいよ道理がたたなくなりました」と言ってこの度の「富田メモ」を小泉八・一五晴国参拝阻止のために利用しようとしながら、一方では、「昭和天皇は侵略戦争の最高責任者です」（『しんぶん赤旗』八月三日）とするのには、論理的にかなり無理があると言わなければならない。[*8]

そもそも、明治憲法では、天皇は政治責任を免責されていた。だからこそ、アメリカは日米開戦時からすでに、天皇を平和の象徴に仕立て上げるという敗戦後日本の占領政策を画策することができたわけである（加藤哲郎『象徴天皇制の起源　アメリカの心理戦「日本計画」』〈平凡社新書、二〇〇五年〉）。[*9] イッセー尾形が昭和天皇に似ているとか似ていないとかで話題になっているアレクサンドル・ソクーロフの映画『太陽』[*10]（二〇〇五年）は、ソクーロフがあれやこれやのインタヴューで語っているところに従えば、そういった歴史観を真に受けて、平和主義者としての人間＝昭和天皇を描いている（しかし、本当にそうなのか？　その点への私の疑問は『映画『太陽』オフィシャルブック』（太田出版、二〇〇六年）で述べておいた）。[*11]

だとすれば、共産党のように、天皇の戦争責任をおずおずと指摘しながら、他方では平和憲法を守れと言うことは不可能なのである。天皇の戦争責任を追及するのが、ハマコー的「正義」だけになってしまったのも故なしとしない。そして、これが今日、新左翼までもそのなかに収斂されてしまった護憲＝九条擁護運動が

＊7　二〇〇〇年の第七回中央委員会総会で当時の日本共産党委員長不破哲三は、天皇制について、日本国憲法では「国政に関する機能」を持たず国民主権の原則を掲げていることを評価。護憲の立場を重視し、現憲法のもとで当面天皇制と共存する考えを示し、共産党員が国会開会式に出ないのは「天皇制を認めないからではありません」などと断わった。

＊8　志位和夫（一九五四―）。政治家。二〇〇〇年から現在まで日本共産党委員長。

＊9　加藤哲郎（一九四七―）。政治学者。同書において、新たに機密解除されたアメリカ国防総省の情報調整局・戦略情報局の史料を駆使して、戦後の象徴天皇制の成立過程に迫った。

＊10　アレクサンドル・ソクーロフ（一九五一―）。ロシアの映画監督。監督作品に『孤独な声』（一九七八年）、『日陽はしづかに発酵し…』（一九八八年）など。『太陽』は、ヒトラーを題材にした『モレク神』（一九九九年）、レーニンを描いた『牡牛座　レーニンの肖像』（二〇〇一年）に続く「権力者四部作」の三作目として製作された（最終作は二

おちいっているディレンマであり、共産党が、結局は（すでに）天皇制擁護を掲げる政党となった理由であろう。

ところが、共産党に「道理がたたなくなりました」と言われた小泉首相は、にもかかわらず先帝の大御心に反してまでも、八月十五日に靖国に参拝した。これは、どう理解すればいいのか？　首相になる際の「公約」の、単なる履行と考えていいのだろうか。

知られているように、首相に靖国参拝をやめてもらいたいというのは、中国や韓国をはじめとする東アジア諸国との関係に利害を左右される、経団連をはじめとする日本ブルジョワジーの意志でもある。とりわけ、八・一五の参拝については、である。そして、だからこそ、小泉は、これまで八・一五の参拝だけはひかえてきたわけだろう。ところが、どうして今年に限って、八・一五に参拝したのか。私見によれば、これは天皇制の「呪縛」から、日本の政治指導者が脱却しようとする試みである。そうした試みを、左派ではなく小泉にしてやられたというところに、今日の政治的な危機があると言える。

今や知られてきているように、八月十五日は「終戦（敗戦）記念日」ではない。ポツダム宣言の受諾を決めたのは一九四五年の八月十四日であるし、ミズーリ号で降伏文書に調印したのは同年の九月二日である。サンフランシスコ講和条約は五一年の九月八日に調印された。しかし、同条約は、いわゆる「全面講和」では

〇二年の『ファウスト』）。一九四五年、昭和天皇が終戦を迎え、「人間宣言」を決意するまでが主題。

＊11『映画『太陽』オフィシャルブック』（太田出版、二〇〇六年）所収の西部邁、井土紀州との鼎談「『太陽』のここがおかしい！」での絓の発言は次の通り。「やっぱり外国人から見た偽造なんだと思うんです。夏目漱石にしたって、一九一〇年に書いた「思い出すことなど」で、天皇が人間だなんて当たり前の話じゃないかと朝日新聞なんかに書いているわけですからね。近代は社会ダーウィニズムの時代です。少なくとも知識人なり新聞の読者はそういうことを読んで知っているわけで、天皇が人間だったというのは、ある意味では常識的なことだったわけです。戦争当時、あやうく神だと思いかかっていたとしても、一般的に神だと思っていたというのはある種のフィクション、ただ、天皇という存在を「神ではない（人間だ）と知っている」にしても、神である「かのように」扱うというシニカルな水準はあったわけでしょう、森鷗外が小説で書いたように。（…）神から人間というのは、あの時代にアメ

なかったのだから、その後も戦争状態が終結していない国は幾つもあった。北朝鮮とは、いまだに講和が成立していない（小泉が北朝鮮に二度も飛んだのは、このためであることを想起せよ）。

八月十五日を「終戦記念日」と見なす理由は、一九四五年のその日に天皇の玉音放送があったということ以外にはない。もちろん、そのことが「終戦」の根拠になる理由は何もない。ただ、それを「終戦記念日」と見なすのは、天皇を中心とする歴史観（皇国史観！）にとらわれているというだけである。日本のジャーナリズムが、今年もまた、八月十五日を「終戦記念日」と言ってはやし立てていたのは周知のとおりである。佐藤卓己の『八月十五日の神話　終戦記念日のメディア学』[*12]（ちくま新書、二〇〇五年）のようなポピュラーな本が昨年刊行されているというのに、これはどうしたことか。ところが、中国や韓国さえも、その日を日本帝国主義から解放された記念日と見なしているのである。だからこそ、小泉の八・一五靖国参拝を騒いでいるわけだが、これでは、いっこうに植民地支配から解放されたことにならないではないか。その意味では確かに、天皇制は「世界遺産」である。

小泉の靖国参拝は、「富田メモ」で明らかになっていた大御心に反してまで敢行された。これは確かなことである。だとすれば、それが八月十五日になされたことも、自覚的な反天皇的な行為と見なすべきである。つまり、小泉は八・一五

リカが作ったフィクションなんじゃないでしょうか」（二四〇頁）
＊12　佐藤卓己（一九六〇―）。社会学者。著書に『増補　大衆宣伝の神話　マルクスからヒトラーへのメディア史』（ちくま学芸文庫、二〇一四年）など。同書ではメディア論的な分析が駆使され、八月十五日が終戦記念日であるという「神話」がいかに創られてきたかを明快に指摘した。

を天皇制によっておのずと設定された「終戦記念日」と認めないがゆえに、前年までのテキトーな日に参拝したのと同じように、八月十五日に参拝したのだと考えるべきだろう。このようなメッセージを東アジアをはじめとする諸外国に発信してやることこそ、われわれ「日本人」の使命ではないだろうか。そして、小泉が参拝するまでは靖国参拝に反対していた大方の世論が、参拝したとたん、小泉の行為を支持したという「国民」的いいかげんさも、それは、日本国民が、ようやく天皇制から解放されつつあることの証左だとアナウンスすべきではないだろうか。

今日のポストポリティカルな状況の奇怪さは、リベラル左派がますます天皇制に依存してきているのに対して、ネオリベラリズムの一部が天皇制から徐々に「脱却」しようと、無自覚に試みているというところにある。小泉が女系天皇を容認しようとしたのも、そのひとつのあらわれであったわけだが、その傾向は、秋篠宮に男子が出産したとしても変わるものではないだろう。[*13] たとえば、その親王が成人した時に外国人女性と結婚したいと言ったら男系天皇論者は、どう反応するだろうか。その可能性は、その頃にはかなり拡大しているはずである。

＊八月十五日を「終戦記念日」でないと知りつつ、それを否認する日本人のイロニーとは何か。

＊13　二〇〇一年に皇太子徳仁と皇太子妃雅子のあいだに産まれたのが女子愛子だったため、それ以来、将来的に女系天皇を容認するか否かが議論されてきたが、〇六年九月六日に秋篠宮文仁と同妃紀子のあいだに男子悠仁が誕生し、改めて女系天皇の是非が議論された。

*2006*年*10*月—*12*月

「好景気」安倍ニッポンはなぜ「国家」を語るか——外交に爆弾を抱える日米のある共通点

北朝鮮（朝鮮民主主義人民共和国）が、ついに、原爆実験をおこなった[*1]（二〇〇六年十月九日）。すでに、パキスタン、インド、イスラエルが核拡散防止条約[*2]に非加盟の核保有国である現在、北朝鮮の核保有を禁じる論拠は、どこにもない。そもそも、アメリカや中国が核を保有するのは良く、北朝鮮が保有するのはいけないという理由などみつけられないからだ。そのことを前提にしているからこそ、日本も核保有をという論議が、北朝鮮の核を非難することに積極的な自民党「タカ派」から出てくるわけである。そして、アメリカが北朝鮮を攻撃する余裕などないことは、誰もが知っている（そもそも、なぜまず金正日ではなくフセインを攻撃したのか）。だからこそ、日本のテレビのワイドショーは、連日、北朝鮮が飢餓や政情不安で崩壊寸前だという、期待を込めた映像を流しつづけているのだろう。

*1 二〇〇五年二月十日に核兵器保有を公式に宣言した北朝鮮は、翌年七月五日にスカッド、ノドン、テポドン二号の計七発の弾道ミサイル発射実験を行ない、十月三日には核実験実施を予告。九日に地下核実験成功を発表した。

*2 一九六八年に調印、七〇年から発効された条約。アメリカ、ロシア、イギリス及び九二年批准のフランスと中国の五ヶ国を核保有国とし、核保有国は削減に努め、それ以外の加盟国は非核保有国として保有は許されず、核が拡散することを防止することが目的。二十五年の期限付きで導入され、九五年には無条件・無期限延長が決定された。

日本が持っているのは「拉致」というカードだけである。[*3] 確かに拉致は金正日のトンデモない愚挙＝暴挙だが、核を持ってしまった北朝鮮にとって、それが、もはや議論の対象となりえないことは、冷厳な事実である。北朝鮮の核問題が生起したことが、発足まもない安倍政権にとって有利に働いたというのが、日本のジャーナリズム一般の評価だが、全く一国主義的な視点と言わねばならない。東アジア外交が日本など問題にせず、米中主導で進められているのは自明の事実である。子供でもそのパワーバランスの変化が分かるように、日本の外交的地位の低下は白日のもとにさらされている。安倍首相の訪中で、中国が靖国問題を言わなかったことが外交的成果だと思われているが、中国がカードを握っているというだけではないか。有効な時に使えばいいわけだ。

十一月のアメリカ中間選挙では上下院とも民主党が勝利した。[*4] 十二月にいたっては、イラク戦争がついに「内戦」状態に突入したとアメリカのジャーナリズムに認定され、米軍撤退が論議されつつある。もちろん、米軍撤退がイラクの「和平」への一歩となることもあるまい。すでにイラク戦争勃発時から予想されていたことだが、アメリカの「敗北」は今や決定的になったと言ってよいだろう。アフガニスタンにおいてもタリバンの攻勢が伝えられている。七一年のニクソン・ショックで明らかなものになっていた「アメリカの没落」にもかかわらず、レーガン以来の「強いアメリカ」政策にも幻惑されて、先進資本主義国の人間の多く

＊3 一九七〇、八〇年代に北朝鮮によって行なわれた日本人拉致事件。九〇年代後半に日本で拉致被害者の実名を含め公に報道され始め、「北朝鮮による拉致被害者家族連絡会」が結成されて以降、拉致された日本人の返還が訴えられてきた。二〇〇二年の小泉訪朝で北朝鮮は拉致を認め、五名の生存拉致被害者が一時帰国を果たした。日本政府は彼らを北朝鮮に「返す」ことを拒否。その後、北朝鮮側が死亡したと報告した拉致被害者に関しても再調査・返還を求めている。

＊4 共和党所属のジョージ・W・ブッシュ大統領の二期目の任期途中で行なわれた中間選挙。イラク戦争が泥沼化するなか、民主党が上下両院で勝利し、一九九四年以来、議会多数党となってきた共和党が大敗した。

は、アメリカが「唯一の超大国」だと信じてきた（あるいは、信じたいと思ってきた）わけだが、もはや、その幻想も破棄されつつある。にもかかわらず、ニューヨークの株式市況は高値で続伸しており、日本の景気も「いざなぎ景気」[*5]（一九六五年～七〇年）を超えたなどという声が、けっこうリアリティーをもって喧伝されているのだ。このギャップは、いったい何なのか。それは、現在の「好況」をもたらしたとされる新自由主義の主導者が、同時に、「国家」についても声高に語るという奇妙な事態に反映されているだろう。

周知のように、二〇〇六年の日本の出版界は、「国家論ブーム」とでも言うべき様相を呈した。藤原正彦『国家の品格』[*6]（新潮新書）や安倍晋三『美しい国へ』[*7]（文春新書）をはじめとして、左派からも柄谷行人『世界共和国へ』[*8]（岩波新書）、姜尚中『愛国の作法』[*9]（朝日新書）といったベストセラーが出た。一昨年の『国家の罠』（新潮社）にはじまり、『国家の崩壊』（にんげん出版）、『国家の自縛』（産経新聞社）とつづく佐藤優[*10]の活動も見逃せないだろう。「国家」という主題系が新たに登場したかのようなのだ。しかし、これは奇妙なことではないだろうか。新自由主義政策は「小さな政府」や「地方自治」を掲げており、国家の役割は最小にとどめようとしているとされているからだ。また、左派にしても、かつてマルクス主義が力を持っていた時代には「国家の死滅」[*11]を掲げることが左派の左派たる保証であったはずである。ところが、今や、国家が前提となって論議が進められている。

＊5 一九六四年東京オリンピックの翌年の不況を脱するため、日本政府は第二次大戦後初の建設国債を六六年に発行、この前後に景気は回復する。自動車、エアコン、カラーテレビが「三種の神器」と呼ばれて、消費も大幅な伸びが見られた。

＊6 藤原正彦（一九四三―）。数学者。同書では「祖国とは国語」であると強調される。二〇〇万部を超えるベストセラーとなり、「品格」ものの書籍が後に続いた。

＊7 当時総理大臣だった安倍が「十代、二十代の頃、どんなことを考えていたか、わたしの生まれたこの国に対してどんな感情を抱いていたか、そしていま、政治家としてどう行動すべきなのか、を正直につづった」もの。安全保障、憲法、外交、歴史認識について多くの頁が割かれている。五〇万部を超えるベストセラーとなった。

＊8 柄谷行人（一九四一―）。思想家・文芸評論家。同書では、自著『トランスクリティーク――カントとマルクス』（批評空間、二〇〇一年）以来の交換様式論をもとに、世界帝国と世界経済を論じ、その次の世界共和国を展望

冷戦体制の崩壊以降、国家の垣根が低くなったということが、左右双方の共通認識であるにもかかわらず、である。

このことは、今日の新自由主義が「市場原理主義」を貫徹しえず、その不備を不断に国家に求めなければならないことに端的に表現されている。アメリカや日本の国家としての地位が、相対的に低下しているにもかかわらず（あるいは、それゆえに）である。

最近クローズアップされている小中学校の「いじめ」問題に関連して、十一月末、首相直属の教育再生会議[*12]は不適格教員を排除するための、教員の第三者による評価を提案した。客観的にダメと烙印を押された教師は辞めさせるという方針である。しかし、これが市場原理主義に反する政策であることは言うまでもない。市場原理主義は国家の介入を排して、市場が「勝ち組」、「負け組」を、おのずから選択していくはずのものである。ところが、第三者機関によってダメを出されるということは、国家がダメを出すということであり、それは市場原理主義に反するはずなのだ。しかも、そうした国家の介入は、安倍首相の掲げる「再チャレンジ」をも不可能にしてしまうものだと言うべきである。

ハイエクやミーゼスらのオーストリア学派[*13]が市場原理主義を提唱した時、それはヒトラーやスターリンの国家主義に対する市場の優位を主張することであったことは知られている。ハイエクの言葉を用いれば、国家主義は「隷属への道[*14]」で

する。

*9 姜尚中（一九五〇―）。同書で姜は、「負け組」の若者が「愛国」に癒しを求めるという現状分析のもと、正しい愛国、成熟したナショナリズムの必要を説く。

*10 外務省官僚だった佐藤優（一九六〇―）は二〇〇二年五月十四日鈴木宗男事件にかかわる背任容疑で逮捕。二〇〇九年に執行猶予付きの有罪判決が確定した。二〇〇五年に『国家の罠 外務省のラスプーチンと呼ばれて』（新潮社）を出版し、論壇デビュー。翌年から魚住昭や宮崎学らと勉強会「フォーラム神保町」の運営を始め、多数の著作活動を行なっている。

*11 マルクス主義においてはフリードリヒ・エンゲルスが『反デューリング論』（一八七八年）で提唱し、レーニンが『国家と革命』（一九一七年―一八年）のなかで再検討した。レーニンによれば、プロレタリアートが国家権力を掌握すると「国家としての国家をも廃絶する」というエンゲルスの言は、プロレタリア革命によるブルジョアジー国家の廃絶を意味する。そしてその後プロレタリア国家のもとで革命が完遂されれば

あるという。では、市場は、どのような意味で国家に対して優位にあるのか。

父兄や校長から、お前はダメ教員だと言われて、その人間が、ついには辞めざるをえなかったとしよう。これは、市場原理主義的な流れに従ったことである。しかし、教員自身は、自分がダメ教員だとは思っていないとする。そして、そう思えばこそ、その教員は塾なり予備校教師に「再チャレンジ」することができるだろう。市場に最終決定の審級は存在しないからである。ところが、第三者機関（＝国家）からダメを出された教師は、もはや客観的にダメと判断されたわけだから、「再チャレンジ」の機会は失われている。安倍首相が「再チャレンジ」を謳いながら、同時に、「教育再生」をこのように考えているとすれば、それは矛盾もはなはだしいと言わねばならない。市場原理主義は、それ自体では「再チャレンジ」を保証するが（少なくともタテマエ上は）、国家主義はア・プリオリにそれを排除してしまうのだ。教育基本法の「改正」もこのような含意を持っている。

今日の問題は、安倍政権の政策に見られるごとく、市場原理主義が、それ自体としては機能しえず、国家主義と結びついて表現されるということだろう。「小さな政府」を主張しながらも、国家が主題化してしまう一因はここにある。市場をベースとする市民社会は、かつては、「再チャレンジ」の精神をも賦活する倫理形成の場でもありえた。市場における商品生産と商品交換は、マックス・

「国家の死滅」は「完全な民主主義」とともに訪れると主張した。

＊12 第一次安倍内閣が二〇〇六年十月十日の閣議決定により設置した機関。座長は〇一年度ノーベル化学賞受賞者の野依良治、その他、有識者に劇団四季の浅利慶太、自称「ヤンキー先生」の義家弘介（〇七年六月に退任）、ワタミ社長の渡邉美樹などが顔を揃えた。第一次安倍内閣が〇七年九月に退陣したため、〇八年一月に最終報告を提出し解散した。

＊13 フリードリヒ・ハイエク（一八九九―一九九二）、ルートヴィヒ・フォン・ミーゼス（一八八一―一九七三）。ともに経済学者。ハイエクは一九四七年、新自由主義の発展と流布に寄与したモンペラン・ソサイエティーを組織した。

＊14 フリードリヒ・ハイエク『隷属への道（ハイエク全集第Ｉ期別巻）』（春秋社、二〇〇八年）に由る。原著は一九四四年。社会主義とファシズムをともに「隷属への道」として退け、市場の自由の重要性を説いた。

＊15 ドイツの社会学者マックス・ウェーバー（一八六四―一九二〇）の論文『プロテスタンティズムの倫理と資本主

ウェーバーの言う健全な「資本主義の精神[*15]」を養う装置たりえたのである。その時、国家は単なる「暴力」として括弧に入れておくことも可能であった。事実、近年一部で注目されているウェーバーの国家論（《政治的共同体》／「経済と社会[*16]」）は、国家をそのように把握している。

ところが、人格形成の場であった市民社会が縮減し市場原理のみが露呈してきた時、右派は市場原理主義を掲げても、その欠点を補うために国家と密通するほかなく、また、市民社会の倫理的成熟の彼方に「国家の死滅」を賭けていた左派は、国家を永遠不滅の暴力装置として前提にせざるをえなくなったと言える。近年における左右の「国家論ブーム」の背景は、おそらくこのように見なせるだろう。

かつても、「国家論ブーム」は何回もあった。一番近いところでは、六〇年代後半の吉本隆明『共同幻想論[*17]』（河出書房新社、一九六八年）に代表されるヘーゲル国家論の亜流が想起される。[*18] それが、国家＝暴力装置説[*19]（レーニンの「国家と革命」によって代表された）に対するアンチテーゼであったことからも知られるように、当時の思想的・実践的アリーナは、日本では、いまだ「社会」にあり、国家はファンタジック（幻想的！）にしか把握する必要のないものだった。

だとすれば、国家＝暴力装置説が回帰してきた現代は、再び、レーニン主義が復権されるべき時代だと言えるだろうか。これは、それほど「妄想的」なことで

義の精神』（一九〇四年―一九〇五年）に由る。カルヴィニズムの世俗内禁欲は勤勉と合理性を奨励し、また資本の蓄積に寄与したことを示した。

＊16「政治的共同体が共同社会行為をただひたすら事実的な領域支配の永続的保全にのみ限定するという場合も考えうる。（…）その上、領域保全の実行の場合でも、その他の点に関しては必ずしも未発達の段階にあるとはいえない政治的共同体が、外からの脅威ないしは突然暴力的傾向を誘発するような内部からの脅威に直面しても、ただ間歇的で一時的な行動しかとらず、一方「通常の」平和時には事実上一種の「無政府状態」となるといったこともしばしばである」（「政治的共同体」『経済と社会』第二巻第八章、紺野馨訳、「述」一号、明石書店、二〇〇七年）。

＊17 国家を共同幻想と定義し、柳田國男『遠野物語』（一九一〇年）と『古事記』を参照しながら、国家以前から国家という共同幻想が生じるまでを論じた吉本の主著のひとつ。共同幻想という隠語は刊行当時猛威を振るった。

＊18 G・W・F・ヘーゲル『法哲学』（一八二一年）参照。吉本は国家が共同

はないはずである。冒頭において述べたように、今や、アメリカの没落は、第一次大戦後のイギリスの没落にも較べうるような（つまり、ロシア革命前夜のような）、決定的な段階に達していると言えるからだ*20（おそらく、そのことに最も鈍感なのが、日本人であろう）。

もちろん、そのような条件が存在するにもかかわらず、今やポストレーニン主義の時代に入りつつあるということが問題なのだ。これまた、すでに述べたように、安倍首相の政策は、新自由主義というよりは、ハイエクが忌避したスターリン主義的な段階に入っているのである。

＊言うまでもなく、「トランプ現象」は「アメリカの没落」への応援だった。

幻想であるという考えを「西欧的なイメージ」から学んだと語っているが、それは「ヘーゲル的」ということだと思われ、ヘーゲルの「意志」を幻想に置き換え換骨奪胎したと考えていた節もある。しかし、ヘーゲルにとって国家は幻想ではなく、「実体的意志の現実性」であり、「現実の世界においては、国家こそ総じてむしろ最初のもの」である。

＊19 国家が軍隊及び警察など物理的強制機能を合法的に独占していることを重視する立場。レーニンは『国家と革命』において国家を官僚・軍事装置と呼んだ。

＊20 ウォーラーステインによれば、一九世紀半ばから第一次世界大戦までのヘゲモニー国家がイギリスだった。しかし一九世紀末には最盛期を過ぎ、第一次大戦での疲弊で「世界の工場」としての地位から完全に没落する。大戦中、生産力を発展させてきたアメリカが第二次世界大戦後にヘゲモニー国家となるが、一九七〇年代から次第に、九〇年代以降はさらに没落していく過程にある。

2007年1月―6月

「今、政治家に求められる「親バカ的弱さ」――都知事選石原圧勝が暗示する新・父権的国家論

先の東京都知事選[*1]は、今日の選挙民一般が、いかなる政治指導者を望んでいるのかを知らしめてくれたという意味では、興味深いイベントであった。都議会では選挙前から、共産党を中心に石原都知事の「公費無駄遣い」があれやこれやと暴露され、石原は苦境に立たされていた。[*2]しかし、その「無駄遣い」のなかでも高級料亭で飲み食いしたとか、海外出張で高級ホテルに宿泊したといったこと以上に問題だったのは、「画家」であるらしい四男の、文化行政への重用ぶりであったろう。実際、都知事がデニーズや和民で接待するわけにもいかないし、ビジネスホテルに宿泊するわけにもいかないだろうから、「無駄遣い」かどうかの基準は主観的なものたらざるをえない。それゆえ、都知事選が近づくにつれて、石原バッシングの矛先は「四男問題」に集中されるようになった。

当初、石原は四男の文化行政への起用を「余人を以って代えがたい」ゆえと弁

*1 二〇〇七年四月八日東京都知事選挙。東京オリンピック誘致の是非、石原都政への批判が選挙の争点となった。結果は石原の大勝。

*2 それまで四年間の石原都政下で都の文化施設への予算はのきなみ減額されていたが、トーキョーワンダーサイトだけは当初の五五八九万円から四億七一五二万円に増額。このトーキョーワンダーサイトの企画に石原の四男で、画家の石原延啓を重用し都の公費からさまざまな支給を行なったり、館長副館長をはじめ運営に家族知人を参画させるなどしていたことが発覚し、非難を浴びた。

明し、現代のアート・シーンまで（まあ、テキトーにだが）説明して事を合理化しようとしていた。おそらく、日本のアンドレ・マルロー[*3]を自認し、湘南中学（旧制）美術部出身でもある石原は、現代美術についても、それなりの見識を自負しているのであろう。余談だが、湘南中学美術部の上級生には、戦後前衛美術運動に随伴した美術評論家で、昨年『ヨシダ・ヨシエ全仕事』（芸術書院、二〇〇六年）を刊行したヨシダ・ヨシエ[*4]もいたはずで、二人がかつて、どの程度接点を持っていたかは不明だが、石原が現代美術に一家言を有しうる環境にあったことは事実である。しかし、そのような弁解だけであったら、それは一種の「強弁」に過ぎず、共産党をはじめとする反石原勢力が言うところのダーティーな「ファシスト」という印象を強めるだけであったはずだ。そもそも、四男が「余人を以って代えがたい」ほどのポジションを現代アートの世界で築いているかといえば、大いに疑わしいからである。そのことは幾つかのジャーナリズムでも報じられた[*5]。

石原が共産党などの追撃を振り切りえたのは、「四男問題」を「親バカ」のしからしめるところと認めた時である。私見の範囲では、選挙の直前、テレビ朝日報道番組において、田原総一朗の「あの件は、石原さんの親バカでしょう」との問いに対して、黙って苦笑しつつ肯定した時に、石原の勝利は決定的となったと言える。つまり、「余人を以って代えがたい」というスタンスから転回し、「公私混同」を暗に認めたがゆえに、石原は政治指導者としての地位を回復することが

＊3 アンドレ・マルロー（一九〇一―一九七六）。フランスの作家。ド・ゴール政権下で九年間文化相を務めた。小説家としての代表作に『王道』（一九三〇年）、『人間の条件』（一九三三年）など。

＊4 ヨシダ・ヨシエ（一九二九―二〇一六）。美術評論家。五〇年代初頭「原爆の図」を携えて全国を巡回したことでも知られる。美術評論家の匠秀夫たちとの共著に『異端の画家たち』（造形社、一九六九年）。

＊5 石原延啓はトーキョーワンダーサイト本郷のステンドグラスの原画を描いて三〇〇万円の製作費が都から支給されたが、現代ガラス芸術に詳しい美術評論家の武田厚は「内外のステンドグラス作家は一通り把握しているが、知事のご子息のことは聞いたこともなかった。（…）美術界では、ご子息が絵描きだということはほとんど知られていない」とコメントした（『東京新聞』二〇〇六年十二月八日）。

＊6 佐々淳行（一九三〇―）。警察官僚、危機管理評論家。二〇〇七年の都知事選では、石原からの要請で選挙対策本部長を務めた。このときの「反省

できたのだ。以後、選挙戦での石原は、参謀・佐々淳行[*6]のアドヴァイスもあって「低姿勢」に終始したが、それは「親バカ」を認めたことが決定的なターニング・ポイントになっていると思われる。

このことは、現代の父権的と見なされる政治家の地位が、それとは裏腹な人間的「弱さ」に支えられていることを示している。『スパルタ教育』[*7]（光文社、一九六九年）の著者でもある政治指導者は、同時に、「親バカ」でなければならないのだ。父権の二面性の露出である。そのことによって、左派が糾弾する石原の「暴言」――「ババア」、「北鮮」等々の差別発言、教育現場への「日の丸・君が代」の導入、等々――は、「人間的なもの」として不問に付されるのだ。人間的な「弱さ」は、ここでは、隔絶した権力者へと大衆の感情を橋渡しする役割を果たしていると言えよう。

このことは、石原の対抗馬であった浅野史郎[*8]（前宮城県知事）との対比においても明確に知られる。官僚出身の浅野には、石原がプレゼンテーションした人間的な「弱さ」が決定的に欠けており、彼が表現する「人間性」は、せいぜい「寒い」と評された駄洒落かオチャラケでしかなかったのであって、それは、大衆と政治指導者とを媒介するものとはなりえなかったのである。別の言い方をすれば、浅野は「父権」的たりえなかったわけだ。これは、石原「ファシスト」都政を倒すなら「ベストではなくともベターを」と浅野支持に回った、円より子[*9]（民主党東

しろよ慎太郎、だけどやっぱり慎太郎」のキャッチコピーは佐々の発案とされる。

*7 刊行当時はベストセラーだったが、現在は廃刊のまま。「子どもの不良性の芽をつむな」「父親は、子どものまえでも母親を叱ること」「本を、読んでよいものとわるいものに分けるな」などの項目が並び、三島由紀夫が次の推薦文を寄せた。「(…)若者たちもまた、心の奥底で「強く美しき父」を求めながら、反抗している。大学教師たちは大半「弱く醜き父」だから軽蔑されるのである。石原氏はその点、父親を説き、強い男らしい子を育てる教育を説くのに最適任の人である。太陽族の先祖のように言われながら、氏がじつはよき家庭人であることはきこえている。スパルタは戦士を育てることを家庭教育の主眼とした男性的国家であった」

*8 浅野史郎（一九四八―）。政治家。第一五―一七代宮城県知事（一九九三―二〇〇五）。

*9 円より子（一九四七―）。政治家。一九九八年民主党結成に参画。二〇〇三年の都知事選でも石原慎太郎の対抗

京都連）や上野千鶴子のフェミニストから第四インターナショナル系トロツキスト[*10]にいたる左派が、決定的に見誤っていたところだろう。フェミニストや現代のリベラル左派の常套であるパターナリズム[*11]批判が概して捉えそこなっているのは、父権はその二面性によって父権たりうるということである。

参議院選を前にした安倍政権の問題も、大きくはここにある。安倍晋三は官僚出身ではないが、彼に欠けているのも、人間的な「弱さ」であり、父権的なものだからだ。松岡利勝農林水産大臣の自殺[*12]や社会保険庁年金記載漏れ問題[*13]などで見せる安倍の「あせり」ぶりは、「弱さ」を見せまいとするパフォーマンスだろうが、そのことが逆に、安倍の大衆的な人気を削ぐことに貢献している（この意味で、小泉前首相は「弱さ」を上手く見せることができる「父権的な」政治家であった。小泉が、在職中に長男を芸能界デビューさせたことは、きわめて時宜にかなっていたのである）[*14]。もっとも、安倍に対抗する民主党の小沢一郎もまた、人間的な「弱さ」を徹底して見せまいとする政治家だから、来る七月二十九日の参院選は相対的に停滞したものになるほかはないだろう。小沢が一貫して「裏方」の政治家であったのは、自身が人間的「弱さ」をプレゼンできぬ政治家であると知っていたからであり、その小沢が前面に出ざるをえない状況が、民主党の弱さなのである。そして、この側面から見た場合、石原に後継者として指名された猪瀬直樹[*15]「副知事」は、政治家のキャラクターとしてはどうなのだろうか……。

馬として樋口恵子擁立に尽力するも、樋口は落選。

*10 第四インターナショナル日本支部（日本革命的共産主義者同盟）。略称四トロ。三里塚闘争や一九七八年の成田空港管制塔占拠闘争などに参加。

*11 家父長主義・父権主義。

*12 松岡利勝（一九四五—二〇〇七）。二〇〇六年、第一次安倍内閣の農林水産大臣に就任。しかし事務所費問題、光熱水費問題、献金問題などの疑惑が相次いで浮上、二〇〇七年五月二八日衆議院議員宿舎で遺書を残して首を吊っているのが発見された。

*13 二〇〇七年、社会保険庁改革関連法案審議中、社保庁が管理する年金記録のうち約五〇〇〇万件が未統合・未整理のままであること、さらに社保庁の納付データに記録漏れがあるなど「消えた年金記録」問題が判明、批判が集中した。

*14 俳優の小泉孝太郎（一九七八—）のこと。二〇〇〇年に開催された「21世紀の石原裕次郎を捜せ」オーディションに応募し落選するも、〇一年に父小泉純一郎が内閣総理大臣に就任すると、もともと芸能活動に関心があった

政治家の人間的な「弱さ」が、かくも露骨に評価されてしまう社会とは、実は、国民が「父権的な」国家に頼り、要求することに執心する社会でもある。政治指導者が見せねばならぬ「弱さ」とは、国民がつけいることのできる（と、見なされる）国家の父親的な「隙」なのである。準国政選挙である都知事選では、かつて国家など相手にしなかったはずの旧・極左派（現・リベラルな市民主義者）の一部が、浅野支持で熱心に運動していたのも、その一例であろう。かつて、左派とはコンミューンとかアソシエーションを主張することで、議会や国家を打倒するか無化しようとする政治勢力だったのではなかったか。その左派が国家に何かを要求し頼ろうという存在へと変化しつつある。今やリベラルな市民主義者のアイドルとなった雨宮処凛が言う「生きさせろ！」[*16]なる要求は、言うまでもなく、国家に向かってなされている。それは「リスク社会」[*17]（日本では、狭義に「格差社会」と呼ばれる）の進捗を是正しうるのが、現代では、もはや国家しか見出せないからでもあるだろう。

その今日の左派リベラルの一部が最近スローガン化しているのが、「ベーシック・インカム」[*18]（以下ＢＩと略）である。国民一人ひとりに基本的な収入を分配せよというのがＢＩの要求であり、その額は、日本では八万円が妥当でリアリティーのある数字だという。リスク社会は、母子家庭やフリーターなどのアンダークラスにワーキング・プアと呼ばれる存在を多量に生み出した。また、障害

長男小泉孝太郎の存在が一部で話題となり、芸能界デビューを果たす。小泉純一郎も応援する旨の発言をした。

＊15 猪瀬直樹（一九四六―）。作家。二〇〇七年から一二年まで石原都政下副知事を務め、一二年十二月十六日の東京都知事選で四〇〇万票超の史上最多得票で当選。一三年十一月に公職選挙法・政治資金規正法違反の疑いが浮上し、翌月辞任。

＊16 雨宮処凛（一九七五―）。作家・社会運動家。かつての右翼活動家時代には民族派パンクバンド『維新赤誠塾』などを結成。ボーカルをつとめ「ミニスカ右翼」と呼ばれ注目を浴びた。その後、プレカリアート問題に取り組み、現在は左派系論者として活動している。「生きさせろ！」は『生きさせろ！難民化する若者たち』（太田出版、二〇〇七年）に由る。

＊17 ドイツの社会学者ウルリッヒ・ベック（一九四四―二〇一五）の著書『危険社会』（法政大学出版局、一九九八年、原書刊行は一九八六年）に由る。富の生産拡大とその公正な分配が主要問題だった産業社会から、科学技術や産業社会の発展に伴うリスクの生産・

者をはじめ働けない人間も多々存在している。私もその一人だが、働くのが嫌いな人間だって存在している。その生存権（生きさせろ！）の保障を国家に要求するのは、当然ではないかというのが、BIの主張だろう。確かに、私の周辺でも、BIがあったらいいのにと思わせる人間は、多々いる（BIの主張については、雑誌『VOL02』〈以文社、二〇〇七年〉の特集が詳しい）[*19]。

BIの主張の思想的背景にはさまざまな流れがあるが、ここでは、問わない。しかし、ノージック[*20]流リバタリアンもまた、彼らの日指す「最小国家」の最低限の責任としてBIに肯定的なところからも知られるように、それは父権的国家権力を極小にした時に残る「親バカ」を当てにしていることと見なすことができよう。そして、そのことは国家が強権的な暴力を本質とすると主張するリベラル左派のBIの要求においても、ひそかに前提とされているのではないのか。

しかし、より問題なのは、BIが実際に施行されるとして、それは、左翼BI派の思想的バックグラウンドであるアントニオ・ネグリ[*21]を敷衍してみれば、全世界的に実施されなければ、ほとんど意味のないことだということにある。かつての社会主義革命のごとく、それが一国でなされた場合、BIはソ連や中国のごとき「スターリン主義的」歪曲におちいるだろう。一国的なBIであった場合に必然的に起こる排除と選別と、その帰趨を想像するだけで、そのことは知られる。BIの恩恵にあずかれない国内在住の外国人はどうなるのか、BIを

増加とその管理が問題とされるリスク社会への移行を説く。

＊18 政府がすべての国民に最低限の生活に必要な額の現金を無条件で支給する最低限所得保障。社会保障の充実を求めるリベラル派からのみならず、新自由主義者からも、個別対処を要する福祉政策などを廃止できる「国家のスリム化」として支持する見解がある。

＊19 『VOL』は二〇〇六年に創刊された、〈運動／芸術／理論〉誌。創刊時の編集委員は萱野稔人（一九七〇―）、高祖岩三郎（一九五五―）、酒井隆史（一九六五―）、渋谷望（一九六六―）、田崎英明（一九六〇―）、平沢剛（一九七五―）、松本潤一郎（一九七四―）、松本麻里（一九六七―）、矢部史郎（本書六十七頁＊20参照）。『02』では、特集「ベーシック・インカム――ポスト福祉国家における労働と保障」と題して、萱野、酒井、田崎、白石嘉治らによる座談会や小泉義之へのインタビューなどが収録されている。

＊20 ロバート・ノージック（一九三八―二〇〇二）。アメリカの哲学者。主著に『アナーキー・国家・ユートピア――国家の正当性とその限界』（木鐸社、一

実施できない他国の人間はどうするのか、等々。しかし、ＢＩの要求は、現下においては、個別一国的になされるほかはないのである。

左派が知恵を絞って、やっと編み出したポジティヴな主張に対して、こういうことを言うと、彼らは、それは「犠牲の累進性[＊22]」（白石嘉治）の論理だと反論するらしい。そんなネガティヴなことばかり言っていても始まらない、まず、やれるべきところからやるべきではないか、というわけである。確かに、やれるべきところからやるべきである。しかしＢＩにおける一国性と世界性の二律背反を無視する時、それはアクションではなく、単に言ってみるだけの「提言主義」にとどまるほかはない。言うまでもなく、その提言は、「な～んちゃって」というレベルにとどまり、父権的国家権力の「親バカ」的側面に苦笑を以って棄却されるばかりなのである。

＊石原の後の猪瀬も舛添も「弱さ」を見せられぬ都知事であった。

九九五年）。

＊21 ネグリはフォーディズム体制下の工場労働からポスト・フォーディズム体制下の認知労働・情動労働への移行を説く。後者は職場だけに限らず、生活全体で行なわれており、また家庭や個室などでも価値は生産されている。必ずしも企業と個人間の契約上に限られないそれらすべての労働に支払われる賃金形態として、ネグリはベーシック・インカムを支持している。

＊22 犠牲の重さを比較してある犠牲的な立場に置かれている人の立場を相対化すること。例えば、正規雇用社員の長時間労働より非正規の低賃金の方が、それよりもウガンダの児童労働の方が被害が重い、というもの。これに対し、みずからの犠牲＝被害を素直に主張していいではないかという含意がある。

2007年7月–9月

安倍辞任と朝青龍問題の共通点――「戦後レジームからの脱却」はアメリカンへゲモニー崩壊の時しかない

参院選後の「TVタックル」[*1]で大竹まこと[*2]がいみじくも言ったように、その頃の最大の「国民的」関心事は、「朝青龍と安倍と、どちらが先に辞めるか」というところにあった。[*3]周知のように、そのゲームでは、安倍首相が先に辞めたことで「勝利」したわけである。九月十一日の国会で、所信表明演説を行なったと思ったら、十三日には突然の辞意表明という前代未聞のサプライズで、そのゲームは決着した。その意味で、安倍晋三は国民の「期待の地平」[*4]を優に凌駕する博奕を遂行しえた、すばらしいゲーム・プレイヤーだと言うことができよう。

安倍辞任の「無責任」を指弾する者は、この意味では間違っている。国民の誰もが、安倍は何時辞めるかということのみを想像していたわけだから、問題は辞め時・辞め方だったわけであり、小泉政権以来、サプライズのみを期待するポピュリズム的風潮のなかで、この点のみで安倍は小泉を超えることができたわけ

*1『ビートたけしのTVタックル』(テレビ朝日、一九八九年―)。しばしば二手に分かれて罵りあいになるが、基本的に進行が台本どおりに行なわれている時事討論番組。

*2 大竹まこと(一九四九―)。タレント。斉木しげる、きたろうと三人でコントユニット、シティボーイズを構成。現在の主な出演番組に『TVタックル』のほか『大竹まこと ゴールデンラジオ』(文化放送、二〇〇七年―)など。

*3 年金記載漏れ問題や赤城徳彦農林水産大臣の事務所費問題などが発覚して迎えた二〇〇七年の第二十一回参議院議員通常選挙で自民党は大敗。直後に安倍は続投を表明。党内からも「安倍降ろし」の声があがるなか、八月に改造内閣で再出発するも再び閣僚から不祥事が続出していた。他方、それまで週刊誌などに素行の悪さを取沙汰されてきたモンゴル出身の横綱朝青龍は〇七年七月場所で優勝を決めた後、怪我のため約六週間の休養が必要とする診断書を提出し、夏巡業不参加を日本相撲協会に届け出た。しかし同日モンゴルのチャリティイベントでサッカー

である。安倍を「ひ弱」だ「お坊ちゃん」だなどと非難する者は、自らが何を期待していたのか、反芻してみたらいいだろう。安倍は意外にしたたかな政治家だったのではないかと思う所以である。

だから、安倍辞任の理由で言われているものは、ほとんど合理性に欠ける。小沢民主党党首に党首会談を申し入れて断られたという理由は、即座に小沢によって否定されたし、[*5]そんなことが理由にならないことぐらい、安倍も知っていただろう。体調の悪化などと言っても、所詮はリーマンなら誰でも罹るストレス性の胃腸機能障害に過ぎず、[*6]麻生幹事長・与謝野官房長官ラインのクーデター説[*7]にしても、政争や駆け引きは不断に存在しているものだ。安倍が多少とも政治家らしい政治家だったとすれば、それは、すでに死に体だった自分自身を、いかにして死なしめるかというところに腐心して、それをイヴェントに仕立てたところにしか存在しない。

ところで、安倍と朝青龍との比較というのは、現代の問題が「アジア」をめぐっているということを言い表しているという意味でも、なかなか穿った視点である。

朝青龍問題が、「国技」に侵入してきたストレンジャーのモンゴル人力士を、日本が扱いかねているというところにあることは言うまでもないだろう。朝青龍は出稼ぎ外国人労働者だが、それが日本の習慣に従わないので困っているという

をしている映像が報じられると、仮病が疑われ非難が集中、臨時横綱審議委員会は「横綱の品格」を問う発言を繰り返し、暗に引退を迫る風潮が醸成されていた。

＊4 ドイツの文学研究者・ハンス・ロベルト・ヤウス（一九二一—一九九七）の著書『挑発としての文学史』（岩波現代文庫、二〇〇一年）における概念。ヤウスは作品は絶対的に新しいものとして現われるのではなく、鑑賞者の「期待の地平」で受容されると考えた。

＊5 安倍は九月十二日の辞任表明のなかで、辞任に追い込まれた理由の一つとして、テロ対策特別措置法の再延長について党首会談することを民主党代表小沢一郎に打診したが断われたことを挙げたが、小沢は「会談の打診を受けたことは一度もない」と否定した。

＊6 安倍の十七歳以来の持病である潰瘍性大腸炎の悪化ともいわれている。参院選敗北後に体調を崩し医師の診断を受けた際には、機能性胃腸障害と診断されている。

＊7 第一次安倍内閣の幹事長・麻生太郎と官房長官・与謝野馨が、遠藤武彦農林水産大臣の補助金不正受給

話は、実は、地方の生産工場のゲットー化したアジア系外国人居住区（主に老朽化した団地など）で頻出している問題と同型であり、ただ、朝青龍が、概して劣悪な労働条件で低賃金の外国人労働者一般に較べて圧倒的な高給取りだという違いに過ぎない。

今や自民党、民主党双方のポスト安倍的政治課題として第一に設定されている「格差社会」論議にしても、多くの場合、外国人労働者の存在は範疇外に置かれる傾向がある。年金問題にしても、外国人は八一年までは年金に加入できなかったのであって、多くの者がその埒外にあることは明らかである。格差問題を先行的に指摘してきた左派にしても、それが議会政党の政策とリンクして運動が展開されることになるほかないとすれば、必然的に、それは「日本（人）」問題に収斂していくであろう。その象徴が朝青龍問題であると言ったら飛躍であろうか。

繰り返すまでもなく、朝青龍は例外的に高賃金を得ている外国人出稼ぎ労働者である。朝青龍を非難する日本国民一般の心性は、あれだけ高給で優遇しているのに、日本の秩序・習慣に従わないというのなら相撲を辞めてしまえというものだろう。しかし問題は、朝青龍がいなければ相撲は成り立たないというところにある。もはや、「日本人」で朝青龍ほどに強い力士を作ることは不可能になりつつある。かといって、黒人や白人の横綱を作ることには、「国技」（神事！）であることが許さない。曙程度でも、そこに日本人チャレンジャーが存在する環境が

疑惑が発覚した際、安倍が何も手を打たないなか、二人で遠藤辞任のシナリオを相談していたという風説から、一部メディアで囁かれた噂。

あったから許容されたわけだ。[*8] その意味で、同系「人種」のモンゴル人一人横綱はガイドラインだった。朝青龍がいなくなったら、大相撲は二流の力士だけで行われる二流の見世物でしかなくなるのであり、それは「国技」が二流でしかないと認めることなのである。これは、日本という国家が二流であると自ら認めることに他ならない。朝青龍を困った奴だと思いながら辞めろと言えない者は、国技が二流の烙印を押されることに怯えていると言えるが、そこに「日本」が置かれたディレンマがある。

今や外国人力士の存在なくしては成立しない相撲は、「国技」としてのアイデンティティーを変更せざるをえない事態に、すでにおちいっている。その変更は、安倍晋三の言葉を使えば「戦後レジームからの脱却[*9]」ということになろう。しかし、その脱却の方向が分からないのである。教育基本法を「改正」しようが、国民投票法を成立させようが、そのことは変わらない。それは、朝青龍がたとえ辞めたとしても、その問題は何度も回帰してくるに相違ないのと同様である。

安倍が国民的な人気を背景に首相となりえた理由が、拉致問題全面解決への強硬姿勢にあったことは明らかである。[*10] しかし、拉致被害者には申し訳ないが、「全面解決」とは金正日政権が崩壊すること以外にはありえない。これは、石原慎太郎あたりも時々、放言のようにして言うことでもある。そして、例外的に冷戦構造の骨格が存在している東アジアであってみれば、北朝鮮を崩壊させること

＊8 曙は一九九三年一月場所で優勝を決め、外国出身初の横綱に昇進した。以降九四年十一月場所まで曙は一人横綱だったが、その間にも九五年から横綱となる貴ノ花（当時は大関）との取組みが楽しみにされるなど、対抗しうる日本人力士がいた。

＊9 二〇〇七年九月の安倍の国会開会所信表明演説で唱えられた。「戦後レジーム」とは第二次世界大戦後、GHQ占領下で公布・施行された日本国憲法を含む戦後民主主義体制のことを指すと考えられる。

＊10 安倍晋三は二〇〇六年九月に内閣総理大臣に就任後、直ちに拉致問題担当相と拉致担当の首相補佐官を新たに設置。また「拉致問題対策本部」を設置し、自ら本部長を務めるなど、拉致問題解決に積極的な姿勢をアピールした。

が「戦後レジームからの脱却」ではあろうが、今のところ、アメリカ合衆国にも中国にもロシアにも（もちろん、韓国にも）、その意図はない。金正日＝北朝鮮が今にも崩壊すると囃し立てて、その惨状をレポートしているのは、日本のメディアだけである。しかも、六ヶ国協議[*11]は米中主導のもとに進行しており、それ自体としてはポスト戦後レジームと言えるが、日米安保は徐々に空洞化し、日本はますます「二流国」の刻印を押されるハメにおちいっている。昨今、中国製品の粗悪ぶりがジャーナリズムでプロパガンダされているが、言うまでもなく、それは中国が台頭することで「二流国」化していく国民の嫉妬に根ざしている。このレベルの「戦後レジームからの脱却」は、日本にとってネガティヴなものとして進行している。

拉致問題を背景にして「戦後レジームからの脱却」をスローガンに掲げた安倍は、アメリカと中国の前で挫折せざるをえなかったと言えようか。言うまでもなく、真の「戦後レジームからの脱却」——それを果たして真に「戦後レジーム」と呼ぶべきか否かは問わず——がありうるとすれば、それは第一次大戦後に成立し、第二次大戦で確立された、世界システムにおけるアメリカ合衆国のヘゲモニーが崩壊する時である。そして、その徴候は政治的にも経済的にも、いたるところで見られる。アフガンやイラクでのアメリカの敗北然り、サブプライム・ローンの破綻[*12]然りである。にもかかわらず、アメリカは「張子の虎[*13]」（毛沢東）と

＊11 北朝鮮の核問題解決を目指す、アメリカ、北朝鮮、韓国、中国、ロシア、日本の外交当局局長級の担当者間での会議。

＊12 住宅購入用途向けサブプライム・ローンの不良債権化による事件。二〇〇七年から〇九年ごろアメリカを中心に起きた一連の世界金融危機の発端となった。

＊13 毛沢東は一九五七年モスクワでのロシア革命四〇周年記念式典に参加、その際、アメリカ帝国主義は核兵器を持っているが、「張子の虎」であると演説した。

＊14 二〇〇七年八月十九—二十一日にインドネシア滞在、二十一—二十三日にインド、二十三日—二十五日にマレーシアに滞在、それぞれ首脳会談などを行なった。この歴訪には日本経団連会長の御手洗富士夫らも同行。

＊15 スバス・チャンドラ・ボース（一八九七—一九四五）。インドの独立運動家。インド国民会議派として活動していたボースは一九三九年のイギリスとドイツの開戦をインド独立の絶好の機会と捉え、武装闘争の準備を開始するも、逮捕。仮釈放中ドイツに亡命、そ

してヘゲモニーを掌握しているかに見える。もちろん、その「張子の虎」を支えているのは、かつて毛沢東が支配していた中国である。

そのことをも、安倍は分かっていたのではないかというフシが存在する。参院選直後、国会開会前の時期、安倍はインドネシア、マレーシア、インドを歴訪したが[14]、そこで多少目を引いたのは、安倍がインドで独立運動の指導者チャンドラ・ボース[15]の記念館を訪れ、その遺族たちと会談したということであった。これは安倍が、東京裁判でただ一人被告たちの無罪を主張したパール判事[16]の長男と面会した[17]（中国は、これに不快感を表明した）などということより重要である。ボースはガンジー[18]の非暴力路線とは対立した左派、「敵の敵は味方」の論理で、第二次大戦ではドイツや日本に加担し日本に亡命、敗戦直後に日本から脱出しようとして事故で死亡したとされる。ボースこそが「大東亜戦争の二面性[19]」（竹内好）、すなわち、帝国主義的侵略戦争と植民地解放戦争の二面性のうちの後者を担保してくれるかに見える存在であり、「戦後レジーム」のアメリカのヘゲモニーの正当性を揺るがすからである。参院選敗北で死に体の安倍は乾坤一擲「戦後レジーム」への疑義を投げかけたわけだが、これこそがアメリカの逆鱗に触れたのではないかと疑われる。そして、そう考えれば、安倍の唐突なサプライズにも、ある程度の合理的な説明がつけられるだろう。

ボース記念館訪問にアメリカが何かコメントを出したかどうかは不明である。

の後日本がインド方面に侵攻すると日本へ移り、また日本占領下のシンガポールで自由インド仮政府首班となる。日本敗戦後、ソ連に渡るつもりで満州に向かう途中の台北にて飛行機事故により死亡。

＊16 ラダ・ビノード・パール（一八八六—一九六七）。インドの裁判官。

＊17 安倍はインド訪問中にパール判事の長男と懇談し、その後、タゴール・ハウスとチャンドラ・ボース記念館を訪れてから、マレーシアに向かった。

＊18 マハトマ・ガンジー（一八六九—一九四八）。弁護士・政治指導者。南アフリカで弁護士をし、公民権運動に参加。帰国後、インド国民会議に加わり、非暴力不服従を掲げインド独立運動を指導した。

＊19「大東亜戦争は、植民地侵略戦争であると同時に、対帝国主義の戦争でもあった。この二つの側面は、事実上一本化されていたが、論理上は区別されなければならない」（「近代の超克」一九五九年）。

そもそも、安倍のボース記念館訪問の意味は、ジャーナリズムでほとんど指摘されておらず、私見の及ぶ範囲では、アナルコ・ファシストの千坂恭二がネットのブログ（mixi）で先駆的に論評している[20]のみであり、ネット社会と言っても、いかに視点があらかじめ規制されているかが知られる。

ネット問題に触れたついでに、本誌（「en-taxi」）が「文芸誌」ということもあり、全く別の問題に触れておく。今期芥川賞受賞作の諏訪哲史「アサッテの人」が、「トゥレット症候群」の人間をモデルとし、なおかつ、その病名を隠して文学化しているのではないかという批判が、2ちゃんねるで行われている[21]。病を文学的に特権化することで、結果的に差別におちいっているのではないかというのである。これはスーザン・ソンタグが言うところの、「隠喩としての病」[22]というよく知られた問題だが、個々の病に即して論じられねばならない。議論をネットに「閉じ込める」ことなく、作者をはじめとする関係者、患者、専門家のオープンな議論がなされることを望む。

＊「戦後レジーム」からの脱却を最初に掲げたのは「一九六八年」の新左翼であったことを忘れてはならない。

＊20 「ボースらの存在と行為は、第二次世界大戦が（…）枢軸国側が侵略者で連合国側が解放者というように単純には見られないことを示している。（…）ボースの存在は、それ自体が、連合軍を解放勢力とする戦後の連合国的な戦争史観の否定であり、今では知る人ぞのみ知る存在となってしまったが、そのようなスバース・チャンドラ・ボースを安倍首相は歴史の忘却から甦らせたといえる。」（千坂恭二mixi日記、2007年9月14日より）

＊21 2ちゃんねる過去ログ（http://love6.2ch.net/test/read.cgi/book/1184999410/）参照。

＊22 アメリカの批評家スーザン・ソンタグ（一九三三―二〇〇四）の著作『隠喩としての病い エイズとその隠喩』（みすず書房、二〇一二年）の冒頭で次のように書く。「私の言いたいのは、病気とは隠喩などではなく、したがって病気に対処するには――もっとも健康に病気になるには――隠喩がらみの病気観を一掃すること、なるたけそれに抵抗することがもっとも正しい方法であるということだ」（富山太佳夫訳、五―六頁）。

2007年10月―12月

福田政権下の「政治」失調――全政党を包摂する「永久革命としての民主主義」を疑え

野党に対する「低姿勢」を前面に出した福田康夫新総理大臣による所信表明演説（二〇〇七年十月二日）のキャッチフレーズ「自立と共生」が、小沢一郎民主党党首のスローガンのパクリであったということからも知られるように、[*1]今や、与党と野党の対立軸は基本的に消滅している。安倍前首相の「美しい国」なる、それ自体としてはきわめて情緒的で、中曽根康弘（元首相）さえ首を傾けざるをえなかったキャッチフレーズは、にもかかわらず曲がりなりにも、与野党の擬制的な対立を構成できるものであった。ところが、参院選での与野党逆転[*2]が契機とはいえ、福田政権下では、もはや「政治」は機能不全におちいっている。事実、その後の福田・小沢党首会談（二〇〇七年十月三十日）における自民・民主の「大連立構想」[*3]の登場は、現在の政局が「政治」の失調によって特徴づけられていることを、改めて露呈した。

＊1 福田康夫内閣総理大臣の所信表明演説の「むすび」は「自立と共生の社会にむけて」との副題が付され、そこで福田は「改革の続行に当たって、私は、「自立と共生」を基本に、政策を実行してまいりたいと思います」と述べた。これに対し小沢は「自立と共生」は一九九三年に新生党起ち上げの際に掲げたスローガンであることを指摘。また九六年鳩山由紀夫、鳩山邦夫と菅直人が民主党を起ち上げた際の基本方針にも使用されたスローガンだった。

＊2 二〇〇七年の安倍内閣時の参議院選挙において自民党が議席数を、二五議席から八十三議席に減らしたのに対し、民主党が八十二議席から一〇九議席に増やし、自民党は惨敗という結果となった。

＊3 二〇〇七年参院選の結果、与党は衆議院では過半数を占めるものの、参議院で過半数を失う「ねじれ国会」となった。直近の目標である新テロ特措法の速やかな可決のためにも、福田は同年十月三十日、十一月二日と野党第一党の民主党党首小沢と会談し、自民党と民主党の「大連立」が前向きに

自民党と民主党との現在の対立を構成しているかに見えるテロ対策特別措置法の問題[*4]など、所詮は相対的な差異に過ぎないことは、そこで暴露されてしまった。大連立の仕掛け人とされるナベツネ[*5]（渡邉恒雄読売新聞グループ本社会長）が、かつて靖国参拝反対で宿敵・朝日新聞と「大連立」したことは、今回の大連立構想の先触れであったと言える。周知のように、自民と民主の大連立構想は、民主党内部の大方の反対によって潰えた。連立は参院選における民主党への国民の期待を裏切り、「大政翼賛会[*6]」的であるというのが、その反対理由であり、ジャーナリズムの大方の意見も同様であったようだ。しかし、対立軸が別段ないにもかかわらず連立しないというのも、いかにも奇妙な話だろう。それは、相対的な差異を、あたかも非和解的な対立として演出しているに過ぎず、「政治」の失調を隠蔽しているだけだからである。

福田政権発足後の二カ月あまりの時間は、小泉・安倍時代においては、ともかくにも可視的だった政治的な対立軸が、今や隠蔽され括弧に入れられてしまう程度のものになりさがったということである。ネオリベラリズム的な「構造改革」しかり、九条をめぐる改憲論議しかりである。自民党の大半は、安倍路線を継承する麻生太郎ではなく、福田康夫が首相でなければならないと判断したのだ。小沢一郎において、旧著『日本改造計画』（講談社、一九九三年）のネオリベ路線と現在の社民的な路線が何の継ぎ目もなくメビウスの帯のようにつながっているよ

話し合われた。だが、民主党役員会はこの構想に反対、連立は実現しなかった。

＊4 二〇〇一年の九・一一テロとアメリカの「対テロ戦争」の開始を受け、小泉政権はアメリカの後方支援を可能とする通称テロ対策特別措置法を時限立法として二〇〇一年十月に成立した。それが失効する〇七年十一月までに安倍政権は延長を求めたが、突然の辞職で延長は不可能となり、福田政権が新たに新テロ特措法の可決を目指したが、野党から大きな反発を受けた。

＊5 渡邉恒雄（一九二六—）。読売新聞グループ本社代表取締役・主筆。『論座』二〇〇六年二月号での朝日新聞論説主幹若宮啓文と読売新聞主筆渡邉恒雄の対談。表紙には「渡辺恒雄氏が朝日と「共闘」宣言」との煽り文句が記されている。渡邉は〇五年ごろから小泉の靖国参拝を批判、新たな追悼施設の建設を訴えていた。

＊6 一九四〇年から一九四五年まで存在した、それまでの政治政党が自発的に解消して組織された公事結社。国家総動員体制の基盤を企図された。

うに、自民党も小泉、安倍から福田へと自然につながっている。

アメリカ合衆国在住の左派批評家であるマサオ・ミヨシも『抵抗の場へ』[*7]（洛北出版、二〇〇七年）で言うように、日本の左派が右派との決戦的な課題と位置づけている九条は、合衆国から見たら、何で決戦的なのか分からないようなものに過ぎない。九条が侵略戦争は禁じるが自衛戦争は容認している（だから、自衛隊は存在する）とすれば、イラク戦争やテロとの闘いも全てアメリカの自衛戦争としてなされているのだから、九条でイラク戦争やテロとの闘いを阻止することはできないのである。事実、福田政権になって以降、九条問題は論議の対象であることから遠ざかってしまい、共産党、社民党をはじめとする左派護憲勢力は肩透かしを食った状態にある。九条もまた「政治化」しうる課題ではない。

では、もうひとつの、小泉構造改革の帰趨として現出している格差社会の問題はどうか？　これもまた、今や政治化することが困難な事態に立ちいたっている。十二月二十二日に東京・六本木で行われた「反貧困たすけあいネットワーク発足イベント」[*8]には雨宮処凛（作家）や川田龍平[*9]（参議院議員）のほか、社民党の福島瑞穂[*10]から自民党の後藤田正純[*11]（女優・水野真紀の夫）までが参加しておこなわれた。反貧困ネットワーク（代表・宇都宮健児弁護士[*12]）には新左翼系、共産党、民主党、社民党もコミットしている。後藤田は、大叔父の故・正晴[*13]にも似て、党内ではやや異端的な「リベラル左派」とはいえ、今や自民党と左派との大連立がここでも成立し

*7 マサオ・ミヨシ（一九二八―二〇〇九）。英文学者。カルフォルニア大学でヴィクトリア朝英文学を教える。ヴェトナム反戦運動と出会い、政治に関心を持ち、日本文学を論じ始める。『抵抗の場へ』はマサオ・ミヨシのこれまでの仕事を概括するインタビュー。

*8 「反貧困たすけあいネットワーク」は首都圏青年ユニオンと自立生活サポートセンター「もやい」の呼びかけでワーキングプアのセーフティーネットとして結成。月会費三〇〇円を払い、無利子で一万円の生活資金の貸付、病気や怪我で失業した場合に一日千円の支給金が払われる。

*9 川田龍平（一九七六―）。政治家。一九九三年の薬害エイズ事件訴訟の原告のひとり。九六年の訴訟和解後も、人権アクティビストの会を起ち上げ活動。二〇〇七年参議院選挙に出馬して当選。

*10 福島瑞穂（一九五五―）。政治家。二〇〇三年の土井たか子の辞任後、社会民主党党首に就任。現社民党副党首。

*11 後藤田正純（一九六九―）。政治家。後藤田正晴は大叔父。第二次安

つつある。実際、福田や小沢の「自立と共生」というスローガンは、ポスト「一九六八年」の左派のスローガンからの転用以外の何物でもない。ここに、プラス・マイナスふくめて、六八年の達成の今日的な帰趨がはっきりと見てとれる。六八年の課題はすべての者に共有されているが、それは六八年の「政治」が、ひとまず失調したことの証しでもあると言える。

二〇〇七年一月号の『論座』に、赤木智弘の「丸山眞男をひっぱたきたい――31歳、フリーター。希望は戦争。」という文章が掲載され、ちょっとスキャンダラスな話題を呼んだ。[*14] その後の赤木は単著『若者を見殺しにする国 私を戦争に向かわせるものは何か』[*15]（双風舎、二〇〇七年）を刊行して、「下流社会」のちょっとしたイデオローグとなっていることは知られていよう。赤木の文章がスキャンダラスだった理由は、自民・民主の「大連立」構想へと帰結するような事態を期せずして予測し、その「リベラル左派」の暫定的な勝利のうっとうしさを「丸山眞男をひっぱたきたい」と表現したところにある。

周知のように、一九九六年に丸山眞男が死んでからこれまでの間、丸山再評価の動きには日覚ましいものがあった。実質的な著作全集たる『丸山眞男集』（全一六巻・別巻一、岩波書店、一九九五—九七年）はおろか講義ノートや座談、日記類が刊行されたのみならず、陸続と丸山へのオマージュが発表され続けている。[*16] 世界的にハンナ・アーレント[*17]、日本においては丸山眞男を批判することは、今やタブーで

倍内閣では、内閣府副大臣を務めた。

＊12 宇都宮健児（一九四六—）。弁護士。元日本弁護士連合会会長。二〇一二年と二〇一四年の東京都知事選に出馬したが、いずれも落選。都知事選の際のキャッチフレーズは「都知事なのに「宇都宮」、弁護士なのに「けんじ（検事）」」。

＊13 後藤田正晴（一九一四—二〇〇五）。警察庁長官、国家公安委員会委員長、内閣官房長官、法務大臣などを歴任。一九六九年に警察庁長官に就任してからは、よど号ハイジャック事件などの対処にあたった。その後、政界に進出。その政治手腕から「カミソリ後藤田」と呼ばれた。

＊14 赤木智弘（一九七五—）。ライター。同論文は「31歳、フリーター。希望は戦争。」という副題どおり非正規雇用の青年だった赤木が年長者の若者論に反撥し、既得権益が維持された「平和な社会」よりも、「「何も持っていない」私」は社会の流動化を促進するだろう戦争に希望を見出すという主張で、論議を呼んだ。

＊15 本書で「バブルを崩壊させた責任」を執拗に問題にする赤木はまた、

あるかのようだ。これは、ちょっと過去を反芻してみれば、驚くべきことである。六〇年安保以降、丸山は戦後民主主義者として、西欧崇拝的な講壇思想史家として、ナショナリストとして、左右の陣営からさまざまに否定され続けてきたからである。死んだ当時、丸山の権威は、ほぼ失墜しきっていたと言ってよく、[*18] もはや丸山が復活する余地はあるまいと思われるほどだった。ところが、それから十年、丸山は、彼が残した言葉を用いれば「永久革命としての民主主義[*19]」のイデオローグとして、完全復活したのである。

この復活は、単なる言論ジャーナリズムの場だけのことではなかった。それが現実的な表現を見出したのは、参院選における民主党の勝利であり、より具体的には、江田五月の参議院議長への就任[*20]だと言えよう。一部では知られていることだが、現在刊行されている丸山眞男の東大での講義録は、学生としてそれを筆記した江田五月のノートに多くを負っているのである。そして、たとえば額賀財務大臣の証人喚問取り下げに動いたことからも知られるように[*21]、江田は自民・民主「大連立」のキーパーソンだが、それは、実際に大連立が成立するか否かということではなく、事実上の大連立の蝶番として、すでに江田が存在しているという意味でもある。

このような形で、丸山眞男は復活した。だがそれは、その比喩が妥当かどうかは問わず、「大政翼賛会」と言われるように、うっとうしいものではないだろう

吉本隆明から、「私を戦争に向かわせる」不満はみずからが豊かになればおしまいになる程度のものだと指摘され、これを認めている。

*16 丸山の没後発掘されたノートをまとめたものとして『自己内対話　3冊のノートから』（みすず書房、一九九八年）。ほかに『丸山眞男座談』全九巻（岩波書店、一九九八年）、『丸山眞男講義録』全七巻（東京大学出版会、一九九八年—二〇〇〇年）など。

*17 ハンナ・アーレント（一九〇六—一九七五）。哲学者。主著に『全体主義の起原』全三巻（みすず書房、一九七二年—一九七四年）、『人間の条件』（ちくま学芸文庫、一九九四年）など。

*18 死後に情況出版編集部編『丸山真男を読む』（情況出版、一九九七年）が出版され、そのなかで米谷匡史や酒井直樹による批判が行なわれている。

*19 丸山眞男のスローガン。「民主主義というものは、人民が本来制度の自己目的化—物神化—を不断に警戒し、制度の現実の働き方を絶えず監視し批判する姿勢によって、はじめて生きたものとなり得るのです。（…）つまり自由と同じように民主主義も、不断の民

か。もちろん、それは、とりあえず進行していくほかないものである。赤木智弘の「丸山眞男をひっぱたきたい」という、一種ヒステリー的な反応は、このような事態をよく捉えてはいる。

だが、自民党から民主党まで、いや公明党から共産党まで、そしておそらくは新左翼の一部までもが、丸山の言う「永久革命としての民主主義」という概念に包摂されてしまったとしたのだとしたら、その概念のどこが間違っているかと、まず考えるべきだろう。すでに「六八年」の学生たちは、丸山眞男をひっぱたいたことがあるし、[*22] ホンキで戦争へと突入しようともしたのであれば、赤木の願望は、やはり二度目の茶番以上ではないし、それゆえ、つまらぬジャーナリズムで消費される以上のことにはならないからである。

「永久革命としての民主主義」という時、丸山は理想としての民主主義を現実的に存在している民主主義に対して擁護しているわけである。これは、丸山自身が認めるその学問的な方法、すなわち西欧をモデルとして日本の現実を裁断するという方法に由来するわけだが、しかし、丸山が理想化するような西欧モデルなど存在しないというのが、その生前からなされていた丸山批判の要諦であった。もちろん、丸山はそんなことは百も承知だと言うわけで、だからこそ民主主義は西欧においても統制的な理念としてしか存在しえない永久革命的な概念とされるわけだろうが、しかし、それは思考の逆立ちである。民主主義の名によって、イ

主化によって辛うじて民主主義でありうるような、そうした性格を本質的にもっています」（「「である」ことと「する」こと」『日本の思想』岩波書店、一九六一年）

*20 江田五月（一九四一―）。政治家。東京大学教養学部自治会委員長時代に大学管理制度改革に反発し、全学ストを指揮。父は日本社会党委員長代行を務めた江田三郎（一九〇七―一九七七）。二〇〇七年の参議院議員選挙で民主党が大勝し、六月の臨時国会で民主党議員江田五月は参議院議長に選出された。

*21 二〇〇七年に発覚した軍需専門商社「山田洋行」に関わる一連の汚職事件のなかのひとつで、額賀財務大臣が同社専務から接待を受けた疑いが浮上、額賀はこれを否定したが、一方、〇二年から〇六年にかけて同社にパーティー券二二〇万円分を購入してもらったことを明らかにした。追及のため民主党は〇七年十二月三日の外交防衛委員会での証人喚問を決定したが、江田五月はこれに対し慎重な対応を求めた。

*22 一九六八年、東大安田講堂前で

ラク戦争やアフガン侵攻をはじめとする反民主主義的なさまざまな行為が遂行されているという見やすい現実からも知られるように、民主主義自体がすでに狂っているのだ。狂っているからこそ、ネオコンも自民党も民主党も左翼も「永久革命としての民主主義」を肯定してしまうのだ。

「永久革命としての民主主義」と言う時、思考から排除されているものは何か。言うまでもなく、「永久革命としての資本主義」である。そして、この二つが近代では不可分であることは、実は誰もが知っているのではなかっただろうか。もはや誰も話題にしなくなったが、フランシス・フクヤマは冷戦体制の終わりに際して『歴史の終わり』（三笠書房、一九九二年）を書いて、資本主義体制＝西欧民主主義の永久の勝利を宣言した[*23]。その時、フクヤマにとって資本主義と民主主義は別のものではなかったのであり、「歴史の終わり」とは「永久」かつ革命的に、それらが続くということであった。その意味で、フクヤマは間違ってはいなかった。ただ、その資本主義はすでに狂っていたのであり（そのことは、誰もが感づいている）、それと相即して民主主義も狂っていたのである（そのことは、いまだ多くの人間が否認したがる）。

しかし、グローバル資本主義へと帰結してゆく「永久革命としての資本主義」を括弧に入れ、「永久革命としての民主主義」を肯定することはナンセンスである。後者を肯定することは、前者をも肯定することでしかない。そのナンセンス

「東大・日大闘争勝利全国学生総決起集会」が行なわれ、安田講堂のバリケード封鎖が始まる。この際に、全共闘の学生たちによって教授の研究室が襲撃されたことに対し、丸山は「ナチスもやらなかった蛮行」と非難した。

*23 フランシス・フクヤマ（一九五二年—）。アメリカの政治学者。父親が日系二世、母親が日本人の日系三世。本書では、世界史を進展させるイデオロギー闘争が、冷戦体制の崩壊により、西側の資本主義・民主主義の最終的な勝利に終わり、以後はただ資本主義・民主主義の「輸出」が問題になるだけであり、これを否定しうる理念は出てこないという説が展開される。日本での訳者は右派の評論家・渡辺昇一。

な事態の象徴が、大政翼賛会というメタファーで語られる「政治」の失調以外ではないのである。そして、かつての大政翼賛会が政治的な党派の溶解であったとすれば、今日必要なのは「民主的な」党派の連合ではなく、独立した「党」だということだけは明らかであろう。

＊「狂気としての」民主主義をどう肯定するかという問題は「永久的」である。

2008年1月—3月

「ジャパン・アズ・ナンバーワン」の白昼夢の中で永遠に「毒入り餃子」を食べ続ける資本主義的記憶喪失

オバマ[*1]が大統領になろうがヒラリー・クリントン[*2]が大統領になろうが、それ自体として世界構造にあまり変化はあるまいが、どちらになっても、ともかくアメリカという国は、やはり「帝国」だと、アントニオ・ネグリの来日[*3]を前にして、ついつい感心してしまう。ブッシュが「帝国」化の道をおしとどめ、アメリカを今一度「帝国主義」化したのだとしても、この方向はアメリカ合衆国に内在した論理ということだろう。

足下を見れば福田政権が揺らいで、「部落出身者は総理大臣になれない」などと放言する自称オタクのマンガ好き——と言っても射撃の元オリンピック選手であるこの男が好きなのは、「ゴルゴ13」らしいが——が次期首相有力候補の国に住んでいるのだから、なおさらである。[*4]この男が日本の首相になったとして、彼は、どんな顔をしてオバマなりヒラリーと会うのだろうか。もちろん、その男は、

*1 バラク・オバマ（一九六一—）。第四十四代アメリカ合衆国大統領。初のアフリカ系黒人大統領として注目された。

*2 ヒラリー・クリントン（一九四七—）。政治家。民主党議員。第四十二代アメリカ大統領ビル・クリントンの妻。

*3 財団法人国際文化会館の招きで、ネグリは二〇〇八年三月二十日に来日し、東大や京大、東京芸大で講演をする予定だったが、七月の洞爺湖サミットを前に入国管理を厳格化したい日本外務省から、来日直前になって、ビザを申請するよう求められたため、来日は断念された。

*4 麻生太郎のこと。二〇〇一年の森喜朗首相の退陣後、次期自民党総裁に最も有力だった野中公務の名前をあげて、麻生は「あんな部落出身者を日本の総理にはできないわなあ」と放言した。一九七六年モントリオールオリンピックでクレー射撃の日本代表に選出されるも、四十一位に終わる。『ゴルゴ13』は一九六八年から連載が始まったさいとう・たかをの漫画。一時、麻生が比較的若者向けの漫画にも親しんでい

共和党マケイン[*5]が大統領になってくれることを祈っているのだろうが、彼のためにも、民主党の大統領候補が大統領になることを祈らずにはいられない。

考えてみれば、メジャーリーグでも戦後になってようやく黒人のメジャーリーガーが出現した。[*6]にもかかわらず、それが今では黒人はもちろんのこと、ラテン・アメリカ系はおろか、日本人も韓国人、台湾人もゴマンと活躍しており、いないのは女性メジャー・リーガーくらいなのだ（確かにメジャー・リーグでもWASPのヘゲモニーはいまだに存在しているのだが）。

だから、アメリカ合衆国に黒人大統領や女性大統領が出てもいっこうに不思議ではないのだが、彼我を較べてみれば、やはりアメリカという国はスゴイと言わざるをえない。ヴェトナム戦争に負け、今またイラクやアフガンでも負け続け、国内ではサブプライム・ローン問題で経済的な基盤が決定的に揺らいでいるにもかかわらず、やはり二十一世紀もアメリカの総体的かつ相対的なヘゲモニーは追随をゆるさないものがあるだろう。言うまでもなく、それは「いいかげん」というのと紙一重のヘゲモニーである。WASP的帝国主義など、とりあえず括弧に入れて、都合のいいものは何でも受け入れるフリをする。「帝国」とは、そういった「いいかげんさ」による支配のことだろう。

しかし、オバマとヒラリーを較べると、ヒラリーのほうが「いいかげんさ」において劣るというところに、彼女の苦戦の原因があるのだろう。「六八年革命」

るという噂が流れ、一部の自民党支持のおたく層からネット上で歓迎された。

＊5 ジョン・マケイン（一九三六―）。アメリカ合衆国の政治家。ベトナム戦争従軍時にベトナム民主共和国の捕虜となり拷問を受けるもそれに耐えたエピソードでアメリカでは英雄視されている。二〇〇八年のアメリカ大統領選挙に立候補し共和党から指名を獲得した。オバマと本選挙を争ったが、敗れた。

＊6 一八九〇年以降のMLBでは有色人種排除の方針が確立していたが、一九四七年にアフリカ系黒人選手ジャッキー・ロビンソンがドジャースのマイナー・リーグからメジャーへ昇格。近代メジャー・リーグ以降、初めての黒人選手となり、有色人種のメジャー・リーグ参加に門戸を開いた。

のラディカルな活動家であり、今なお同世代フェミニストの支持を受けながらも、大統領になるためにイラク開戦支持をはじめ多くの政治的妥協と挫折を繰り返してきた彼女が、オバマに対して「政治的キャリア」[*7]を売り物にせざるをえないということは、「トウが立っている」印象を与えるばかりでなく、「いいかげんさ」の復活を目指している現在のアメリカでは、どうにも生真面日に見えてしまうということである。

ヒラリーは、彼女のジャケットの下に着ているインナーの胸が開きすぎで「エロい」と非難されて以来、首回りのしっかりしたシャツを着用するようになった。[*8] WASP帝国主義に迎合したこの生真面目さの演出が、彼女の苦戦を累進させたと言っていいだろう。このエロさの払拭こそ、彼女の「老い」の印象を強め、オバマの「清新さ」への対抗軸を失わせてしまったのである。言うまでもなく、オバマはWASP的なセンスに迎合することで支持を拡大している。エロいヒラリー的なものがアメリカの大統領になった時、アメリカは真に「帝国」的なものになるだろうが、そのような時代は、もう少し先になるのかも知れない。

ところで、オバマがなってもヒラリーがなっても、アメリカが中国との関係をより強化することは目に見えているが（いや、今すでにそうなっているが）、日本の「国民」はといえば、日本は大国なのだから、米中関係よりも、いまだ日米関係は大事だとアメリカが思っていると信じているフシがあって、事あれば事細

＊7 一九六八年の大統領予備選でベトナム戦争反対を掲げる民主党候補ユージン・マッカーシー（一九一六―二〇〇五）を支持。六九年にロー・スクールに進学し児童擁護組織で働いたヒラリーは、卒業後、児童防衛基金で働きながら一九七四年のニクソン大統領弾劾調査団に参加。夫のビルが大統領に就任してからも積極的に政治活動を行い、一定の支持を集め続けた。

＊8 二〇〇七年、米国上院本会議での演説時のヒラリーのピンクのブレザーの下に胸元まであいたインナーを着用した服装を、ワシントン・ポスト紙が七月二十日付の記事で批判。同記事に対し読者から抗議が殺到し「炎上」状態になった。

かな中国バッシングに快哉しているのだから呑気なものである。そこには、いい意味での「いいかげんさ」のかけらもない。

その最近の例が、中国から輸入した冷凍餃子の食中毒事件[*9]だろう。もちろん、例の冷凍餃子に農薬が混入したのは中国国内であった確率がきわめて高いし、その事情を精査することも必要である。また、中国当局が日本での毒物混入を示唆する発表を――それも、あまり根拠の明らかでない理由で――おこなったというのも、いかがなものかと思う。しかし、これら一連の経緯に対するテレビや新聞の反応というのが、つまるところ、「中国はいまだ後進国だ」というメッセージを伝達することで、日本国民の溜飲を下げさせることにのみ終始しているように見えるのは、まったく困ったことだと思う。ちょっと前、東京オリンピック後の日本の高度成長期でも、水俣病を例にとるまでもなく、毒入り食物などはゴロゴロしていたのではなかったか。中国は、まだオリンピック前なのである。そのことを忘却して、中国だけが毒入り食料を生産しているかのように言い立て、「後進国」のレッテルを貼って安堵しているのは、記憶喪失以外の何ものでもあるまい。

マルクスは『資本論』のなかで、資本主義に特有の記憶喪失について語った。マルクスによれば、資本主義市場経済が発達して、あたかも「平等」な市民社会が擬制的に出現した時、その社会は、その基礎を作った暴力と略奪の「原始的蓄

＊9 二〇〇七年十二月から二〇〇八年一月に、JTフーズが輸入した中国の天洋食品生産の冷凍餃子を食べて食中毒症状が起きたことが連続して報告された。調査の結果、餃子から有機リン系殺虫剤が検出され、二月二十一日、警察庁は毒物が日本で混入した可能性は低いとの見解を発表。中国国内での混入の可能性が強まり、日本で中国への非難が沸騰した。

積」[10]の時代を忘れるのである。それと同じことが、冷凍餃子をめぐって、今起きている。それは、日本が国内で毒入りの食物を作っていた時代を忘れさせるのである。いや、毒入り食物が、そもそも資本主義的生産の条件であることを忘れるのである（第一、日本では「毒入り」の食物はもう生産されていないのか）。

そしてそもそも、餃子は、戦後の満州からの引揚者によってもたらされた食物ではないか。寺山修司[11]であったと思うが、彼は一九五〇年代に青森から上京するまでは、餃子なるものを知らなかったという。餃子とは、それほどまでに日本に近年もたらされたものなのだ。ところが、毒入り冷凍餃子問題において、餃子は、あたかも日本伝来の食べものであるかのように思われていないだろうか。

ここには、二重の記憶喪失がある。第一に、食料生産を外国に依存するということは、食糧の資本主義的生産にともなう害毒の外国からの必然的な還流を意味するということ（今回の冷凍餃子に農薬が故意に混入されたか、それとも野菜生産過程で生産者の無配慮で付着したものかどうかは、この場合関係ない）。第二に、その食料が、実は、元来は旧植民地のその国の特産品であったということ（つまり、植民地時代を忘却すること）。この二つを忘却することによって、日本国民は負荷をすべて中国に押し付ける。そして、その負荷ゆえに中国を「後進国」と見なすことを可能にするのである。

しかし、言うまでもなく中国は今や後進国ではない。それは、世界資本主義の

*10 資本制的生産様式が成立する前提条件としての、資本と賃労働が創出される歴史的過程のこと。『資本論』第一巻第二十四章を参照。

*11 寺山修司（一九三五―一九八三）。歌人・詩人・劇作家・演出家・映画監督。演劇実験室「天井桟敷」主宰。

もっとも重要な環である。それゆえ、この二重の忘却は、つまるところ、現代をリアルに思考することを阻害して、われわれをファンタジーのなかに放置することにしか帰結しない。あたかも、「ジャパン・アズ・ナンバー・ワン」[*12]であるかのようなファンタジーに、である。おそらく、毒入り餃子問題は、今後もさまざまに形を変えて回帰してくるだろう。われわれは、毒入り餃子を食べ続けることしかできないのである。それは狭義には、食料のみならず他の膨大な製品を中国（その他）に依存していかざるをえないということであると同時に、そのことが、われわれの広義の生の条件を決定しているということでもある。

毒入り餃子問題と並行して、国会で道路特定財源の問題[*13]が議論されているのは、きわめて象徴的だ。道路特定財源もまた毒入り餃子のようなものだからである。周知のように、道路特定財源の一般財源化に対して、全国自治体首長のほとんどが反対を表明した。自治体首長が「地方分権」には賛成しながら、政府のひも付きを意味する道路特定財源にも賛成するというのは矛盾もはなはだしいという揶揄もあるが、その矛盾こそ、それが毒入り餃子の毒入り餃子たる所以だろう。

道路特定財源が道路族と言われる議員やゼネコンから地元土建屋の利権の巣窟なのは事実であろう。しかし、それは同時に、税の「公正な」再分配システムでもあったわけであり、それによって、末端にも税が労賃として再分配される。地方財政が大方は破綻の一歩手前であることは、数字の上では誰でも知っている。地

＊12 東アジア研究を主にするアメリカの社会学者・エズラ・ヴォーゲル（一九三〇―）の著書『ジャパン・アズ・ナンバーワン　アメリカへの教訓』（TBSブリタニカ、一九七九年）に由る。戦後の高度経済成長を支えた日本的経営を分析し、高く評価した著書。八〇年代の日本でこのキャッチフレーズは歓迎された。

＊13 ガソリン税・自動車取得税など道路特定財源にあてることが定められた税金は道路整備関係以外の事業には使うことができないため、利用者が少ない高速道路を建設してきたことなどが、税金の無駄遣いとして非難を浴びた。これに対し、道路特定財源をすべて一般財源化し、財政再建に利用すべきだという意見が一定の支持を集めた。他方、道路特定財源として余剰が生じるのであれば、該当税は減税するべきだという意見もある。

「地方分権」に財政的な裏づけなどない。国からの補助とひきかえに地方財政の赤字が累積し、破綻の結末が目に見えるシステムであったとしても、地方自治体は毒饅頭（餃子）を食い続けるほかはないのである。

資本主義が、その普遍的に内在している危機を拡大して先送りしながら延命するシステムであることは知られている。その意味で、アメリカ国民というのは、やはり典型的な資本主義を生きている人々と考えざるをえない。比喩的に言うならば、彼らはマクドナルドというアメリカ製毒入り餃子をほおばりながら、「変革（チェンジ）」[*14]というオバマの言葉に熱狂しているのであろう。そのニヒリズムと一体のオプティミズムを「ポップ」と言うなら、毒入り餃子問題が起こってからは家庭での手作り餃子が流行りだしたという日本に、ポップのかけらもないだろう。やはり、ポップこそ資本主義が生み出した唯一のエートスである。

＊「エロくない」ヒラリーが大統領になったアメリカは、やはり衰弱したということだろう。

＊14 前代のジョージ・W・ブッシュ大統領のイラク戦争「敗北」やサブプライム・ローン破綻後の景気後退などアメリカの停滞感に対して、オバマが選挙活動中繰り返したキャッチフレーズ。ほかに〝Yes, we can.〟も多用された。

*2008*年*4*月–*6*月

タバコ一箱一〇〇〇円の欺瞞――生きることを強制し死の権利を否定する統治のイデオロギー

友人であるNY在住の日系三世は、私と同様にどうしようもないチェーンスモーカーの貧民だが、NYのタバコがべらぼうに高いので、ロサンジェルスの父親にねだって、安価なその地から送ってもらっていた。日本でも、自民党の中川秀直が中心になって、タバコを一〇〇〇円に値上げする超党派の議連を立ち上げたという。[*1] 消費税値上げを回避するための策だという。中川自身は喫煙者だということで、これは「身銭を切る」というポーズなのだろうが、何とも欺瞞的な政策だと思う。統計は定かではないが、アメリカと同様、日本においてもアッパークラスやミドルクラスの人間の喫煙者は減少しつつあると思う。若年層の喫煙率は、学校や社会でのプロパガンダが奏功して驚くほど低い。喫煙は「下流」以下の人間の悪癖に属するかのような様相を帯びている。もちろん、タバコは、ロウアークラス以下の人間の安価なストレス解消のツールなのである。

＊1　自民党の中川秀直（一九四四―）、民主党の前原誠司（一九六二年―）らを中心に、たばこを一箱一〇〇〇円に値上げし、たばこ税を引き上げることを目標に掲げた超党派議連「たばこと健康を考える議員連盟」が二〇〇八年六月発足した。

しかし、ここで言いたいのは、貧しい人間から税金を搾り取るな、というようなことではない。タバコを一〇〇〇円に値上げするという政策が多少の反発を呼びながらも、おそらくは「欧米もそうなのだから、仕方あるまい」と支持されそうな気配が濃厚なことの背景には、現代の「生政治」[*2]をめぐる統治のイデオロギーが、アッパークラスであるとロウアークラスであるとを問わず、広く浸透していることがあるように思う。そのイデオロギーを一言で言い表せば、「生きさせろ！」（雨宮処凛）ということになるだろう。「健康増進法」[*3]なる奇怪な法律が何の抵抗もなく受け入れられ、「エコ」なる言葉がTVコマーシャルのなかに驚くべき頻度で繰り返されている。G8洞爺湖サミットの討議主題がやはり環境問題であり、反G8を叫ぶ側もエコロジーを掲げていることから明らかなように[*4]、今や政治は生きさせることによる統治形態が支配的となっている。これは端的に「生政治」と呼ぶべきだろう。ところで、「生政治」という概念を提起したミシェル・フーコーは、生政治的統治に抵抗するために「生きさせろ！」とは言わなかった。「死の権利」を主張したのである[*5]。タバコ値上げのイデオロギー的背景が欺瞞的なのは、生きさせることに加担し死の権利を否定しているからにほかならない。

いわゆるネオリベラリズム下の「格差社会」においては、確かに、「おにぎり食べたい」と言って餓死する貧者も存在している[*6]。しかし、少なくとも先進資本

＊2 ミシェル・フーコーが提示した概念。『ミシェル・フーコー講義集成8 生政治の誕生1978―79』（筑摩書房、二〇〇八年）参照。

＊3 二〇〇二年に国民の健康維持を目的として制定された法律。第二条に「国民は、健康な生活習慣の重要性に対する関心と理解を深め、生涯にわたって、自らの健康状態を自覚するとともに、健康の増進に努めなければならない」とあり、これを「国民の責務」として、自治体や医療機関に協力の義務を課している。

＊4 G8洞爺湖サミットの主要課題には世界経済に次いで環境・気候変動があがった。これに対する抗議行動には様々なグループが集まり、反貧困やエコロジーがスローガンに掲げられた。

＊5 「われわれが医学的知に、医療技術体制に対して非難するのは、われわれが望みもしないのに、科学的にも技術的にも最新の方法で、われわれを生かしておく、つまり〈死の権利〉というものを一方的に医学の名において拒否していること自体に対する拒否なのだ。つまり、医学的な知への〈否（ノン）〉であるといえる」（ミシェル・フーコー

主義国においては、「死の権利」を隠蔽することで生を統治するというスタイルが、ますます貫徹しつつあるのではないだろうか。「おにぎり食べたい」と言って死んでいく人間に対しては、誰でも、「それはマズい」と言う。貧困は改善されなければならない。餓死者が出ることは、少なくとも先進資本主義国においては「悪」であると認識されている。しかし、タバコを吸う人間は、潜在的に「死の権利」を主張しており、生きるという人間的な「義務」（権利ではない！）を放棄しているがゆえにバカ者であり、「人でなし」と見なされるわけである。「人でなし」に一箱一〇〇〇円のタバコを買わせて貧者を養うことこそ、人間的な統治と見なされるわけだ。

　この政策が欺瞞的なのは、そういった「人でなし」の存在を前提にしていることである。タバコが一〇〇〇円になっても、タバコが売れなくなるという事態は想定されていない。税収増加が見込まれているわけである。タバコを吸うところの、生きる「義務」を潜在的に放棄したバカ者に依拠することによって、「生きさせろ！」という要求に応えようというのが、この政策の骨子にほかならない。このような統治形態に対して、現代の貧者の代弁者を任じている者は、反対する思想を提出できるであろうか。それとも、バカ者たちは切り捨ててかまわないと、中川秀直とともに主張するのであろうか。「生きさせろ！」という主張から、中川たちを批判する文脈は抽出しにくいように思われる。現在の統治は、殺すこと

「政治の分析哲学」渡邊守章訳、『ミシェル・フーコー思考集成Ⅶ　1978　知／身体』筑摩書房、二〇〇〇年、一三二頁）。

＊6　二〇〇七年七月十日、北九州市で死後約一ヶ月の一人暮らしの男性の遺体が見つかった。男性は〇六年末ごろから生活保護を受けていたが、四月に受給廃止となっており、死因に餓死が疑われた。発見された男性の日記に役所の対応への不満や「おにぎり食べたい」と書かれていたことが話題となった。

によってではなく、基本的に生きさせることによってなされているからである。それは、ポスト福祉社会の現代においても変わらない。

　現代においては、労働力のジャンク化という現象が顕著である。言うまでもなく、派遣やネットカフェ難民、フリーターやワーキングプア等々といった呼称によって、そのことは知られている。そういったジャンク化した存在の生活上の貧困問題を、経済的に解決する方途もさまざまに模索されている。それらのなかには、ハッタリ的な提言もあればリアルな試みもあるが、模索自体は重要であろう。しかし、問題は単純に「生存権」を主張すれば良いということではないし、ジャンク化した存在を「人間らしい生活」に引き上げてやれば済むということでもない。ヨーロッパにおいては相当に勢力を得ている様子のベーシックインカム（ＢＩ）の提唱だが、それを主張するのは左派だけではなく、右派にも多い。これだけ経済格差が広がってしまえば、むしろＢＩを導入してアンダークラスに餓死だけはしない保証を与えておくのが、世の中の安定のためにはよかろうというわけだ。もちろん、その程度の経済的な余裕は、先進資本主義国にはある（しかし、「後進国」でＢＩは可能なのか？）。日本では東浩紀[*7]がそういう意味でＢＩを主張していた。

　「生きさせろ！」というのは誰にでも受け入れられる主張であるばかりでなく、生きさせるということ自体が支配するための方法なのである。しかし、万が一

＊7　東浩紀（一九七一—）評論家。一九九三年に「批評空間」に掲載された「ソルジェニーツィン試論」でデビュー。主著に『存在論的、郵便的　ジャック・デリダについて』（新潮社、一九九八年）。

BIが世界革命として実現されたとして（BIは世界同時革命として実現されなければ意味がないことは、日本のBI論議において回避されているが、自明のことである）、それは「死の権利」を行使する「人でなし」（＝ジャンク）の排除を前提としているだろう。いや、生きさせることによる統治が徹底すればするほど、ジャンクは影のように生み出されるのである。喫煙者など、そのほんの一例に過ぎない。

ところで、「生きさせろ！」と言う「プレカリアートの女神」が称揚したとかで、小林多喜二の『蟹工船』（一九二九年）が若い世代のあいだでブームだそうである。[*8] 新潮文庫は数十万部を売ったらしい。過酷な労働現場を描いたこの小説が、同様に過酷な派遣労働に従事する人間の共感を呼んでいるのだという。確かに、派遣の労働の中には蟹工船と似たような肉体労働もある。しかし、六月八日の秋葉原テロを遂行したトヨタ下請派遣社員・加藤智大[*9]の労働は、フォーディズム[*10]以前の〈蟹工船〉労働とアナロジーできないだろう。一般的に言って〈蟹工船〉の時代は、ポストフォーディズム[*11]的な認知労働が主流の現代とは労働の質が異なっているわけで、アナロジーするのは問題をすりかえることにもなりかねない。何だかなーと思うだけだが、ふと考えたことがある。『蟹工船』を読んだ者は、続いて同じ作者の『党生活者』[*12]（一九三二年）を読むだろうか。多分ありえないことだが、できれば読んでもらいたいものだ。

*8 「プレカリアートの女神」とは雨宮処凛のこと。『朝日新聞』によるネーミング。雨宮は二〇〇八年一月九日の「毎日新聞」朝刊で作家の高橋源一郎と対談、そのなかで「たまたま昨日、『蟹工船』を読んで、今のフリーターと状況が似ていると思いました」と発言、これに高橋も「偶然ですが、僕が教えている大学のゼミでも最近読みました。そして意外なことに、学生の感想は「よく分かる」だった」と応えた。その後『蟹工船』が一部ジャーナリズム上で話題になると、新潮文庫版の『蟹工船・党生活者』が五十万部のベストセラーになり、二〇〇九年には映画化もされた。

*9 二〇〇八年六月八日、秋葉原で発生した連続殺傷事件。当時、二十五歳の派遣社員・加藤智大が秋葉原の交差点に大型トラックで赤信号を無視して進入、歩行者をはねた後、車を降りて通行人や警察官をサバイバルナイフで殺傷した。同月、派遣先を無断欠勤、職場放棄していた。

*10 大量生産・大量消費を促す経済体制。工場での分業で生産効率を高め、消費を拡大するため労働組合の承

というのは、現代のコジャレて「プレカリアート」などと呼ばれているルンペンプロレタリアートの運動は、「党」という概念をア・プリオリに排斥する傾向にあるからである。現代の若い世代は、あたかもポップな概念であるかのように「アヴァンギャルド」という言葉を頻発するくせに、レーニン主義的な「前衛党」という概念はハナから軽蔑している（いや、もともと知らない？）ようなのだ。若い世代ばかりではない。私など、ある著書でちょっと「党」などと口走ったら、老齢古参の市民運動家（それも、元はゴリゴリの共産党員！）から、「古い」と言われて苦笑したこともある。[*13]

しかし、すでに明らかであろう。「党」を拒否してナイーヴに「生きさせろ！」と要求することは、貧困を生み出している資本主義を批判することなく、国家に生きさせてもらうよう「お願い」するものであり、資本主義や国家の統治のスタイルにも沿うことなのだ。それは、貧困を（そして、「人でなし」を）生み出しているメカニズムであるところの国家や資本主義について、何ら批判的たりえない立ち位置からのものでしかなく、よりマシな資本主義を、よりマシな国家を、と要求しているだけなのである。すでに見てきたところからも明らかなように、国家権力を担う者たちも、主観的には、よりマシな資本主義をめざしているのである。

歴史的に言って、資本主義に対して批判的なスタンスをとりうるのは、「党」

認、社会保障政策などを推進した。一九七〇年代までアメリカを中心に主要な経済政策だった。

*11 第三次産業の発展により、フォーディズムからヘゲモニーが移行した。職場・工場内だけに限らず、家庭や個室など生活全体で価値（サービス、アイディアなど）を生産する労働形態。

*12 小林多喜二の死の前年に書かれた小説。共産党員の「私」が、軍需工場で労働環境改善や反戦運動を組織しようとするが、仲間のひとりが逮捕され、潜伏生活を余儀なくされる。その地下生活に苦慮した「私」が笠原という女性と事実婚状態になってからが主に描かれる。戦後、平野謙が「ハウスキーパー」問題を論じるなど、議論を呼んだ。

*13「老齢古参の市民運動家」とは吉川勇一（本書一三三頁*15参照）のこと。

の存在なくしては不可能であった。だからこそ、「蟹工船」の小林多喜二は共産党員となり「党生活者」を書いて虐殺されたのである。そして、それは現在でもそうでしかありえないだろう。小林多喜二の属した共産党がロクなものではなかったことは明らかである。それについては、膨大な批判が書かれており、確かに、こんな「党」に革命なんかやれるはずもなく、できたとしてもロクなものではなかっただろう。そして、それが「新たな真の前衛党」なんぞに代替されうるものでないことも、歴史的に明らかである。しかし繰り返すが、「党」は不可避なのだ。

私的な体験だが、一九六九年のとある大学で、毛沢東派が「造反有理」という中国文化大革命のスローガンとともに、「革命無理」と大書した立て看板を出していたことを記憶している。そのことを想起したのは、スラヴォイ・ジジェクの『ロベスピエール／毛沢東　革命とテロル』（河出文庫、二〇〇八年、編者・長原豊による「訳者後記」も参照）[*14]に接したからでもある。このアポリアがあるかぎり、「党」は決して懐古趣味ではない。現在の問題である。

＊タバコ値上げは、公的に発表されずとも少しずつ秘かになされている。私の吸っているものは、最近一〇円上がった。

＊14　経済学者の長原豊（一九五二―）による「訳者後書」の冒頭は次の通り。「本書は、毛沢東のいわゆる〈文化大革命〉のスローガンであった「造反有理」と、ロベスピエールに関わって言及されたフーコーのイラン革命論における「造反有理」（本書一六二―一六四頁）を、その一身において違和なくもろともに受け容れることができる読者を大いに歓待する。その意味で本書は、いわゆるリベラル派一般への批判という体裁を採って繰り出されるジジェクの議論が設定する主要敵、〈革命を異様に声高に語って、革命を忌避する者〉あるいは〈革命抜きの革命〉を騙る者が蠢く壁龕（ニッチ）を、予め答えを与えられている探偵小説のように、詮索することを読者に望んでいる」。

*2008*年7月—9月

ふさわしくない政治指導者だけが選ばれる〈テレポリティクス〉という自家中毒

イマニュエル・ウォーラーステインの近著『ヨーロッパ的普遍主義』[*1]（明石書店、二〇〇八年）は、人権とか民主主義の大義の下にイラク戦争に突入し、イラクの人権と民主主義を破壊するという泥沼に入り込んだ現代の擬似普遍主義（ヨーロッパ的普遍主義）に対して、真の普遍主義（普遍的普遍主義）の早急な確立を求めた著作だが、その「普遍的普遍主義」を、いったいどのようにして醸成できるのかということのプロセスが不鮮明で、今一つ（以上に）説得力に欠ける。隠れ（？）ウォーラーステイニアンに違いない神原英資（元ミスター円）は、相変わらずテレビや雑誌・新聞で、資本主義の命脈は尽きたとシニカルに語っていて（これもウォーラーステインの自説）、それはそれで面白いのだが、ウォーラーステインとは逆に、処方箋は示さないリアリストなものだから、資本の走狗たるエコノミストからは、まだ資本主義は大丈夫じゃないかと嘲笑さえ買っている始末である。

*1 二〇〇四年に行なわれた講演録。自身が提示した近代世界システムを、改めて強者による「ヨーロッパ的普遍主義」と捉え、しかし、近年中心国家が周辺国家に対して行なう垂直統合が揺らいでいることを指摘、それを超える「普遍的普遍主義」を想定しようと主張するが、その具体的な内容は乏しい。

リーマン・ブラザーズがクラッシュして[*2]ウォーラーステインの説にはリアリティーが増したとはいえ、生真面目にふるまうのもシニカルになるのも、今や困難だ。トンデモない時代に入ったということだろう。残された道は、ポピュリズム的にその場かぎりの適当なウソをついて、時間をやり過ごすことぐらいしかあるまい。今ジャーナリズムで「ロスジェネ」論として流布している社会学的言説[*3]（ハイデッガーは「社会学主義」と言ったが）というのは、そういう言説であり、それこそが「現実への逃避[*4]」（大澤真幸）というものだろう。ただし、そこで言われる「現実」というのは社会学的に擬制=構築された「リアリティー」のことである。現代の社会学主義のアクチュアリティーは、ウォーラーステインに倣えば、ヨーロッパ的普遍主義の「普遍性」を、「しかたがない」ものとして肯定することでもたらされた水準以上ではない。確かに、現代の資本主義には矛盾が多々あることは承知している、しかし、ソ連邦社会主義の崩壊や中国の現状を見れば、それ以外に「普遍性」は存在するのか云々——というのが、現代の社会学主義の言い分であり、これはきわめて俗耳に入りやすいものではあろう。もちろん、そこには神原英資ほどのリアリズムもない。

　しかし、繰り返して言えば、「普遍的普遍主義」への指向のカケラさえないのが、ヒステリー的に「生きさせろ！」と叫ぶばかりの「プレカリアート」なのだから困ったものだ。最近、中核派までが「生きさせろ！」というスローガンを掲

＊2 サブプライムローン問題に起因して、二〇〇八年九月十五日、アメリカの投資銀行リーマン・ブラザーズが約六四兆円の負債を抱えて倒産した。通称リーマン・ショック。

＊3 「ロスト・ジェネレーション」と呼ばれた一九九五年から二〇〇五年ごろの就職氷河期に非正規雇用などで生計を立てざるを得ない若者の現実を伝えることを目標に刊行された『ロスジェネ』という雑誌や、その著者たち周辺の仕事を指す。同誌は二〇一〇年四月発行の四号で終刊。編集委員に浅尾大輔、大澤信亮、増山麗奈。湯浅誠や上野千鶴子も登場した。

＊4 社会学者・大澤真幸（一九五八—）の著書『不可能性の時代』（岩波書店、二〇〇八年）のなかの言葉。「虚構の意味（物語）の理解を媒介としない、神経系を直接に刺激するような強烈さ」を求めることを意味する。

げているのを知ったが、[5]これで日本の過激派の思想的命脈も尽きたと言ってよいだろう。明らかに日本の政治指導者に向けられている「生きさせろ！」という言葉は、政治指導者に国民の生存権を保証する能力があるということが前提となっており、自分たちが生きるという（あるいは、死ぬという）「主体」であることを放棄している。このスローガンのせいぜい目指すところは、国家の政治指導者が左派に扇動された大衆的ヒステリーに逆ギレして、政権を放棄することくらいだが、そうなっても、左派に政治を担当する覚悟などないことは、このスローガンが示すとおりだろう。その意味で、現代の社会学主義と「プレカリアート」のイデオロギーは密接に繋がっている現状肯定主義である（これは、両者の「人脈」を見てもあきらかだ）。ウォーラーステインの言うように、確かに、真の「普遍性」が求められてはいるのである。

では、現実の政治指導者のほうは、どうか。

アメリカ合衆国では、民主党の黒人候補オバマに対抗すべく、共和党は女性のサラ・ペイリン[6]（アラスカ州知事）を副大統領候補にして、ヒラリー・クリントンの支持者を取り込もうという戦術に出た。かと思ったら、九月一日には福田首相の突然の辞任表明があり、早速、有象無象が入り乱れての自民党総裁選が始まっている。[7]そもそも、福田辞任というのは、「国民がワクワクするような」総裁選をやって、メディアが大々的に報じてくれることで自民党の支持率アップを狙った

＊5 中核派の機関紙『前進』二〇〇八年十一月二十四日発行一面記事のトップの表題に「青年先頭に〝生きさせろ！ゼネスト〟へ」とある。なお『前進』では二〇一四年にも「生きさせろ！の闘いを」というシリーズで全六回の連続記事を掲載している。

＊6 サラ・ペイリン（一九六四―）。政治家。二〇〇八年八月二十九日、アメリカ大統領選の共和党候補ジョン・マケインから副大統領候補の指名を受けた。

＊7 福田康夫（一九三六―）。二〇〇七年九月二十三日に第九十一代内閣総理大臣に就任してから一年足らずでの辞任だった。自民党総裁選には麻生太郎、与謝野馨、石破茂、石原伸晃、小池百合子が出馬し、麻生が勝利した。

ものらしいから（これを「テレポリティクス」[8]と言うらしい）、ここにも「政治」はない。アメリカ大統領選ほどではないが、これまたセコいポピュリズムなのはミエミエである。こうやって一国の政治指導者が選出されるのだからついつい左派も「生きさせろ！」と言ってみたくもなるわけだ。

しかし、問題はポピュリズムそのものにあるのではない。アメリカ大統領選もそうなのだろうが、自民党総裁選を見て端的に知られるように、現代のポピュリズムは、大衆がそれをポピュリズムであると知っていることなのだ。福田首相は、総裁選においては、政策論議が一義的たるべきだとは一応言った。しかし、それ以上に「テレポリティクス」によって自民党支持率アップを狙うとも、ほぼ明瞭に宣言しているのだし、メディアも政策などは二の次である。それが、何の指針もない人気投票でしかないのは誰の目にも明らかである。与謝野馨が中曽根元首相に立候補の挨拶に行った後、中曽根が「与謝野は候補者のなかでは割合インテリだし」云々と言ったのは[9]、歴代首相のなかでは最後のステーツマンらしい推薦の弁であり、候補者のなかでは与謝野くらいが一応はステーツマンの相貌を保ってはいるが、総裁選というポピュリズム政治のなかでは、ちょっと弱い（結果は、この文章が公になっているときには分かっているはずだ）。

自民党総裁選を見ても明らかなように（あるいは、その後に行われるであろう総選挙でもそうであろうが）、現代のポピュリズムの特徴は、代議制的な代表＝

＊8 テレビ受けを意識した、単純化したキャッチフレーズや政策論争を用いて世論の盛り上がりや支持を目的に行なわれる政治手法。

＊9 与謝野は自民党総裁選への出馬を表明した際、かつて秘書として仕えた中曽根から、「候補者の中では割合にインテリで万能の力を持っている」と評された。

代行システムが完全に崩れ去っているところにある。もちろん、これは誰でも指摘することであり、現代政治批判の主線をなしている。しかし、注意しなければならないのは、代議制的代表選挙の崩壊という現象が、単なる「人気投票」といったレベルを超えて、今や「籤引き」の域に達しつつあるということではないだろうか。今回の総裁選は、自民党の各派閥を無視して候補が乱立している。「もはや、派閥に囚われる時代ではない」というのが多数自民党党員の言い分らしい。しかし、派閥というのは少なくともタテマエは政策集団であろう。派閥の代表が党の代表たらんとすることこそ、代議制のイロハではないか。政策集団の機能が麻痺して総裁選が行われること自体が、籤引きの様相を強めている。

自民党総裁選は自民党員でなければ選挙権がないとはいえ（ないからこそ）、「国民」は日々テレビの前で、誰が総裁になるかをドキドキしながら見守っている。しかし、そのハラハラドキドキは、自分たちの代表者が選ばれるという心性ではなく、誰がロトシックスを当てるかというようなものではないだろうか。麻生太郎がなろうが、与謝野馨がなろうが、はたまた小池百合子であろうが石原伸晃[*10]であろうが、もしかしたら石破茂[*11]でも本当はよいのである。実際、近年の内閣総理大臣というのは、籤で当たったようなものではなかったであろうか。小泉しかり、安倍しかり、もちろん福田もそうだが、今回の自民党総裁選ほど籤引きのように見えるものはない。

*10 石原伸晃（一九五七―）。政治家。石原慎太郎の長男。福田の退陣後、自民党総裁選に出馬するが候補者中四位に終わった。

*11 石破茂（一九五七―）。政治家。福田の退陣後、自民党総裁選に出馬するが候補者中最下位に終わった。

ところで、ジャック・ランシエールや柄谷行人が言うように、民主主義の「本質」は代議制ではなく、籤引きにあるという考え方がある。[*12] ランシエールによれば、代議制の場合、結局、誰が政治指導者にふさわしいかという思考が選挙で働くわけで、それは貴族制や「共和制」となり、ふさわしくない少数者を排除することになるからである。だから、籤引きこそが民主主義的だということになる。民主主義とは少数者のものである（ランシエール『民主主義への憎悪』〈インスクリプト、二〇〇八年〉参照）。[*13] この説に照らせば、この度の自民党総裁選挙は、この民主主義の原理に、かなり接近していると言えよう。そこには、誰が政治指導者にふさわしいかという思考が働いていない。その意味で、相対的にステーツマンにふさわしい与謝野馨は排除されるだろう。そして、そのことによって、自民党は民主主義的な政党としてイメージアップされることになろう。

自民党の新総裁が選出されれば、年内にも解散・総選挙が予想されている。そして、民主党の小沢一郎が、新自民党総裁に比して、やや総選挙での不利が見越されるのも、以上の理由による。それは、民主党が代表選を行わないからというよりも、籤引きを行わないからなのである。民主党は、小沢が唯一政治指導者にふさわしいから代表選を行わないというわけだが、必要なのは、政治指導者にふさわしくない人材なのであり、そういう人間を選出しうる籤引き民主主義が、現代では求められているのである。

*12 柄谷行人「入れ札と籤引き」（『日本精神分析』所収、文藝春秋、二〇〇二年）、ジャック・ランシエール『民主主義への憎悪』（インスクリプト、二〇〇八年）など参照。

*13 柄谷行人は『民主主義への憎悪』に書評「とるにたらない者による統治を」（『朝日新聞』二〇〇八年九月二十一日）を寄せている。「民主主義は制度ではないし、合意を形成する手段でもない。それは、これまで公的な領域から排除され、「言葉をもたない」とされてきた者らが、「不合意」を唱え、異議を申し立てる出来事を意味する。そこにこそ、「とるにたらない者」による統治、つまり、デモクラシーが存在するのである」。

もちろん、これまた大方の政治ウォッチャーが指摘するように、誰が自民党総裁に選出されたとしても、彼／彼女の人気や自民党の支持率は年内一杯も持たないであろう。それは、そこで選出された人間が政治指導者に向かない存在だからであり、つまりは誰もが、擬似的であれ「普遍的普遍主義」を主張しえないからである。そのような存在は、「生きさせろ！」というごとき多様なヒステリーの言説に、ヒステリー的に逆ギレする以外にはあるまい。その言葉は、相手が政治担当能力のない政治家であることを知りながら、それを否認することで発せらているわけだから、そういった成り行きは当然なのだ。安倍や福田が政権を二年も維持できなかった理由も、ここにある。

繰り返すが、このようなヒステリーの悪循環とも言うべき現代の「政治」（それは、政治なき政治状況である）に真に政治を導入しうるのが、「普遍性」の構築であることだけは間違いない。もちろん、それは資本主義のなかでは構築されないのである。

＊第二次安倍政権は、果たして、ここで指摘した現代民主主義のディレンマをこえたが故に長期政権なのか？

2008年10月―12月

左派よ、KY麻生の提起に乗じて、世界規模の「定額給付金」を主張すべきでないか

アメリカ経済がバブルであり、いつかはじけるであろうことは誰の目にも明らかだったわけだが、[*1] それが実際に起こってしまうと昨日までの市場原理主義が一晩の内に昔懐かしい国家独占資本主義[*2]（！）へと無節操に転向するというのが、「資本主義者」の身の処し方である。時宜を得て刊行された長原豊『われら瑕疵ある者たち　反「資本」論のために』[*3]（青土社、二〇〇八年）が明快に説いているように、自律的かつ論理的に運動しているかに見える資本制社会であっても、資本が生産しえない自らの「外部」を前提としてのみ資本主義は作動する。労働力であり土地であり国家である。これら資本の論理の「外部」を、「無理の理」として包摂するかのように作動することが、資本主義に「普遍性」という擬制の相貌を与えていると言える。資本主義の危機は、これらの「外部」を、その中枢においても露呈させずにはおかないだろう。

＊1 二〇〇七年のサブプライム・ローン問題に端を発し、二〇〇八年リーマン・ショックなどの金融危機などにより、ニューヨーク証券取引市場のダウ平均株価は〇八年九月から暴落を続け、世界規模の恐慌も噂された。

＊2 独占資本・金融資本またはその提携による利潤追求に基盤を与えるため、国家が経済社会に対して法的整備・公的援助・為替介入などを行なう資本主義形態。また、国家もそれら巨大資本を「大きすぎて潰せない」。

＊3 同書はヘーゲルを参照しながら資本の円環と、その瑕疵としての労働者、女性、土地が、ドゥルーズなどを援用しつつ論じられる。反「資本」論の書。

サブプライム・ローンの崩壊とリーマン・ショック以来、先進資本主義国においても改めて顕在化してきたのは、これらの「外部」である。労働者の大量解雇が次々と発表され、企業その他への国家の公的資金の投入が求められている。不動産バブルは、先行的に崩壊した。その陰に隠れて、あまり問題化されていないのかも知れないが、農業問題は慢性的に解決不能の様相を呈している。これら「外部」の露呈のなかでも、とりあえず焦点化されるべきは、労働力や土地よりは「国家」であるだろう。なぜなら、今や資本家も労働者も農民もワーキングプアも、「生きさせろ！」とばかり国家を頼りにしているだけだからであり、つまりは、国家資本主義を翼賛するという態度が一般化しているからである。ブッシュからオバマへの政権交代も、新自由主義の敗北（リベラリズムの勝利）というよりは、国家資本主義への転換として見なければならないのではあるまいか。しかし、国家という「外部」が、今や――かつての「国家独占資本主義」時代のように――資本主義を支えうるかどうかは、かなり疑わしい。

明確に国家資本主義へと転換した麻生政権の諸政策のなかで、萌芽的にではあれ唯一ラディカルなものは「定額給付金」[*4]の給付である。これは、「生きさせろ！」と叫ぶリベラル左派が主張するベーシック・インカムの初期的なありかたではないだろうか。ＢＩとは、収入の多寡を問わず、人間の生存権として、生存に必要な基本所得の分配を求めるものである。欧米では、ＢＩは左派右派を

＊4　二〇〇八年十月三十日に麻生政権に発表された、リーマン・ショック後の緊急経済対策のひとつ。住民基本台帳に登録されている者、外国人登録原票に登録されている者のうち、短期滞在者を除く者で、給付事業を請負う地方自治体の定めた申請受付開始日から六ヶ月までに申請した者に一万二千円（基準日に六五歳以上及び一八歳以下の者には二万円）が給付された。

問わず、かなり広範に支持を得ているが、日本ではいまだ一部左派の「思考実験」に留まっている。ところが、麻生政権は公明党の強い要望があったとはいえ、「生活支援」の名目で、貧富を問わず誰にでも一定額の金を支給しようというのだ。一回限りであり、一人頭一万二千円から二万円程度であるが、これが画期的なBIの萌芽形態であることは間違いないではないか。一九九九年には、公明党の提案で小渕内閣が、対象限定ではあったが地域振興券をばら撒いた。ものの本には、それが現在にいたるまで世界で実現されたBIの有力な事例と記されている。だとすれば、今回の定額給付金は、さらに前進したBIのはずである。

奇妙なことに、日本でBIと言ってみるだけの左派は、この麻生内閣の政策を支持する気配さえない。曰く、富者にも給付されるのはおかしい、住民票のないホームレスにはいかにして配布するのか、富裕者の増税（いわゆる「負の所得税」[*5]）が合理的である、等々。しかし、これらのことはBIの「思考実験」においては繰り返し議論され論破されていることではないのか。BIは誰彼かまわず配布することが合理的である、というのが正統な主張のはずである。だとすれば、いろいろな難点はあろうとも、BI論者は麻生を断固として支持すべきであり、そのことを、ロビー活動を通じて、民主党、共産党、社民党等々にも呼びかけるべきである。麻生は、年収千八百万円以上の者は定額給付金を辞退してもらうなどと言っているが、断固として彼らにも配布してもらうようにしよう。首

＊5 ミルトン・フリードマンの提唱で広く知られるようになった政策アイディア。最低限所得未満の人々はこれを課税されず、それ以上の所得がある者に、それを所得を超える割合に応じて課税される。負の所得税は最低限所得未満の人々に、それを下回る割合に応じて、全額ではないが、給付金を配る制度。

相本人にも、である。

もちろん、事は日本一国にとどまるべきではあるまい。むしろ、日本にとどまらないことが国家資本主義化[*6]を超える方途である。日本のＢＩ論者は自民党、公明党に働きかけて、同額の「定額給付金」の世界的規模での実現を国連に提起すべきである。そうすれば、共産党も社民党も反対できないのではないか。池田大作先生[*7]のノーベル平和賞も日程にのぼるだろう。たかだか一万二千円や二万円と言うべきではない。その程度の金額が後進国の人々に支給されたとすれば、それはとんでもなく画期的なことである。とりあえず一回限りだとしても、その金額は、ある国の人々にとっては半年とか一年の収入（以上）に相当するからである。かつてジョルジュ・バタイユはマーシャル・プランを戦後経済復興のための無償の贈与として論じたが[*8]、世界規模での定額給付金はマーシャル・プラン以上の意味を持つはずである。付言しておけば、後進国への給付額を各国の物価指数に合わせるべきではない。一律、日本と同額にすることが重要であり、それこそが無償の贈与というものだろう。

これまでのＢＩの論議では、それは一国的な問題としてしか提起されて来ず、国家にお願いする運動であり、ＢＩを世界規模で実現するための方途については、空想的な議論以上のことがなされてこなかった。しかし、今や麻生が率先して、本格的なＢＩを日本でやろうとしているのである。これを国連に提起し世

＊6 国家が資本主義経済の活動に介入し、主導、管理する経済体制を指す。一九二九年の世界恐慌から自由主義経済の限界が認識され、国家による資本主義社会への介入が行なわれた。アメリカのニューディール政策などが一例。

＊7 池田大作（一九二八―）。創価学会名誉会長。主著に『人間革命』（聖教新聞社、一九六五年―一九九三年）。

＊8 フランスの思想家・作家・ジョルジュ・バタイユの著作『呪われた部分（ジョルジュ・バタイユ著作集第6巻）』（二見書房、一九七三年、原著は一九四九年刊行）参照。マーシャル・プランは第二次大戦後のヨーロッパ復興計画であり、主にアメリカからの無償の経済援助によって行なわれた。

界化することは、憲法九条を世界に輸出するといったこと以上にリアリティーがあり、なおかつ、相対的に実現可能なことではないだろうか。予算も日本で二兆円規模なのだから、先進資本主義国が分担すれば大したことはないだろう。ＢＩは富裕な先進資本主義国で実現されても、ほとんど意味がない。つまり、日本で実際に支給されるであろう定額給付金が、まったく意味をなさないということでもある。それは、後進国においてこそ施行されるべきなのであり、先進国では連れション以上の意義を、ほとんど持たない。インターナショナルであるべき日本の左派は、このような方針で、鮮明に麻生支持を打ち出し、来るべき総選挙に備えなければなるまい。

余談だが、麻生太郎と左派の繋がりということで言えば、大井廣介[*9]（本名・麻生賀一郎）の存在を挙げるべきだろう。『左翼天皇制』[*10]（拓文館、一九五六年）などの著作で知られるリベラル左派の批評家・大井は坂口安吾[*11]や戦後派文学者（荒正人[*12]、平野謙、埴谷雄高[*13]ら）の戦前からの友人であり、革命家にして映画評論家の松田政男は弟子を自任しているが、麻生太郎の父・太賀吉[*14]とは従兄弟同士である。

日本を悪くしているのは官僚だとして元厚生官僚家族を刺殺したテロ[*15]は、犯人の小泉某がちょっとイッてしまっている人間ではないかとも疑われるが、政治家をテロの対象としない政治的テロリストが出現したという意味で画期をなすものだろう。官僚は明確な法令違反をしないかぎり責任を問われないから官僚なわけ

＊9 大井廣介（一九一二―一九七六）。文芸評論家。一九四〇年に改称改組した同人誌「現代文学」に平野謙らを招くが、戦後の「近代文学」からは距離を置く。「週刊ベースボール」で野球コラムも担当した。

＊10 共産党五〇年分裂における所感派を批判、国際派を擁護した。

＊11 坂口安吾（一九〇六―一九五五）、小説家、評論家。「日本文化史観」（一九四二年）、「堕落論」（一九四七年）などが有名。

＊12 荒正人（一九一三―一九七九）、文芸評論家。主著に『第二の青春』（八雲書店、一九四七年）。

＊13 埴谷雄高（一九〇九―一九九七）、小説家。代表作に『死霊』（講談社文芸文庫、二〇〇三年三―五月）。

＊14 麻生太賀吉（一九一一―一九八〇）。実業家・政治家。麻生セメント会長。

＊15 二〇〇八年十一月に起きた連続殺傷事件。十七日、十八日にそれぞれ別の元厚生省事務次官の自宅が襲撃され、死者二名、重傷者一名を出した。両者とも一九八五年の年金大改正にかかわった経緯があることから、「年金テ

で、責任を追及されはじめたら（それもテロで！）官僚制度は崩壊する。そして、そのテロと前後して、麻生首相の「ＫＹ」（漢字読めない）ぶりが大々的に暴露されたというのも何かの暗合である。[*16] 確かに「怪我」を「かいが」と読んだり、「未曾有」を「みぞうゆう」だと思っている政治家など、麻生がオタクとして愛するゴルゴ13も呆れて、ターゲットにはしないだろう。こんなＫＹをテロで抹殺しても、代わりは幾らでもいると考えるだろうからである。

言うまでもなく、政治家はステーツマンとして固有名を持つが、官僚は、それに比して匿名的な存在であり、代わりは幾らでもいるということになっている。ところが、今回のテロで明らかになってきたことは、政治家の代わりはいくらでもいるが、官僚が固有名を持ったステーツマンのごとくに見なされ始めたということにほかならない。政治家や大衆ジャーナリズムの官僚バッシングが、それに拍車をかけており、この傾向は、官僚テロはいけないなどと口先だけで言っても止むことはないだろう。官僚テロが官僚バッシングの帰結であることは、すでに指摘されている。

これはすなわち、国家が空洞化しているということである。そんなことは誰でも知っていると言うかも知れない。しかし、すでに明らかであろう。現在の資本主義の危機のなかで誰もが頼ろうとする先が国家なのである。しかし、国家を空洞化させながら国家に依存しようとするのが「無理の理」（無理を通すこと）で

＊16 二〇〇八年麻生は国会本会議での答弁などで「踏襲」を二回にわたり「ふしゅう」と読むなど、頻繁に漢字の読み間違えを行ない、ワイドショーやネットでも盛んに取り上げられ、失笑を買った。麻生政権の支持率低下の一因ともいわれる。

あるのは、これまた誰にでも分かることではないだろうか。どうせ無理を通すのであれば、世界規模の「定額給付金」を要求するくらいのことを言うべきなのである。もちろん、そのことによって日本の貧困問題が多少なりとも改善されるわけではないが、世界的には十二分に有効なメッセージとなるだろう。

資本主義は「衣食足りて礼節を知る」という以上のものを構築しえない。あるいは、礼節とは衣食足りてのみ初めて可能なものでしかないのかも知れない。だとすれば、後進国に較べれば、まだまだ衣食が足りているであろう日本の現在において、世界規模の定額給付金を、と主張することは可能なはずではないのか。そう主張できない左派は、大井廣介的に言えば「左翼天皇制」(つまり、一国社会主義＝国家資本主義ということだが)を出てはいまい。せっかく麻生首相がKY(空気読めない)にもBIを提起してくれたのだから、それに乗じてみたらどうなのであろうか。

＊定額給付金にしろ軽減税率にしろ、公明党の経済政策のイデオロギーは何を参照しているのだろう。

2009年1月―3月

「資本」に買収されていくルンプロ、小ブルのジレンマを打開する、唯物論と選択の是非

年明け早々、日比谷公園内の「派遣村」[*1]に行った。スタッフの人間から見に来たらどうかと言われたからなのだが、半ばは物見遊山である。派遣村を歩いていると、何度も転職勧誘のティッシュをもらってポケットが一杯になってしまい、面倒くさいので、「ボランティア」の腕章をつけさせてもらった。私は全く普段どおりの服装で行ったのだが、つまり、派遣村に集まった失業者と区別がつかなかったということである。その日は昼飯を摂らずに行ったので恐ろしく空腹だったが、松本楼[*2]で飯を食うことはもちろん禁欲し、炊き出しの煮込みや焼き芋を頂戴することも遠慮した。しかし、そのような差異は、腕章がなければ全く目立たないものである。

日比谷公園は日本における「大衆」の誕生を刻す「日比谷焼き討ち事件」[*3]が起こった地である。一九〇五年九月五日、日露戦争の「勝利」にもかかわらず、そ

*1 自立生活サポートセンター「もやい」や全国コミュニティユニオン連合会などが実行委員会となり二〇〇八年十二月三十一日から〇九年一月五日まで日比谷公園に開設された「年越し派遣村」のこと。反貧困活動の湯浅誠が村長を務めた。実行委員会が炊き出しや生活・職業相談、生活保護申請の先導を行なった。

*2 日比谷公園にある国賓、皇族も訪れる老舗洋食レストラン。一九〇三年の日比谷公園開園とともにオープン。関東大震災で一度焼失、一九七一年、中核派が投げた火炎瓶で二度目の焼失、現在は三代目。毎年九月二十五日に行われる10円カレーセールが有名。

*3 日露戦争「勝利」に沸いていた日本国民は、日本に対してロシアに賠償支払い義務がないというポーツマス条約の内容を知るや激怒。一九〇五年九月五日、講和条約反対の集会を日比谷公園で行なう予定だったが、警察官が入口を封鎖したため、暴動に発展。東京市の警察署や国民新聞社などが襲撃を受けた。

の賠償金の少なさに怒った群集は、日比谷公園で決起集会を開いた後に暴徒化し、内務大臣官邸や国民新聞社などを襲った。ところが、派遣村を見聞するに、そのような「暴徒化」のきざしは全く見えないのである。警察もそのことは熟知していて、公安警察らしき人間が散見されるに過ぎない。別段、挑発するつもりはないが、公園の横には、かつて一九六〇年代には何度も襲撃された交番もある。もう少し暴力的なエネルギーが感じられてもいいんじゃないかと思っていると、菅直人[*4]や志位和夫、福島瑞穂、鈴木宗男[*5]をはじめとする野党国会議員たちがぞろぞろと現われて雛壇に居並び、集会が始まった。

この議員たちの着ているコートのモノが、遠目にも素晴らしくいいのである。せいぜい、共産党議員の一部と鈴木宗男がダウンを着て、派遣村の雰囲気に合わせようとしているが、それとても質の違いは歴然としている。集会は、お互いほとんど服装の変わらない失業者とボランティアたち「群集」と、それをブロックするところの、別種のファッションを身にまとう国会議員という構図に収まった。つまり、国会議員たちの上等なコートは、制服警官だか機動隊のイメージとして、「群集」の前に立ちはだかっているように見えたのである。しかも、彼ら国会議員が、「われわれは、かくも熱心に貧困問題に取り組んでいる」と挨拶すると、拍手さえ起こってしまう。野次の一つも出ないのだ。これは幻影だろうか錯覚だろうか。

*4 菅直人（一九四六―）。政治家。二〇〇九年一月当時民主党代表代行。
*5 鈴木宗男（一九四八―）。政治家。二〇〇九年当時新党大地代表。

二つのことが言えるように思う。

一つは、ボランティアや私のような物見遊山の小ブル[*6]の、心理的なルンペンプロレタリア化である。それが、ルンプロ＝失業者と小ブル＝ボランティアらの「衣装哲学」の相似性として、まず現象しているだろう。確かに、現代においては小ブルがルンプロに転落する危機は日常的かつ不断に存在している。その心性が近接してくるのも故なしとはしない。衣装哲学も似てくるだろう。しかし、政治的かつ運動的な側面から見れば、ルンプロと小ブルが混交し同一化してしまっては、多分、ロクなことがないのである。

周知のように、プロレタリアートを革命の主体と見做したカール・マルクスは、ルンペンプロレタリアへの軽蔑を隠さなかった。[*7]プロレタリアートは組織化されれば資本と対決できるが、ルンプロは、簡単に（個別的に）資本に買収され、分断されてしまうからである。この、マルクスの差別主義的なルンプロ観は、その後の左派の歴史のなかでもきわめて評判の悪いものだが、今なお一面の真理を突いてはいるだろう。現代のルンプロを代弁している「生きさせろ！」イデオロギーは、むしろ、資本に「買収してくれ」と訴えているからである。これは、資本にとっても、都合のいい考え方だろう。資本は、ルンプロを生きさせてやるためには、その前に資本を庇護せよと言うからである。資本が潰れれば労働者も雇えないというわけだ。とりわけ、失業者が膨大に排出される不況・恐慌期におい

＊6 小ブルはプチブルに同じ。プチ・ブルジョア。ブルジョアジーとプロレタリアートの中間に位置する層。
＊7 カール・マルクス『ルイ・ボナパルトのブリュメール十八日』やマルクス／エンゲルス『共産党宣言』（一八四八年）での言及が有名。「いかがわしい生計手段をもつ、いかがわしい素性の落ちぶれた貴族の放蕩児と並んで、身を持ち崩した冒険家的なブルジョアジーの息子と並んで、浮浪者、除隊した兵士、出獄した懲役囚、脱走したガレー船奴隷、詐欺師、ペテン師、ラッツァローニ、すり、手品師、賭博師、ポン引き、売春宿経営者、荷物運搬人、日雇い労務者、手回しオルガン弾き、くず屋、刃物研ぎ師、鋳掛け屋、乞食、要するに、はっきりしない、混乱した、放り出された大衆、つまりフランス人がボエーム［ボヘミアン］と呼ぶ大衆がいた。自分とは親類のこういう構成分子でもって、ボナパルトは一二月一〇日会の元手を作った」（『ルイ・ボナパルトのブリュメール18日［初版］』植村邦彦訳、平凡社ライブラリー、二〇〇八年、一〇四頁）。

ては、そうだろう。かくて、ルンプロの味方であったはずの小ブル・イデオローグは、思いもよらず、資本「主義」擁護を担ってしまう。

ルンプロは、それ自体として発言の場を持たないから、それを代弁するのが小ブルジョワ・イデオローグということになる。しかし、小ブルがルンプロに対して多少のアドヴァンテージがあるとすれば、それは、相対的に資本から自由浮動的な小ブルが、ルンプロに対して「買収されるな」と言い続けることにしかありはしない。マルクスも言うように（言われなくても、今や明らかだが）、ルンプロは資本の調整弁として、個別的に買収され、不用になれば排除されるからである。

ルンプロの代弁者たちは、資本による労働力の切り捨てを批判するのに、概して、「人間をモノのように使い捨てるな」という言い方しかできない。しかし、ルンプロに限らず、資本によって雇用されるということは、労働力というモノとして自分を売買するわけである。資本は人間をモノとして擬制することによって作動している。その意味で、ルンプロが——もちろん、買収されるのはルンプロだけではないが——買収されやすいという事実は、それがきわめて「人間的な」存在であることを意味している。モノはもしかしたら物質的に資本と対立しもするだろうが、買収されはしないからだ。だから、問題は人間主義を資本「主義」に求める（お願いする）ということではない。まったく逆なのだ。資本という物質性に対して、唯物論的に対立して行くことが求められている。派遣村の暴動の予兆もない従順さは、その人間主義を表現しているように見えるが、いくら何でも、もう少し唯物論が導入されるべきだろう。

年末年始にかけてのニュースは派遣村に終始した。しかし、今年始まっただけの派遣村に対して、東京の新宿西口公園や山谷、大阪の釜ヶ崎（「愛隣地区」などという欺瞞的な名前がついている）をはじめ、全国の多くの場所で、毎年、ホームレス支援の炊き出しが行われている。ところが、これは確か田中康夫も指摘していたことだが[*8]、ジャーナリズムは派遣村以外の同様の場を、存在していないかのごとく報道しないのだ。このことも、派遣村主催者側の主観的な企図とは関係なく、人間主義的に回収できる対象として、派遣村をクローズアップしているに過ぎないことを示している。そこに込められているメディアのメッセージは、資本に買収してくれるよう、お願いしているということに過ぎない。もちろん、貧困問題をクローズアップする巨大メディアの「正社員」は、すでに十二分に買収されているのである。

そこで、もう一つ言うべきことは、派遣村に集まった国会議員たちが、ルンプロ買収の「手先」を買って出ているということだろう。確かに、現在の派遣労働者の貧困を是正するには、最低賃金の引き上げをはじめ、幾つかの法的整備が多少の有効性を持つことはあるだろうし、当面は、それを利用しなければならないという事態も否定しない。しかし、それが「百年に一度の経済危機[*9]」の前では何

*8 TBSラジオ『アクセス』（二〇〇九年一月五日放送）にて指摘。田中康夫と浅田彰の「憂国呆談」にも言及あり（http://www.sotokoto.net/yukokuhodan/yukoku_15_1.html）。

*9 サブプライムローン問題から特にリーマン・ショック後世界中に連鎖した経済危機を指していわれた。アメリカでは自動車会社のビッグスリーと呼ばれるGM（ゼネラル・モーターズ）、フォード、クライスラーが経営破綻し、日本でもトヨタが創業以来初めての赤字に陥るなどした。

ら解決を方向づけるものでないことも明らかだろう。日本資本主義が終身雇用制の時代に戻ることはできないからである。

だとすれば、派遣村に集まった野党国会議員がなしうるのは、資本の崩壊を阻止して、そのおこぼれをルンプロに回すということだけである。堂々と高級なコートに身を包んで派遣村に現われるという国会議員の無神経は、彼らが、その役割を全く疑っていないことを示している。もちろん、古着屋から調達したコートを着てくれれば良いというのではなく、「選良」という存在はそれ以外には役割を負えないのだ。

その「選良」の一人である民主党代表・小沢一郎の資金管理団体が、準大手ゼネコン西松建設の政治団体から違法に献金を受け取っていたという疑いで、小沢の公設第一秘書が逮捕されるという事件が起こり[*11]（三月三日）、またもや政局が混沌としている。この事件の帰趨がどうなっていくかは今の段階では全く不明だが、誰が見ても「国策捜査」であることは、まず疑いえないにもかかわらず、いかにも馬鹿馬鹿しい事件としか思えない。同じ国策捜査でも、ロッキード事件とは比べるべくもないだろう（もちろん、小沢が田中角栄と同様に、対米自立路線を掲げているという同質性はあるにしても）[*12]。それは、そこで問われているのが、小沢が資本から「買収」されていたか否かという、あまりにも分かりきったことだからである。

＊11 二〇〇九年三月三日小沢一郎の公設秘書一名と西松建設社長及び幹部一名が政治資金規正法違反の疑いで逮捕。小沢の資金管理団体陸山会事務所の家宅捜索も行われた。小沢は一貫して疑惑を否定し国策捜査であると主張したが、民主党内の混乱を受け、五月一二日に代表を辞任。

＊12 小沢一郎は『日本改造計画』（講談社、一九九三年）で国連待機軍を創設することを主張、日米安保体制からの脱却を示唆した。また西松建設事件が起こる直前の二〇〇九年二月二四日に「米国もこの時代に前線部隊を置いておく意味はあまりない。（…）あとは日本が自らの安全保障と極東での役割をしっかり担っていくことで話がつくと思う。（…）米国に唯々諾々と従うのではなく、私達もきちんとした世界戦略を持ち、少なくとも日本に関係する事柄についてはもっと役割を分断すべきだ」と発言していた。

その献金が法的に収賄にあたるかどうかは問わず、小沢一郎は（も）国会議員であるかぎり「買収」されていたのである。かつてサルトルは、すべての贈与は負債を押し付けること（つまり、買収）だと言ったが[*13]、その意味で「浄財」などというものはない。すべての献金が、何らかの利益をアテにしてなされていることは自明ではないか。ましてや、それが資本による献金であれば、なおさらである。代議制民主主義とは、そのようなかたちで、議員をとおして利害を貫徹してゆく制度ではないのか（詳述はできないが、献金＝買収を抑制するためと称する政党助成金が民主主義にさえもとる制度であることは、共産党が言うとおり[*14]）。

遠からぬ衆議院選挙を前にして、この事件が起きたことの意味をよく考えてみよう。問題は、ネオリベラリズムか保護主義[*15]かの資本主義の方策を選択することでもなければ、霞が関の官僚独裁か国会議員主導による政治かの選択でもないだろう。それらは、あえて言えば、いかに資本主義を延命させるかという同じ目標の上での、小さな岐路に過ぎないからである。この小沢スキャンダルで、貧困問題が一応はクローズアップさせてきた、資本主義を選択するか否かという、真の問題が隠蔽されてはならないだろう。

＊「生きさせろ！」というスローガンが聞かれなくなったのは、やはりアベノミクスの「成功」と考えるべきだろうか。

154―155｜2009年1月―3月

＊13 ジャン＝ポール・サルトル（一九〇五―一九八〇）。哲学者・作家。「事実、贈与は、一つの原初的な破壊形式である。たとえば、ご承知のように、ポトラッチは、莫大な量の物品の破壊を伴う。それらの破壊は、他人に対する挑戦であり、他人を束縛する」（『存在と無』III、松浪信三郎訳、ちくま学芸文庫、二〇〇八年、四一〇頁、原書刊行は一九四三年）

＊14 使途を制限されず、また余れば政党基金として貯めることができるなど、「民主主義のコスト」として導入された政党助成金は、民主主義どころか政党の堕落をもたらすとして、共産党は日本の政党で唯一これを拒否し、廃止を訴えている。

＊15 自由貿易に反対し、例えば関税を調整するなどの制限を必要とする立場。自国の衰退産業や貿易収支などを保護する目的がある。

2009年4月―6月

国家と諸個人が直に接する「戦争状態」となった現代日本での、「戦争機械」の作動ぶり

裁判員制度[*1]が開始された（五月二十一日）と思った矢先、足利事件[*2]（一九九〇年、足利市での幼女殺害）で無期懲役の判決を受け服役中だった人間が冤罪だと分かり釈放される（六月四日）という出来事が生起し、改めて裁判員制度の問題点が俎上に上がってはいる。もちろん、このことによって裁判員制度が廃されることは当面はありえないにもかかわらず、である。ここでは、すでにあれこれと指摘されている裁判員制度の問題点を、改めて議論しようというのではない。指摘しておきたいのは、裁判員制度に象徴される問題が、昨今の貧困問題や資本主義の国家資本主義化（GMの国有化など[*3]）にまで及ぶ、「社会」の縮減と「国家」の露呈の一指標だということである。足利事件の冤罪であることの暴露は、そのことの危うさを一応は顕在化したと言えるだろう。裁判員とは、直接に国家意志を表現することを求められる存在だからである。しかし、新制度では、足利事件の如き冤罪が発生する頻度は高くなりこそすれ、低くなることはありえない。

＊1 衆議院議員の選挙権を有する者から無作為に選ばれた裁判員が裁判官とともに裁判を行なう制度。市民の日常感覚や常識を裁判に反映すること、司法への国民の理解を深めることが目的とされる。二〇〇四年五月二十一日、裁判員の参加する刑事裁判に関する法律が可決、〇九年五月二十一日施行、同年八月三日に初公判が行なわれた。

＊2 一九九〇年五月に発生した幼女殺人事件。一九九一年十二月容疑者の男性が逮捕される。二〇〇〇年七月最高裁が弁護士が申請したDNA再鑑定を認めず、第一審の無期懲役刑が確定。しかし、繰り返し再審請求するなか冤罪の可能性が報道され、二〇〇九年二月に行なわれた再鑑定で遺留物のDNAと男性のDNAと一致しないことが判明、六月に男性は釈放され、二〇一〇年の再審判決で無罪となった。

＊3 アメリカの自動車会社GM（ゼネラルモーターズ）は製造業としては史上最大の一六兆四一〇〇億円の負債総額で、二〇〇九年六月一日倒産法の適用を申請。アメリカ政府が六〇%、カナダ政府が一二%の株式を保有する、事実上の国有化が行なわれた。二〇一三

周知のように、近代国民国家は「主権在民」[*4]を謳いながらも、「国民」が直接に「国家」に接することを斥けてきた。あるいは、国民が国家に直接に接することを保護する領域が設定されてきた。その領域が「社会」（近代国家においては「市民社会」[*5]）と呼ばれていた。国民の政治参加は、基本的には国会議員等に対する投票権のみであり、選挙が終われば、あとは立法も行政も議員に委ねることで終わる。ましてや、その議員の「頭脳」である官僚を国民は選ぶことはできないし罷免することもできない。政治家は官僚支配の打破を訴えて国民に取り入ろうとするが、もちろん、おおむね掛け声だけに終わる。裁判官について国民が判断できるのは、衆議院選挙と同時に申し訳程度に行なわれる、最高裁判事への「国民審査」のみである。国民審査によって最高裁判事が罷免されたという例などなかった。主権在民とは、この程度のことだったのであり、また、この程度のところに留めおくことが良しと見做されていたわけである。

その理由は幾つかあげられるが、近代国家の前提をなしているフィクションとしての「社会契約説」[*6]があるだろう。その始祖の一人である『リヴァイアサン』のホッブズ[*7]によれば、自然状態における人間は互いに「オオカミ」であり、「戦争状態」にあるから、各人は、その権力を放棄してコモンウェルス[*8]（国家）に委譲することで、相互に平等な社会を実現しているという。つまり、個々の国民が、直接に政治に参加することになれば、人間は再びオオカミになってしまうという

年一二月九日アメリカ政府が保有するすべてのＧＭ株を売却、国有化が終了した。

＊4 国民主権。日本国憲法前文にいわれる「主権が国民に存すること」。

＊5 封建制から脱却した近代国家において生じた自由と平等を基盤にする、あるいは企図する社会。国家と市民社会を概念的に区別して論じたのはヘーゲルが初めてとされる。

＊6 国家あるいは社会が人民の契約にその根拠を置く考え方。一般にトマス・ホッブズ、ジャン＝ジャック・ルソー、ジョン・ロックの著作が社会契約説の古典にあげられる。

＊7 トマス・ホッブズ（一五八八――一六七九）。哲学者。主著に『リヴァイアサン』（一六五一年）。「万人の万人に対する闘争」という自然状態を規定した言葉が有名。

＊8 ホッブズによれば、人間が持つ自然権を一斉に譲渡する対象であり、社会契約を結ぶ対象。これによって、コモンウェルスを形成する人民はコモンウェルス（国家）によって安全を保障される。

わけだ。

ところで、そのホッブズは、「市民社会に調和しない学説」として、「自分自身(の良心)が善悪の判定者であるという思いあがった考え」をあげていた。それは、人間を再び戦争状態へと連れ戻す「考え」であり、そのことを阻(はば)んでくれる装置が「(市民)社会」だったわけである。だとすれば、裁判員制度はありうべき市民の政治参加などではなく、ホッブズ流に言えば「市民社会に調和しない」制度だと言えよう。ホッブズは、また、一般に人間は宣告が重罪であればあるほど正義だと考えるものだとも言っているが、裁判員制度が「被害者感情」といった観点から、従来以上の重罪判決の傾向に流れるであろうことも予想されている。これまた、近代国家にとっては、実は、好ましくない国民のオオカミ化の傾向のはずなのだ。

にもかかわらず、どうして裁判員制度は強行されたのか。

いうまでもなく、近代国家が「(市民)社会」という緩衝(かんしょう)地帯を維持できなくなったからである。市民社会において、人間は直接に政治=国家に接することなく、自分の欲望の実現を日指すことが可能とされていたはずであった。それを可能にしているのが、市民社会内のさまざまな「中間団体」[*9](企業、労働組合、自治団体、サークル等々)であった。しかし、それらの中間団体の多くは、「一九六八年」と「ネオリベラリズム」という左右双方からの圧力によって、ほぼ壊滅してしまっ

*9 国家と個人または家族のあいだを媒介する市民社会を構成する諸団体。ここにおいて規律/訓練が行なわれる。

た（象徴的には、国鉄の民営化による国労の解体[*10]）。ホッブズに倣えば、今や、国家と諸個人が直に接する露わな「戦争状態」のみが残ったということになろう。裁判員制度は、この戦争状態を象徴する一事例ではあるだろう。

逆に言えば、「社会」という領域は、国民を政治＝国家から隔離するための統治のテクノロジカルな装置であるとも言える。かつて丸山眞男は、「大逆」事件[*11]（一九一〇年）以降の「大正期」において「社会」という領域を切り開いた大正デモクラシーを、天皇制国家から国民を遮断するための言説と、批判的に捉えていた（『日本の思想』〈岩波書店・一九六一年〉）。大正デモクラシーの申し子とも言われ、「市民社会派」政治学者として知られる丸山だが、意外にシビアーな視点を持っていたことも忘れてはならない。もちろん丸山は、そのようなニセの「社会」に対して、「真の」市民社会の創設を希求したわけだが――。

しかし、今や一種の「戦争状態」がリアルに露呈していると見做しうるとすれば、改めて市民社会の再建（創設）を願うことは、やはりアナクロニズムだろう。現在、「貧困問題」を契機にさまざまに簇生している小団体（反貧困系のさまざまな小組織など）も、市民社会内中間団体として位置づけるのではなく、「戦争状態」における「戦争機械[*12]」（ドゥルーズ／ガタリ）として捉え返されねばならない時が来ているのではあるまいか。

戦争機械とは単純に銃や爆弾のことではない。平たく言えばパルチザン[*13]とかゲ

*10　一九八六年、中曽根康弘政権のもと国鉄改革関連八法が成立、国鉄を分割民営化することが決定し、翌年JR各社が発足した。当時国鉄労働組合は一〇万人を擁する日本最大の労組であり、野党日本社会党の支持基盤である総評の中心的立場にあり、また中核派などのセクトが入り込んでいた。JR各社と国鉄は別会社と規定され、JRに国鉄職員の雇用義務はないものとされたため、国労組合員は意図的にJRから排除され、実質解体した。

*11　一九一〇年五月二十五日、爆発物取締罰則違反容疑でアナキストらが逮捕。検事総長が明治天皇の暗殺を謀った大逆事件に該当すると判断、六月一日幸徳秋水、管野スガらが逮捕される。一九一一年一月十八日に非公開の大審院において幸徳ら二十四名に死刑判決、ほか数名に懲役刑が科され、同月中に死刑が執行された。この事件は多くの文学者に動揺を与えたことでも知られる。

*12　「さまざまな理由から、戦争機械が国家装置とは異なる起源をもち、国家装置とは異なるアレンジメントであるということは明らかだ。戦争機械

リラと呼ばれていたもののことであり、それはさまざまな形を取りうる。そのことは、ドゥルーズ／ガタリが戦争機械という概念を提出した『千のプラトー　資本主義と分裂病』[*14]（河出書房新社、一九九四年）のその章が、どう見ても、ナチスの桂冠法学者カール・シュミット[*15]の『パルチザンの理論　政治的なものの概念についての中間所見』（福村出版、一九七二年）から着想を得ていることからも明らかだろう。「国家に対抗する」装置としての戦争機械＝パルチザンの問題は、左右のイデオロギーとはとりあえず無関係に、「国家に対抗する」装置として考えられなければならない。

　現代世界を見渡してみれば、「国家に対抗する」戦争機械はおおむね勝利しつづけている。とりわけ、第三世界と呼ばれている領域ではそうである。ロシアでのナポレオンやナチス・ドイツの敗北、中国での毛沢東の勝利は言うに及ばず、ヴェトナム戦争の敗北以来、アフガニスタンやイラクにおいても、アメリカの敗北は今や必至だろう。パルチザンとは、そういうものだ。では、先進資本主義国においては、どうか。ここでは、現代の日本における戦争機械の作動ぶりについて一瞥してみよう。

　昨今、反貧困論議の活発化と相即して、一部で「左派論壇の復活」なることが囁かれている。それが事実か否かは問わず、そのような現象の担い手として、佐藤優と宮崎学[*16]の名前をあげることに誰しも異存はないだろう。彼らは国策捜査と

は遊牧性をその起源とし、国家装置に敵対する。自分には無縁な戦争機械を手に入れ、固定した軍事機構の形で、これを国家装置の部品に作りかえることだろう。そしてこの点で、国家はいつも多大な困難に遭遇するだろう」（『千のプラトー　資本主義と分裂症・中』宇野邦一ほか訳、河出文庫、二〇一〇年、一四〇頁）。

＊13　占領軍などに対する抵抗運動、または内線・革命運動における非正規軍事活動隊を指す。

＊14　「軍事独裁の場合ですら、権力を掌握し、国家を全体主義の段階に導くのは国家の軍隊であって、決して戦争機械ではない。全体主義はすぐれて保守的なものである。だがファシズムには、明らかに戦争機械が関係している。そしてファシズムが全体主義国家を築きあげるのは、国家の軍隊が権力を掌握するという意味ではなく、逆に戦争機械が国家を奪取するという意味なのだ」（『千のプラトー　資本主義と分裂症・中』一四二頁）。

＊15　カール・シュミット（一八八八―一九八五）。法学者。『パルチザンの理

言われる事件の被告であったり、あるいは、ヤクザの「突破者」を自称することにおいて、ともに、国家に直接に対峙する現代の「戦争状態」を生きている（いた）存在であると見做されている。しかし、それだけではない。彼らの特徴は、いわゆる左派ジャーナリズムだけではなく、保守・右派系ジャーナリズムにも言論の場を持っていることである（とりわけ佐藤優）。こういう存在は一般に「スパイ」と呼ばれている。事実、二人とも自らがスパイであることを肯定していると言える。佐藤の言う「インテリジェンス　武器なき戦争」（手嶋龍一[*17]との共著〈幻冬舎新書、二〇〇六年〉のタイトル）とは端的にスパイを意味するわけだし、宮崎は中核派によって公安のスパイとして摘発され、そのことを自身が肯って（うけがって）いる。[*18] そして、スパイの存在しない戦争はないし、ドゥルーズ／ガタリも言うように、それは戦争機械のある種の現象形態である。

スパイ小説が面白いように、スパイの言うことが面白いことは誰もが否定しない。佐藤優や宮崎学の面白さも、そういったもの以外ではない。しかし、スパイがかくも公然とスパイを自認して言論活動を行なっている時代というのも、これまでなかっただろう。現実のスパイとは、一般におおやけには姿を見せないものであり、自らはスパイであることを否定する存在でなかっただろうか。ましてや、ジャーナリズムがスパイだと分かっている存在に言論の場を率先して与えるということも、あまり聞いたことがない。スパイに言論の場が与えられるとすれば、

論』の原書は一九六三年刊行。主著に『政治的なものの概念』（未來社、一九七〇年）、『大地のノモス　ヨーロッパ公法という国際法における』（慈学社出版、二〇〇七年）など。

*16 宮崎学（一九四五―）。評論家、作家。主著に『突破者　戦後史の陰を駆け抜けた五〇年』（南風社、一九九七年）、『法と掟と　頼りにできるのは、「俺」と「俺たち」だけだ！』（洋泉社、二〇〇五年）など。

*17 手嶋龍一（一九四九―）。ジャーナリスト。元NHK記者。ボン支局長、ワシントン支局長を歴任した。著書にインテリジェンス小説と銘打った『ウルトラ・ダラー』（新潮社・二〇〇六年）など。

*18 宮崎が一九九五年から翌年にかけて公安調査庁のスパイとして、中核派など自身が関係した複数の左翼諸団体の機密情報を売り渡していたことが、二〇〇五年に明らかにされ、宮崎自身調査官と会っていたことを認めた。中核派による報告（http://www.zenshin.org/f_zenshin/f_back_no01/f2019sm2.htm）参照。

それは、彼あるいは彼女がスパイをリタイアした時、回顧録の執筆くらいでしかないはずである。しかし、佐藤・宮崎の両人は、自らが今なおスパイ（的な存在）であることをもって、ジャーナリズムに登場しているわけである。彼らの読者もまた、彼らがスパイであることを薄々感づいていながら、その言説とパフォーマンスの面白さに抗しえないでいるわけである。

先に言ったように、現代が「社会」の縮減した戦争状態にあるとすれば、そこにおいて「国家に対抗する」はずの戦争機械がスパイとして公然化しているというのは、いかにも奇怪な現象と言わなければならない。そのスパイ＝戦争機械が果たして「国家に対抗する」装置であるか否かは全く不明確となっているからである。ここにおいて、先進国における戦争機械がその機能を終えようとしている。それは、佐藤優・宮崎学両人の言うことが、何やら謀略めいており、右なのやら左なのやら不明確であるという、すでに出ている二人（とりわけ佐藤）に対する批判の理由ともなっているだろう。

改めて言えば、第三世界において戦争機械はおおむね勝利を続けている。しかし、それが先進資本主義国の左派と結びつかないという理由の一端が、そこにおける戦争機械の奇妙な誤作動ぶりだと言えよう。

＊スパイになれという要請は随時あるらしい。残念ながら、私には一度もないが。

2009年7月―9月

議会制民主主義における選挙は、偽装されたアイデンティティー・クライシスにほかならない

代議制民主主義の選挙結果が「民意」を反映するものでないことは、誰もが知っている。[*1] そもそも「民意」なるものが確かに存在するかどうかさえ疑わしい。むしろ、それは「民意」を創作する制度と言ったほうがいいだろう。ルソーが言ったように、「民意」は全員一致を旨とするものだから、[*2] いかにして全員一致を創作するかが問われる。その意味で、現代の日本で行なわれている小選挙区制は、ゼロサム的な制度だという意味で、[*3] きわめて民主的な制度と言うべきだろう。朝鮮民主主義人民共和国にしろ日本にしろ、その意味では五十歩百歩なのだ。

小選挙区での民主党の得票率は四七％だが、比例区を合わせた全体の獲得議席数は三〇八であり、単独で三分の二に迫る。対して、自民党の得票率は三九％あるにもかかわらず、全体の獲得総議席は一一九で、公明党二十一議席と合わせて、ようやく三分の一に近づく程度なのだ。総議席数は四八〇である。これと逆

＊1 八月の第四十五回衆議院総選挙で民主党が絶対安定多数を上回る三〇八議席を獲得し、政権交代を実現した。

＊2「意志を一般的なものにするのは、投票の数よりもむしろ、投票を一致させる共通の利害であることが理解されなければならない」（『社会契約論』桑原武夫・前川貞次郎訳、岩波文庫、一九五四年）。

＊3 選挙区ごとに一名の議員を選出する制度である小選挙区制においては、当選者以外に投じられた票は死票となるため、ゼロサムになる。与党の候補か最大野党の候補かの選択になりやすく、二大政党制の基盤とされる。

の、小選挙区制が自民党を利したゼロサム型選挙が、四年前の小泉郵政民営化選挙であった。しかし、代議制民主主義においては、結果こそ「民意」だから、選挙結果が「民意」を反映していないとは、口が曲がっても言えない。麻生太郎が不機嫌な理由である。

小選挙区で落選した自民党前職候補者のなかには、「これまでになく後援会組織はフル回転して感触もよかったのだが」云々と述懐する者も少なくなかった。確かに、そうなのだろう。しかし、基本的に利益誘導・分配のための末端装置である後援会は、小泉ネオリベラリズム政策のなかで、その有効性を縮減しており、いくら活性化しても、もはや幅広い集票力はない。その意味で、「自民党はぶっこわれた」わけだ。政治に何の利益も見出せない「無党派層」が拡大しただけである（小泉郵政民営化はこの無党派若年層にアピールしえたわけだが）。

自民党も民主党も、ネオリベ批判をマニフェストに掲げてはいるが[*4]、では古典的なケインズ主義[*5]に立ち戻ることができるかというと、誰もが口をつぐんでしまう。そもそも、自民党・民主党双方の福祉「ばら撒き」政策[*6]は、不労金利生活者を最も嫌悪するケインズ主義とは相反するものだろう。爆発的に増大しつつある年金受給者は金利生活者と同義である。問われているのが「国家か市場か」ではない所以にほかならない。そもそも、小泉自身が、この度の選挙の応援演説ではネオリベを実質的に引っ込めていた。延々と続くゼロ金利政策を見れば知られる

＊4 二〇〇九年衆院選において、自民党のマニフェストでは「不安定な経済状況だからこそ、安定した雇用制度を。働ける喜びを、誰しも実感できる社会を取り戻します」とあり、民主党マニフェストには、「あなたの町の小さな会社や工場を支え、安心して働き続けられるようにします」と書かれていた。

＊5 自由市場において生産性向上が自然に需要拡大に結びつくのではなく、国家による公共事業や市場介入によって需要を管理することが必要と考える。したがって完全雇用を実現する福祉国家を理想とする。

＊6 例えば自民党マニフェストでは「ひとり親への支援拡大、児童手当の給付など、子育てのための支援と経済的支援とをバランスよく進めます」など、民主党マニフェストには「中学卒業まで、一人当たり年三一万二千円の「子ども手当」を支給します」などが記されていた。

ように、資本主義は行きづまっており、延命策以上に打つ手はないからである。

　民主党と自民党が互いに主張する双方の「微細な」差異——たとえば、外交から農業政策まで——については、ここでは問わない。選挙民の投票行動は、その差異を認識してなされたのではないと思われる。とりわけ、選挙の大勢を決したであろう都市部若年層は、そうであろう。では、いまだに強固な地域後援会組織を維持している自民党が、末端組織の脆弱な民主党に、なぜ負けたのか。その原因を「風」と呼ぶことも可能だろう。しかし問題は、なぜ、かくも簡単に「風」が吹いてしまうかということである。ネットウヨが猖獗（しょうけつ）をきわめ彼らの麻生支持率はきわめて高かった、それを当て込んで自民党はmixiに広告まで出したにもかかわらず、[*7]相対的に「リベラルな」——しかし、実質は自民党と大差ない——民主党に、彼ら都市若年層の投票行動は傾いた。小泉郵政選挙では、彼らは自民党に投票したはずであるにもかかわらず、だ。

　小泉郵政選挙や今回の「政権選択選挙」を左右した都市部若年層は、おおかた「下流」と呼ばれるロウアー・クラスと重なるか、少なくともメンタリティーを共有している者たちであろう。彼らは、小泉ネオリベ政策による「格差」の拡大によってアイデンティティー・クライシスにおちいっており、それゆえ、今度は、相対的に左派的な民主党に投票したと言われている。

　だが、果たしてそうか。彼ら「下流」は、どのようなアイデンティティー・ク

＊7　ネットウヨクとオタクが一部で親和的であることを一般に知らしめたのは、麻生太郎といわれている。麻生がオタク趣味の漫画（『ローゼンメイデン』）にも親しんでいるという噂（本人は「立ち読みしてたのを、偶然撮られただけ」と否定）は「ローゼン麻生」「ローゼン閣下」などの呼称を生んでネトウヨに歓迎され、首相就任以前の二〇〇六年から「オタクの街」秋葉原でたびたび麻生は街頭演説を行なった。また、二〇〇九年の衆院選に際して、自民党はSNSのひとつmixiにバナー広告を出している。「政策チェック！比べてチェック！　日本を守る、責任力。自民党」というもの。

ライシスを感じているのだろうか。「下流」の名づけ親である三浦展によれば、彼らの大半は現在の生活に満足しているというのだ[*8]（『下流社会 第2章 なぜ男は女に"負けた"のか』〈光文社新書、二〇〇七年〉）。だとすれば、彼らが民主党に投票した理由は、単に、それが現在の相対的に安定した生活を持続させてくれると信じたからだと考える方が正しいだろう。現在の相対的な安定において、彼らの自足した「自分探し」が可能なのである。アイデンティティー・クライシスとは安定したアイデンティティーのなかでのみ語りうる「危機」ではないのか。知人に最近ホームレス化した人間がいる。彼は確かにアッパーな「下流」の時代には文学的な「自分探し」をしきりにやっていたが、今やそれどころではない。

現代社会を分析する社会学的言説において、「自分探し」がキーワードとなっていることは知っていた。[*9] それは何かの悪い冗談だと思っていた。しかし、そうとも言っていられないと考えるようになったのは、二千頁をこえる小熊英二の『1968』[*10]（上・下巻、新曜社、二〇〇九年）が全巻是「自分探し」というキーワードで語られていることを知ったからである。この本について批判的に言うべきことは多々あるし、すでにネット上でもさまざまな（しかも決定的な）誤りが暴露されているが、[*11] ここでは、本稿の文脈とかかわる一点のみを指摘しておこう。

小熊は同書（下巻）最終章「結論」において、「ジャーナリストの上野昂志」の「連合赤軍事件直後の座談会」（七二年）の発言を延々一三〇〇字以上引用している[*12]

＊8 ニート、失業者、フリーター、派遣、自営業・自由業、正社員に分けて行なわれた職業別生活満足度調査によれば、「ニートで正社員並みに満足度が高いのは、「食生活」「住生活」「趣味・余暇生活」「消費生活」である。派遣は、正社員以上にそれらの満足度が高い。／特に、消費生活については、ニートの満足度はほぼ正社員と同じであり、かつ派遣、フリーターなどよりも満足度が高い」。

＊9 この時期の「自分探し」論には、竹田青嗣『自分探しの哲学』（主婦の友社、二〇〇七年）、速水健朗『自分探しが止まらない』（ソフトバンククリエイティブ、二〇〇八年）、鈴木英生『新左翼とロスジェネ』（集英社、二〇〇九年）などがある。

＊10 小熊英二の主著のひとつ。本論や、次の注の引用で指摘されるように、資料の改竄・誤読が多い。

＊11 同書のamazonのブックレビューでは府川充男が「偽史以下のバッタ本」と題し批判している。ほか、本書第17章に登場する田中美津もアマゾンレビューで本書を「私が「直感」の人なら、彼は「誤読・誤用・捏造」

（その後にも引用あり）。私は同書の、この最終部分までを読み継いできた時、驚愕すると同時にガックリとしてしまった。私は小熊の記述するストーリーを全く愚劣だと思うが、そのストーリーを担保するものとして、畏敬する「上野昂志」の発言が決定的なものとして引かれていたからである。

少なくとも日本語による言論の文脈で「上野昂志」が引かれた場合、そこには、或る一定のコンテクストが形成される（それは、小熊の著書で引かれる鶴見俊輔でも府川充男でも同様）。すなわち、四〇年以上にもわたって映画や写真、漫画、文学などをアクチュアルに論じ続けてきた評論家であり、いわゆる「六八年」と深くかかわってきた人として、である。『1968』と題された書物に引用されるにふさわしい存在の一人であるのは、衆目の一致するところだろう。それゆえ、小熊が引用したような発言を「上野昂志」がするはずはないと思いつつ、半信半疑ながら信じてしまったわけだ。

ところが、この「結論」部での引用は、「上野昂志」ではなく「上野宏志」という人のものだったのである。これは、友人の山本均が出典に当たってくれて分かった。「上野宏志」がいかなる人物なのかは、不明である（「上野宏志」としては上巻に引用あり、下巻まで読むと、それが誤記と思われてしまう）。

これは、読者に対する詐欺にも等しい。「結論」部「上野昂志」の発言は、上野昂志の批評家としての経歴に照らして信憑を得ているところが大だからであり、

の人なんだね」と批判している。

＊12 引用されている発言は以下のとおり。「ぼくにいわせれば、新左翼の各セクトは、実態はオールド・レフトもいいとこで、社共（社民党・共産党）よりもオールド・レフトに近いのではないかと思う」「ぼくは全共闘と、いわゆる新左翼セクトはまったく別だと思う。当時（六八年時点）、爆発的な新左翼運動の潮流を支えていたのはベ平連と反戦青年委員会と全共闘です。（…）全共闘は、当初は非常に良かったけれども、セクトと結合することによって腐敗が進んでいった。（…）初期の全共闘運動がいかに素朴な改良的な運動であったかは、東大全共闘の最初のころのアピールとか、宣言とかをみればよくわかる。処分がけしからんとかいう……人権闘争だった。なんら反権力闘争でもないし、革命の力の字も掲げていない素朴な学生運動だった」。

だからこの誤りは上野昂志に対する名誉毀損にさえ当たると考えられる。小熊の引用は、上野昂志の仕事を否定するものだからだ。すでに——上野昂志の指摘によって——版元HPには単なる誤植扱いの訂正記事が出ているが[*13]、著者小熊の弁明は何もない。訂正により同書「結論」は深部で大きく論旨が揺らぐであろうにもかかわらず、である。しかし、そのことについては小熊英二の今後の誠実な対応を期待する。ここで問題にしたいのは、同書での小熊のキーワードたる「自分探し」が、いっこうにクライシスにかかわっていないということなのだ。

忖度するに、小熊は上野昂志の仕事について、ほぼ無知なのであろう。しかし「宏」を、「弘」でも「浩」でもなく、あえて「昂」と何度も誤記するぐらいだから、存在自体は知っており、上野昂志が小熊の本の主題にも何かしら関係のある仕事をしている人間らしいことも漠然と知っていると推測できる。事実、上巻には上野昂志本人の著書が援用されているし、小熊は上野が私の編集した作品社版ムック『1968(知の攻略　思想読本)』(作品社、二〇〇五年)に登場していることも当然知っているはずである[*14]。それゆえ、自説(つまり、小熊の「アイデンティティー」!)を担保するに都合のいい「上野宏志」の発言を見つけた時、それを「上野昂志」のものと誤認してしまったということだろう。ロスジェネの「下流」プレカリアート(?)に深甚なシンパシーを抱いている様子の小熊にとって、「上野昂志」は投票すべき民主党のようなものであり、「上野宏志」は自民党

＊13 当該記事のアドレスは(http://www.shin-yo-sha.co.jp/mokuroku/books/978-4-7885-1163-7.htm/)。

＊14 作品社版ムック『1968(知の攻略　思想読本)』(作品社、二〇〇五年)所収の蓮實重彥・上野昂志・絓秀実による座談会「「一九六八年」とは何だった/何であるのか?——一九六八年の脅迫」。

＊15 なお、「上野宏志」なる人物は実在しない。詳しくは、絓著『天皇制の隠語』(二〇一四年、航思社)所収の「フィクションの「真実」はどこにあるか」を参照。

なのだ。[*15] つまり、探すべき「自分」はあらかじめ決まっていたのであり、あとは、それにテキトーな担保を見つければ良いだけなのである。小熊の言う「自分探し」とは、この程度の自閉的でいいかげんな行為である。あるいは、普遍的に言っても、「自分探し」とは、それ以上のことではない。

議会制民主主義における選挙は、偽装されたアイデンティティー・クライシスにほかならない。それは、クライシスが回復されると偽証する。今回の選挙ほど、そのことを知らしめてくれたものは、あまりあるまい。そのような環境においてこそ、「自分探し」などというバカバカしい言葉が延命していく。もちろん、暢気に「自分探し」をしている間に、別のところからクライシスは来るだろう。その条件は、すでに整っているのではないのか。議会制民主主義の反対概念は、現代日本では暴力だろうが、それは、民主主義が暴力を抑圧する装置となっていることを意味する。しかし、抑圧したところで、暴力は良くも悪くも、必ず何らかのかたちで現出する。これだけ、民主主義が「民意」の創作という名の抑圧装置となってしまった時(小熊英二の本もそれに積極的に加担している)、むしろ、それは暴力が現出する予兆と見た方が正しいのである。

*しかし、議会主義政党にとって、地方下部組織は必須である。自民党と共産党の「強み」は、いまだそこにある。

2009年10月—12月

個々の「実存」を賭すよう促す、不健全な民主主義時代における、反貧運動〝転移〟の惧れ

オバマ大統領が三万人規模のアフガン増派を発表（十二月四日）して[*1]、いよいよ、第二のベトナム化＝泥沼化への一歩を踏み出した。すでに支持率が五〇パーセントを切っている時の増派発表であり、いまだイラク撤兵さえ日程に上っていないのだから、先行きの見えない経済情勢と相まって、オバマ政権の行方は混沌としている。ノーベル平和賞受賞[*2]やグリーン・ニューディール政策[*3]といった「ハト派」のイメージが、日本においては今なお色濃いオバマだが、すでに大統領就任当時から一部では囁かれていた「ファシズム的」という[*4]、真逆の方向性が顕在化してくる可能性も、徐々にあらわになってきたといえる。

アメリカ合衆国大統領は、互いに矛盾しさえする、さまざまな利害を持った人々や集団の上に君臨するボナパルティズム[*5]的な指導者なわけだから、現代のように多様な国論を抱えこんでいる場合には、かつての支持層が簡単に離反するこ

*1 二〇〇九年十二月オバマは半年以内に米軍三万人をアルカイーダの基地があると目されるアフガニスタンに追加派遣すること、一一年七月から在留米軍の撤退を開始、アフガン国軍に治安権限を移譲する計画を発表した。

*2 「核なき世界」を目指す演説などが評価され、二〇〇九年十月にオバマはノーベル平和賞を受賞した。

*3 自然エネルギーや地球温暖化対策に公共投資することで、雇用や経済成長を生み出すことを狙う政策。オバマは再生可能エネルギーへの大型投資や公共施設の省エネ化での雇用創出を表明した。

*4 ウェブスター・タープレイ『オバマ 危険な正体』（成甲書房、二〇〇八年）、佐藤優『テロリズムの罠 右巻 忍び寄るファシズムの魅力』（角川学芸出版、二〇〇九年）など。

*5 マルクス『ルイ・ボナパルトのブリュメール十八日』による。議会制民主主義において、地域・職業などの特殊な利害にもとづく安定した代表–被代表の関係が崩れ、不明確になったとき、既成の諸政党を超えて何ものをも代表して支持を得る皇帝・大統領・首

となど、不断にありうることである。現代のボナパルティズムの問題は、貧困と戦争によって当然にも顕在化してくる国民的矛盾を、リアルポリティクスの遂行において、どのように統合・糊塗することができるかにかかってくる。もちろん、それが上手く遂行された場合、あまり愉快なものとはならないであろうが——。

　オバマと同様に、日本の「ハト」もまた、早くも迷走を始めている。八ッ場ダム建設中止問題に始まり、行政刷新会議による事業仕分け、沖縄普天間基地移設問題、鳩山偽装献金問題の拡大、円高、景気対策、諸政策への閣内不一致、などなど[*6]。内閣発足百日を超えた程度の時期にしては、あまりに問題が噴出している。これら諸問題を端的にクリアーできる見込みは、ほとんどあるまい。それは鳩山内閣だから不可能というのではなく、誰がやっても、もちろん自民党政権にもどっても、不可能だということである。鳩山内閣は、いまだ支持率六〇パーセント台を維持してはいるが、そう遠からぬ時期に五〇パーセントを切るのではあるまいか。

　日本の議院内閣制のようなシステムにおいては、マスコミ各社の行なう内閣支持率の世論調査が、内閣存続のためのきわめて大きな割合を占めている。それは「日々の国民投票」（ルナン）[*7]のようなものと見なされており、政権担当者は、その結果に一喜一憂するほかないわけである。いうまでもなく、政権担当者が内閣支持率に一喜一憂する必要は法的には存在しない。政権担当者は選挙で過半数を得

相などが出現する政治形態。

＊6 二〇〇九年の衆院選マニフェストで不要な大型公共事業の中止の見直しの一環として、川辺川ダムと八ッ場ダムの建設を中止を掲げていた民主党は、政権獲得後これを改めて明言。群馬県長野原町や工事関係者から不満の声があがり、地元でも賛否分かれて議論となった。行政刷新会議による事業仕分けは、仕分け担当者が一般公開で対象事業担当者と事業の必要性その他を議論し、廃止・改善・継続などの判定を下し、無駄な事業を廃止または縮減し、予算編成に活かすもの。ネット中継を行ない、ニュースなどでも繰り返し報道されるなど話題となった。鳩山由紀夫首相は普天間基地移設問題について「最低でも県外」と発言していたが、次第に政権内でもこれに否定的な意見が増えると、沖縄県からも非難を受けた鳩山に対し無責任という世論が強まった。

＊7 エルネスト・ルナン（一八二三—一八九二）。思想家。「国民とは何か」という講演において国民を「日々の国民投票」と定義した。

た政権党を押さえていれば、内閣を存続させる正統性を持っているわけである。事実、竹下登[*8]や森喜朗[*9]といった歴代首相は、支持率一〇パーセント以下にいたるまで持ちこたえている。鳩山が六〇パーセントを切ったからといって、それほど慌てふためく必要もないかに見える。

　歴代の自民党内閣が、それでも、世論調査に対して無視を決め込むことができた理由は、地域の政党支部や議員の後援会組織が政治的に機能していたからであった。よく言われるように、利権の配分は、それらの組織を通して、とりあえず円滑になされていた。それゆえ、世論調査の結果がどうであろうと、政治の構造は変わらないという自信を、政治家は持ちえたわけである。自民党支持層の地方の選挙民は、内閣総理大臣に不支持を表明しても、一方では、後援会や政党支部をとおして、自民党支持を表明するというわけだ。端的に言えば、選挙民の政治行動は、健全にも、その利害に基づいていたのである。

　おそらく、小泉郵政選挙以来であろう、国政選挙における国民の政治行動が転換された。小泉選挙で自民党を圧勝させた若年「下流」層は、小泉政治に利益を見出した者たちではなかった。彼らは、少なくとも、労賃を低下させ、労働条件を悪化させる小泉純一郎のネオリベラルな政策が、彼らの利益にかなうものでないことくらいは、漠然と知っていただろう。にもかかわらず、彼らが小泉の扇動に乗せられたのだとすれば、その政治（投票）行動において、何が賭けられたの

＊8　竹下登（一九二四—二〇〇〇）。政治家。第七四代内閣総理大臣。

＊9　森喜朗（一九三七—）。政治家。第八十五—八十六代内閣総理大臣。

か。あえて言えば、それは「実存」なのである。しかし、政治（投票）行動において賭けられるのが、経済的利害ではなくて、個々の「実存」だというのは、いかにも不健全な民主主義ではあるまいか。

　民主党が圧勝した今回の総選挙における、民主党を勝利へと導いた階級・階層の投票行動もまた（農家を除いて）、相対的に、利害に基づいたものでないことが、徐々に明らかになってきているように思う。彼らが小泉郵政選挙で自民党に投票した層と多く重なっているのは、もちろんである。彼らは、民主党の「子ども手当」[*10]や「高速道路無料化」[*11]に利益を感じて、民主党に投票したのだろうか。無論、もらえるものはもらっておきたいし、タダならそれに超したことはないと思っていたに相違ないが、それが投票の基準であったわけではあるまい。そのことは、鳩山内閣が、今や予算のメドが立たず、マニフェストの主要項目であったはずの「子ども手当」や「高速道路無料化」を再検討しているというのに、そのことについてのブーイングは、それほど聞かれないということを見ても知られる。やはり目玉であったはずの、派遣法改正や最低賃金・時給千円[*12]についても、ただちに全面的に実現することは困難だと、民主党の口からさえ言われ始めているが、それもごもっとも、ということになるのであろう。だとすれば、民主党に投票した者の多くもまた、利害を賭したのではなく、「実存」を賭しただけなのである。

　行政刷新会議の事業仕分けが、そのスペクタクル的な演出において、大衆的な

＊10 二〇〇九年衆院選の民主党マニフェストで公約とされた。一〇年三月に衆参両院で翌年三月三十一日までの時限立法として可決され、一〇年六月より月額一万三千円が支給された。

＊11 これも民主党マニフェストに掲げられた政策のひとつ。二〇一〇年六月から社会実験として一部区間で実施。〇一年二月九日に区画拡大案が発表されたが、三月十一日の東日本大震災の復旧費用を調達するため、同年六月十九日で終了した。

＊12 民主党は二〇一〇年三月に派遣法改正案を国会提出。一二年まで継続審議扱いが続き、一二年に昨年度の修正案が可決、十月一日より施行された。最低賃金時給千円案も〇九年衆院選マニフェストに掲げられていた政策だが、一〇年六月の「新成長戦略」案で「できる限り早期に全国最低八〇〇円を確保し、景気状況に配慮しつつ、全国平均一〇〇〇円を目指す」と述べられたが、実現していない。一五年安倍政権下で再び政策案として取り上げられた。

喝采を博したにもかかわらず、そこで非難の的となったのが、スーパーコンピューター開発をはじめとする科学技術の助成だったことも、[*13]政治が「実存」の問題に堕していることを垣間見せている。ノーベル賞受賞科学者が雁首をそろえて「科学立国」を叫ぶ光景は、[*14]いまだ「湯川秀樹ノーベル賞受賞」の時代かと錯覚させた。[*15]通俗的な科学至上主義と実存主義の共犯性は、日本の「戦後」という時代が証明している。ノーベル賞科学者の恫喝に迎合してスパコン予算削減の再検討を約した理系出の菅国家戦略担当大臣も、科学立国というアイデンティティーに賭けているのであろう。考えてみれば、オバマの「チェンジ」も「イエス・ウイ・キャン」も、「われわれは、実存を賭すことができる」という意味ではなかったのか。それは、マルクスの古い格言を以ってすれば、逆立ちしてアタマで立つことである。[*16]

選挙民に、経済的利害ではなく、「実存」を賭すよう促す議会主義政党というのは、しかし、政党としては、きわめて不安定な存在である。それは、小泉純一郎を擁して再建を図った自民党の帰趨であったたし、今のところ、民主党も同じ轍を踏むのではないかと疑われる。そのことを知悉しているのが小沢一郎であることは論を俟たない。陳情の幹事長室への窓口一本化をはじめとする税金配分システムの再編[*17]は、民主党と下部地方選挙民との関係を、実存主義的に無根拠のものから、実体的な利害関係の構築へと舵を切ろうとするものだろう。そして、日本

*13 二〇〇九年十一月三日の行政刷新会議の文部科学省予算仕分けの際に、計算速度世界一を目指す次世代スーパーコンピュータの研究開発予算二六七億円の妥当性を審議した際に仕分け人、蓮舫議員が「世界一になる理由は何があるんでしょうか? 二位じゃダメなんでしょうか?」と発言、マスコミ、ネット上などで非難を浴びた。仕分けの対象になったのは、スーパーコンピュータのほかには、官民共同の中型ロケット「GX」開発計画の廃止など。

*14 ノーベル化学賞受賞者で理化学研究所理事長の野依良治、ノーベル生理学・医学賞受賞の利根川進、ノーベル化学賞受賞の鈴木章など、資源の少ない日本の生き残りには科学技術の発展が必要との見解を表明し、事業仕分けを批判した。

*15 湯川秀樹（一九〇七―一九八一）。理論物理学者。原子核内部の中間子の存在を理論的に予測、その功績が認められ一九四九年ノーベル物理学賞を受賞した。当時は敗戦後まもない時期であり、「復興」のシンボルとして日本国民の喝采を浴びた。

*16 「弁証法は彼（ヘーゲル）におい

資本主義の唯一、延命可能な方向が小沢の重視する「対中国関係」である。言われているように、それは旧来の利益配分司令部であった自民党に代わろうとする目論見でもあるが、近代政党としては正当な志向でもある。しかし、配分するパイの減少は、そのような政党のありかたを困難にしている。民主党が自民党に代わる利益分配装置となりうる可能性は、相対的に少なく、集票のために実存主義的な賭けへと選挙民を促す以上の戦略は、ほとんど持てないのではあるまいか。

民主党政権になったら、貧困問題に対してある程度有効な政策が出されるのではないかという期待が、一部の活動家の中にはあった。「派遣村村長」湯浅誠が国家戦略室入りしたのも*18、その意味ではありうべきことである。貧困とは具体的な解決を求める問題なのだから、少しでも効果が見込めれば、政府にコミットすることに何の非難する理由もない。ただ問題は、民主党政権の経済政策が、貧困問題にほとんど効果を及ぼさないと分かった時——そのことはあらかじめ分かっていたことだし、すでに触れたように、今や明らかになりつつあるが——反貧困の運動が具体的な利害の問題から、観念的な「実存」問題へと転移することになるのではないかと惧れる。

現代の貧困問題は、しばしば「生きがたさ」やメンヘル（メンヘラ）といった言葉とともに語られている*19。あるいは、より直接に「実存」の問題として語られる。そして、「生きがたさ」やメンヘルは、運動やイヴェントの「楽しさ」のなかで

て頭で立っている。神秘的な殻につつまれている合理的な中核を見出すためには、これをひっくり返さなければならない」（『資本論（一）』向坂逸郎訳、岩波文庫、一九六九年、三十二頁）。

*17 従来、地方自治体の市町村議員や各種業種団体代表が各種陳情を国会事務所を通して官公省庁に働きかけていたが、二〇〇九年十一月二日、小沢一郎はその個別陳情を廃止、議員の各地元事務所が国会事務所でなく、各都道府県連に陳情を報告、幹事長室で内容を精査し、各省庁の政務三役につなぐ方式をとると発表した。

*18 反貧困ネットワーク事務局長で「年越し派遣村」の顔であった湯浅誠は、二〇〇九年十月二十六日菅直人副総理の要請により、内閣府参与に就任、国会戦略室のメンバーとなった。翌年三月に一旦辞任、五月に再任されている。

*19 雨宮処凛・萱野稔人『「生きづらさ」について〜貧困、アイデンティティ、ナショナリズム〜』（光文社、二〇〇八年）、鈴木大介『出会い系のシングルマザーたち 欲望と貧困のはざまで』（朝日新聞、二〇一〇年）など参照。

癒されるかのように語られる。運動は芸術的な表現行為だとも言われる。確かに、そのようなこともあろうし、それ自体では何ら非難するいわれはない。しかし、そうだとしても、その時、具体的な貧困は、どのようにして改善されるというのか。そのような運動の効果は、民主党政権が誕生して「革命だ」と騒いでみるのと（そういう人間は、けっこういる）、どう違うというのか。それは何ら利害に関わらない「実存的」投企以上のものではないだろう。

かつてルカーチは、サルトルの実存主義をブルジョア・イデオロギーと批判した。[*20] ルカーチのマルクス主義自体が、先駆的に実存主義的傾向を持っていたにもかかわらず、である。ルカーチのサルトル批判の妥当性を問うているのではない。ここで言いたいのは、ルカーチの実存主義批判が、マルクス主義が崩壊した今日において、期せずして妥当してしまうということなのである。貧困が唯物論的な対応を旨とすべき問題であるにもかかわらず、それを実存の問題へと転移させる傾向は、ブルジョア・イデオロギーと呼ばれねばならないだろう。それは、貧困を語りながら資本主義の問題を隠蔽するからである。

＊大澤信亮、杉田俊介などロスジェネ論壇の幾人かが「文学」にシフトしたのも宜なるかな、である。

＊20 ルカーチ・ジェルジ（一八八五―一九七一）。ハンガリー・ブタペストの哲学者・批評家。主著に『歴史と階級意識』（一九二三年）など。ルカーチの実存主義批判については『実存主義かマルクス主義か』（岩波書店、一九五三年）を参照。

2010年1月―4月

小沢＝民主党政権が翼賛的「国民戦線」を目指す今こそ、左派は"二十世紀の間違い"を歴史的に問い直すべきである

オバマ政権に続いて誕生した日本の民主党政権が、「ファシズム的」なものであることには幾人かの指摘があり、この欄でも多少の言及は行ってきた。「ファシズム」というのが、やや曖昧な規定だとすれば、巷間言われているように、「社会（民主）主義的」とか「国家独占資本主義的」とか、はたまた「大きな政府」とか「福祉主義的」とか、さまざまに言い換えられよう。事実、民主党政権が誕生した際にはリベラル左派の多くが歓迎したし、反貧困運動で知られる雨宮処凛が厚労省ナショナルミニマム研究会委員に就任し、湯浅誠は内閣府の政策参与（三月五日に辞職願提出）になった。[*1]

リベラル左派取り込みにあたっては、小沢一郎（幹事長）のある時期からの「左旋回」[*2]が与って大きな力を発揮しただろう。自民党時代に『日本改造計画』を著し、ネオリベラルな政策を提唱していた小沢は、現在、ほとんど社会民主主義者のようにふるまっている。小沢が民主党の支持基盤の巨大な一角である労働組合と密接だというのは知られているが、自治労[*3]や日教組[*4]からＪＲ総連[*5]（革マル系

＊1　憲法が規定する「最低限度の生活＝ナショナルミニマム」を検討する厚生労働省ナショナルミニマム研究会の初会合が二〇〇九年十二月十一日に開催された。湯浅誠も委員として参加している。

＊2　小泉政権時の二〇〇三年ごろ、東北議員団連盟を結成するなど、地方経済や雇用の重視に方針を転回したといわれる。

＊3　全日本自治団体労働組合（一九五四―）。日本の地方自治団体職員などによる労組。

＊4　日本教職員組合（一九四七―）。教員学校職員による日本最大の教職員組合。

＊5　全日本鉄道労働組合総連合会（一九八七―）。ＪＲグループの労組の連合組織。二〇一一年八月三日の国会予算委員会で中野寛成国家公安委員会委員長はＪＲ総連に関して「革マル派が相当浸透しているとの認識は事実である」と発言している。

と言われた）まで、今や民主党＝小沢傘下にあると言ってよいだろう。

しかし、あまり言及される機会は少ないが、同時に、小沢が旧自民党の支持基盤たる保守・右派勢力の切り崩し、取り込みを図っていることも確認しておくべきだろう。[6] 民主党政権＝小沢体制が「ファシズム的」というのは、かかる左右の「国民戦線」[7]的翼賛体制を目指しているところに見られる。まあ、ファシズムが「国民社会主義」と称しているのであれば、[8]「ファシズム的」というのも、それほど誤った規定ではないだろう。

しかし言うまでもなく、このまま民主党政権が国民的な翼賛体制を維持できるとは誰も信じていない。沖縄・普天間基地移設問題での右往左往や子ども手当の財源問題をはじめ、次々と出てくる大小のスキャンダルは、民主党「ファシズム」体制を大きく揺さぶっている。その中でも、小沢本人は逮捕を免れたとはいえ、秘書三人の逮捕に及んだ原資不明の政治資金四億円に端を発する「政治と金」問題[9]が、抜きがたい棘のように民主党政権の喉に突き刺さっている。

小沢逮捕にまで持ちこめなかった東京地検特捜部に対しては「検察ファッショ」という非難もなされているが、[10] むしろ、民主党＝小沢「ファシズム」体制に対する「反ファッショ」勢力は、自民党が民主党以上に混迷を深めている現在、「新撰組」[11]化した検察以外にない。「国民戦線」を主導している佐藤優が言うように、検察は、今やファシズムに対抗できるのは自分たちのみだと思いつめている

*6 二〇〇九年末ごろに、小沢一郎が森喜朗の影響力が強い全日本私立幼稚園連合会の元会長と接触するなどの動きが報じられた。

*7 国民戦線とは一九三五年にフランスでの人民戦線結成に対抗して組織されたファシスト諸団体の共同戦線。

*8 ナチスの正式名称は国家社会主義ドイツ労働者党（Nationalsozialistische Deutsche Arbeiterpartei）。

*9 陸山会事件。小沢の資金管理団体陸山会が世田谷区の土地購入に関する政治資金規正法違反を行なった疑いが二〇〇九年に発覚、一〇年一月に小沢の秘書三名が起訴。この段階で小沢は嫌疑不十分で不起訴となったが、一一年一月に強制起訴を受け、三月に民主党役員会で党員資格停止処分が下された。

*10 二〇一〇年一月に起訴された秘書の供述調書を取ったのが、同年九月に別件で証拠改竄罪で逮捕された特捜部主任検事であり、検察事務官の立会いなしに作成されたため、検察はその際の調書の証拠申請を撤回。また別の秘書が取調べの際ICレコーダーでその模様を録音、作成された捜査報告書には実際にはなかったやり取りが記載さ

かのようである（佐藤優は「新撰組」化ではなく、「青年将校」化と言っている）[*12]。

民主党政権が今後どのような有為転変を経るのかは不明だが、そのことに関係なく、同種の「国民戦線」的目論見は、これからも決して弱まりはしないだろう。公務員改革一本槍の「みんなの党」[*13]への多少の支持拡大や、小泉政権下で経済財政担当大臣等を歴任した竹中平蔵[*14]がいまだにTVに出て多少の喝采を博しているなど、今なお小泉政権時代のネオリベラリズムへのノスタルジーが存在しているとはいえ、それでは国民統合が図れないだろうからである。資本主義の行き詰まりによるアンダークラスの増大に対して、経済政策での処方は不可能であり、そのことは政治的に糊塗するほかない。そのためにも、アンダークラスに基盤を置く左派の「国民戦線」への取り込みが不可欠なのである。それは、オバマがアメリカ合衆国史上画期的とも言える国民皆保険を、財源不足にもかかわらず強行しなければならないことと同様である[*15]。

小沢＝民主党政権は、とにもかくにも、そのことに踏み出した。逆に言うならば、日本の左派は――日本に限らないが――発想を転換しないかぎり、ファシズム的な「国民戦線」の一翼を担う以外に存在理由を持たないことになる。湯浅誠が政府委員からの辞任を申し出たのは、そのことに気づいたからであろう。湯浅は政府「内」からの改革が、「外」における運動によって担保されないかぎり不可能だと気づいて辞任を表明したという。確かに、そうだろう。今年の官製「年

れていたなど、検察の捜査にいくつもの不正があったことが問題化された。

＊11 新撰組（一八六三―一八六九）は幕末に京都で反幕府勢力を取締まる警察活動を行なった後、戊辰戦争に参加した武装組織。

＊12「筆者は、特捜検察を21世紀の青年将校と見ている。検察官僚は、主観的には実に真面目に日本の将来を考えている」（BLOGOS「佐藤優の眼光紙背」二〇〇九年十一月二十四日「特捜検察と小沢一郎」）。

＊13 みんなの党（二〇〇九―二〇一四）。渡辺喜美、江田憲司らによって結成された政党。「小さな政府」路線で脱官僚を掲げていた。

＊14 竹中平蔵（一九六一―）。実業家。経済学者。政治家。現パソナグループ取締役会長。小泉政権の新自由主義路線を支えた。

＊15 米国民の六人に一人が医療保険に入れない現状を打開するため、オバマが二〇〇八年大統領選で公約に掲げた医療保険制度改革。通称オバマケア法は二〇一〇年三月に成立。

越し派遣村」には、昨年のそれにあったアナーキーな盛り上りが一掃された。しかし、それは反貧困など現代のアナキズム的運動が抱える必然的な帰趨だとしたら、どうだろうか。

一九五六年のスターリン批判[*16]によって「反スターリン主義」を掲げることになった左派の政治的内実が何であったかと言えば、アナキズムと民主主義以外のものではなかった。ロシア革命のボリシェビキ[*17]に反対したのはアナキズムであり、そこになかったのが民主主義だからである。ところが、一九八九年／九一年の東欧革命とソ連邦の崩壊で、左派の掲げた反スターリン主義が思いもかけず実現されてしまった時、世界的にも、左派は思考停止に陥った。そして、八九年／九一年以降も、左派は、アナキズムと民主主義の再定義によってやっていけると考えてきた。一九九九年のWTO（世界貿易機関）閣僚会議に反対するシアトル「暴動」[*18]は、その可能性を証明しているように見えた。日本においても、反グローバリズム・反貧困運動は、その文脈を共有してきたと言える。[*19]やや特異なところでは、柄谷行人が中心となったNAM[*20]（ニュー・アソシエーショニスト・ムーヴメント）はプルードン[*21]主義の再評価に基づいているという意味で、アナキズム的であり、そこにおける「くじ引き」民主主義（くじによって代表を選ぶ）の提唱も、八九年／九一年以降の流れに棹差していた。

アナキズムと言っても多様であり、それを一概には言うことはできない。しか

*16 一九五六年二月当時のソ連共産党第一書記ニキータ・フルシチョフが行なった前第一書記スターリンへの批判。ソ連みずからがソ連の絶対的人物を批判したことは世界中の共産主義者に衝撃を与えた。翌年、毛沢東が平和共存路線に傾くソ連批判を行ない、中ソ対立が起こるきっかけともなった。

*17 ロシア社会民主労働党からレーニンが分派して生じた一派。一九一七年二月革命後の社会革命党主導の臨時政権は第一次世界大戦の継続を主張、ロシア国内は疲弊し、これに対してボルシェビキは共産主義革命を求めて十月権力奪取のため武装蜂起を行ない、成功する。

*18 一九九九年十一月三十日から四日間シアトルで開催された第三回世界貿易機関閣僚会議に反グローバリゼーションを掲げる活動家たち五万人が抗議に集結、人間の鎖による会場包囲で開会式を中止に追い込み、デモを行なったが、その最中に一部が暴徒化、火炎瓶を投げるなど警察と衝突した。

*19 例えばアメリカでアナーキスト人類学を標榜するデヴィッド・グレーバーなどを参照しつつ『VOL』につ

し、「国民戦線」とアナキズムという問題構成の中で注目すべきなのが、ジョン・ホロウェイの言う「権力を取らずに世界を変える」[*22]という、クロポトキン[*23]経由のアナキズムだろう。かつてクロポトキンの『相互扶助論』が、大杉栄[*24]ら左派アナキズムのみならず、権藤成卿ら右派の「社稷」思想[*25]（天皇制アナキズム！）にも強い影響を与えたことを考えると、ホロウェイの現代アナキズムが、かつてのクロポトキンの役割を担っていることは想像に難くない。事実、ホロウェイの同名の著書の訳者の一人で、六〇年代には日本共産党に籍を置きながら、そのスターリン主義に反対して除名になったという経歴を持つらしい大窪一志は、あるところで天皇制まで包摂しうるアナキズムを考えていると発言している。[*26]もう一人の訳者・四茂野（よもの）修[*27]は、佐藤優も支援するＪＲ総連の副委員長である。四茂野は、かつて反スターリン主義を党是とする政治党派に属していたはずである。もちろん、ホロウェイが、どれだけ日本の左派に読まれているかということが問題ではない。もはや、「権力を取る」という発想が不可能になったかに見える時、アナキズムと民主主義が、「権力を取らずに世界を変える」と称して、小沢一郎的「国民戦線」の中に組み込まれるしかなくなっていることが問題なのだ。

　繰り返すまでもなく、翼賛的「国民戦線」は、そう簡単に成立しはしないだろう。ジャーナリズムにおける連日の民主党バッシングは、そのことを証明している。しかし、「国民戦線」への反発は、今のところ、検察「新撰組」以外、思想

どった人々なども日本における反グローバリズム・反貧困運動に対して理論的にそれらを提供してきたといえる。

*20 ＮＡＭ（二〇〇〇—二〇〇三）は、柄谷行人が自著『トランスクリティーク　カントとマルクス』（批評空間、二〇〇一年）で論じた「資本＝ネーション＝ステート」に対する対抗運動として始めた運動体。架空の地域通貨Ｑの運営と併設していく予定だったが、二〇〇三年に解散。

*21 ピエール・ジョセフ・プルードン（一八〇九—一八六五）。フランスの社会主義者。主著に『財産とは何か』（一八四〇年）など。

*22 ジョン・ホロウェイ（一九四七—）。アイルランド・ダブリン出身の社会学者。『権力を取らずに世界を変える』（同時代社、二〇〇九年）では、メキシコのサパティスタ運動を参照して、国家権力を括弧に入れたうえでの世界変革を提唱する。

*23 ピョートル・クロポトキン（一八四二—一九二一）。ロシアの政治思想家・地理学者。『相互扶助論』（一九〇二年）はその主著のひとつ。弱肉強食ではなく相互扶助にもとづくアナキズ

的には右派ネオリベ的なものでしかない。曰く、在日に地方参政権を与えるのはおかしい、福祉ばら撒きには財源がない、官僚のリストラが進渉していない、小沢も鳩山も「政治と金」の問題をクリアしていない、日米安保体制が危うくなっている、等々。今や「反体制」というのはネオリベのことであるかのようであり、左派が左派である根拠は消滅しつつある。だとすれば、左派は、どこで間違ったのかを、歴史的に問い直す必要に迫られているのである。

アナキズムと民主主義（の再定義）でやってきた左派が否定し忘却してしまっている歴史とは、レーニン／スターリン／毛沢東の歴史である。われわれは、それらが概略ロクでもないことを知っている。それらは今なお知られずにある大虐殺や圧政・失政の集積だろう。直近の例で言えば、中国共産党がgoogleを中国本土から締め出したこと[*28]に対して、いかに中国が自由化したとはいえ結局は「言論の自由」がないと呆れることは容易である。中国では、もはや「天安門事件[*29]」に関する情報が開示されないと、ジャーナリズムはスキャンダラスに報道する。確かに、われわれはgoogleなくしては、今や無知の闇に沈んでしまうと思っている。

しかし、少し考えてみれば分かるように、googleの圧倒的な情報独占と管理は、中国共産党のそれを、はるかにしのいでいるだろう。そして、比喩的に言えば、毛沢東の革命は、google的なものへの「長征[*30]」でもあったわけだ。同様の

ムを提唱して影響力をもった。

＊24 大杉栄（一八八五―一九二三）。社会運動家。大逆事件後、荒畑寒村と「近代思想」創刊。日本におけるアナボル論争にアナキスト側で加わった。関東大震災直後、憲兵に虐殺される。

＊25 権藤成卿（一八六八―一九三七）。農本主義者。主著に『自治民藩』（一九二七年）。君側の奸を排して天皇を仰いだ社稷の自治を理想とした。

＊26 大窪一志（一九四六―）。評論家。「国家以前の共同性の原基である社稷、それは「民族」という意味ではくくれないフォルクと通ずるものがある。僕はそれをちゃんと評価すべきだと考えています。それに関連させながら、天皇の問題もまた別のかたちで見る必要がある。近代天皇制というのは、ああいうふうになったわけだけれども、なぜ天皇でまとめることができたのかということを考えると、日本的な共同体形成力の問題が出てくるわけです。（…）そういう問題を考えるべきです。それは自由な個を基盤にするということと矛盾しない。」『情況』二〇〇九年五月号「特集　クロポトキン『相互扶助論』内のインタビューより）

ことは、ロシア革命のレーニンについても（スターリンについてさえ）、そして、その他の革命についても言えるはずである。二十世紀の革命とその帰趨を、百万回の否定の後に、なおそれを肯定することが必要な所以にほかならない。

＊小沢一郎的「国民戦線」は、ほぼ失敗し、終った。しかし、同種の試みは別の形で再生産される。たとえばSEALDsのように。

＊27 四茂野修（一九四九—）。ＪＲ東労組役員を経てＪＲ総連役員。著書に『「帝国」に立ち向かう　動労〜ＪＲ総連——職場からの挑戦』（五月書房、二〇〇三年）など。

＊28 二〇一〇年三月、Googleは中国本土のネット検索サービスから撤退し、今後中国からのアクセスはGoogle香港のサイトを転送することを表明した。中国共産党による厳しいネット検閲やGmailへの中国国内からのハッカー攻撃などを理由としている。

＊29 一九八九年六月四日に、中国北京市の天安門広場に民主化を求めて学生たちを中心に市民のデモ隊が集結、これに対し中国人民解放軍が武力弾圧を行ない、多数の死傷者を出した。

＊30 一九三四年から三六年にかけて、蒋介石率いる国民党に敗れた中国共産党が紅軍を率いて、みずからの根拠地であった江西省を放棄し、国民党軍と交戦しながら約一万二五〇〇キロを徒歩で進み陝西省延安まで移動したことを指す。この過程で中国共産党内の毛沢東の指導権が確立、延安到着後、国民党政府と共産党とは抗日統一戦線を結成する。

2010年5月—7月
菅「市民派」政権が、中曽根・小泉を継いで、資本(=市民)による自由競争/新自由主義体制を完成させる

菅直人は市民運動出身で初めて内閣総理大臣(六月四日、第九十四代)になった人物であるという。[*1] これは、菅が大学卒業後の一九七四年、市川房枝[*2]の選挙運動を手伝ったところから政治へのコミットメントを開始したキャリアを目して言われる。橋本内閣の厚生大臣時代(九六年)における薬害エイズ問題への対応なども、[*3]菅の市民派政治家としてのイメージを印象づけている。その他、菅が「六八年世代」(いわゆる団塊の世代)の人間であることも、そのことに貢献している。一九六八年を中心としたヴェトナム戦争は「ただの市民」[*4](小田実)による反戦運動を惹起したことで記憶されているからである。市川房枝が戦時下の大日本言論報国会理事[*5]であったこと、東京工業大学学生時代の菅が、全共闘によるストライキに反対する秩序派のリーダーであったことなど、[*6]菅を普通の意味での市民派と呼ぶに躊躇すべきデータにはこと欠かないが、それはここでの問題でない。問題は、菅=市民派という図式に示されているところの、市民をもってポジティヴなもの

＊1 菅直人は弁理士をしていた一九七二年に行なった「宅地並み課税推進討論集会」のゲストに市川房枝、青島幸男などを招いたのを機に「よりよい住まいを求める市民の会」「恐怖の化学物質を追放するグループ」を結成。一九七四年の参院選に引退していた市川を立候補させて選挙事務長を務めた。

＊2 市川房枝(一八九三—一九八一)。婦人運動家・政治家。

＊3 一九九六年一月、厚生大臣だった菅は薬害エイズ拡大の原因解明調査班を設置、原因解明に資する資料を発見し、二月に公開。原告や弁護団の前で厚生省の責任を認め謝罪した。

＊4 小田実『タダの人の思想から対談集』(旺文社、一九七八年)など参照。小田は頻繁にみずからを「ただの作家、ただの市民」と評していた。

＊5 大日本言論報国会(一九四二—一九四五)。同報国会の会員は内閣情報局の庇護を受けつつ、新聞や雑誌で戦争遂行キャンペーンを展開した。市川はほかの役員や会員同様、戦後公職追放処分となったが、五〇年に処分解除となった。

＊6 菅は東工大在学時、大学自治会

と見なす価値観であり、では、そこで言われている市民の反対概念とは何かということである。

現代の政治的文脈で、市民の反対概念は労働者である。菅政権が誕生するまでの民主党「小鳩政権」[*7]をめぐるスキャンダルを見れば明らかなように、それは、民主党が労働組合への依存体質を脱却できないというところに規定されていた。いわゆる「政治とカネ」の問題にしても、民主党の労組依存体質なるものと深く関係していた。[*8]鳩山の首相退陣表明が、小沢一郎幹事長との「抱き合い心中」だけでなく北海道教職員組合による小林千代美議員の違法献金問題に触れ、小林に議員辞職を促したことを見ても、[*9]そのことは知られる。ジャーナリズムでは、しばしば「民主党は市民政党に脱皮せよ」と言われ、それは「労組依存から脱皮せよ」とほぼ同義なわけだが、このことは、市民なるものが労働者の反対概念として用いられていることを示している。

しかし、少し考えてみれば明白だが、いわゆる市民なる存在がいるとして、彼ら／彼女らは別段霞を食って生きているわけではあるまい。市民とて、普段の日常では、サラリーマンであったり工員であったり、魚屋やフリーターであったりしているはずで、つまりは、普通の意味で概して労働者なのである。そして、労働者が法的に保障されている団結権によって資本家と交渉するための組合を作ることは、「市民的」権利であるはずではないか。市民と労働者とは背反する概念

をバリケード封鎖する中核派に食って掛かり、「全学改革推進会議」を立ち上げてスト破りを行なっていた。

＊7 鳩山由紀夫が首相を務め、小沢一郎が幹事長を務めた時期の民主党政権を評していう。

＊8 日本労働組合総連合会（連合）は民主党の最大の支持基盤であった。

＊9 当時、小林千代美の選対幹部の元連合幹部札幌会長が公職選挙法違反で有罪を受け、また北海道教職員組合からの違法献金について、北教組委員長代理と小林陣営幹部が起訴事実を認めていた状態で、二〇一〇年六月二日、鳩山は首相と民主党代表辞任を正式表明した。その際、小林に名指しで辞任勧告を行なっていた。

ではない。ところが、今や両者は、あたかも両立しえない概念であるかのように信じられている。菅政権の登場は、まず、このような政治的文脈のなかで捉えられなければならない。

では、現代における市民概念は、どう考えられるべきか。現代では、市民は概して citizen の訳語と捉えられている。確かに正しい。しかし、ヘーゲルからマルクスにいたるドイツ語の文脈では「市民社会」は「bürgerliche Gesellschaft（ブルジョワ社会）」と（英語から）訳されていた。[*10] マルクス主義の権威が失墜して以降、リベラル左派も含めて市民を透明かつ中性的なシティズンという意味で用いてきたが、今や改めて、市民をブルジョワと捉えるべき時代に来ていると言うべきである。そう捉えることで、現代における市民概念の、資本主義社会における歴史性が明らかになるからだ。ちなみに、戦前においてはブルジョワジーを「有産階級[*11]」と訳していたが、その訳語は、現代にも（あるいは、現代にこそ）適切だろう。今や全ての人間を「市民」＝有産階級として捉える文脈が、潜在的に世界を覆っている。それこそが新自由主義というイデオロギーであり、菅直人「市民派」政権もまた、その流れに棹差しているだろう。菅が掲げる「第三の道[*12]」なるものが、新自由主義の一つの完成形態であることは、本家のブレア・イギリス労働党政権で証明済みであり、それは世界的な了解事項のはずである。

パートやフリーターや派遣労働者、「下流」階級などは、どう考えても労働者

＊10 ヘーゲル『法哲学』からマルクス／エンゲルス『ドイツ・イデオロギー』に至るまで市民社会の市民は Bürger だった。bürgerliche Gesellschaft は civil society の訳語として生まれた。

＊11 有産階級は資本家や地主含め土地や資産などを多く所有している階級をいう。プロレタリアートは無産階級といった。

＊12 菅直人は二〇一〇年七月の参院選のマニフェストにおいて、「第一の道」に「公共事業中心の経済政策」を、「第二の道」に「行き過ぎた市場原理主義に基づく経済政策」を挙げ、「第三の道」として雇用創出が見込める産業分野の開拓、無駄を削減し消費税含む税制改革による国家財政の再建、社会保障の補強を掲げた。

であり、ブルジョワと言い難いのではないか、という反論があるだろう。しかし、「派遣」という新自由主義特有の雇用形態を見れば明らかなように、それは派遣「労働者」と言いながら、彼ら／彼女らを「資本家」と見なし、資本と資本同士が契約する形態なのである。いわゆる派遣法の精神なるものは、派遣「労働者」が種々の資格など特殊技能を持った存在であり、それと資本が契約するということだが、それは、親企業が特殊技能を持つ下請け・孫請け企業と契約する関係のアナロジーである。「労働者」が持っている技能（それは、高級なＩＴ技能から語学力、単なる筋肉運動能力までさまざまだろう）は「資本」と見なされることになる。資本同士は「売り」の自由な競争によって、その生死が決せられるだけであり、買われない「資本」（旧来の意味では労働者）は没落を感受する以外にはない。いわゆる市場原理主義である。このような意味において、今や全ての人間が市民＝ブルジョワであるという市民主義が誕生するわけだ。個々人は企業＝資本家であることによって、自由なのである。「自由・平等・友愛」を掲げたブルジョワ革命としてのフランス革命は、ここに――「自由」に特化して――「実現」したと言うべきだろうか。

　ミシェル・フーコーが指摘したように、新自由主義は「労働」という概念を廃棄することによって、「自由」による統治を実現した（『ミシェル・フーコー講義集成〈8〉生政治の誕生　コレージュ・ド・フランス講義1978―1979』[*13]〈筑摩書房、二〇〇八年〉）。

＊13　同書では、オルド自由主義からアメリカのシカゴ学派までの新自由主義の言説を分析し、新自由主義における統治の対象であるホモ・エコノミクスの起源を一八世紀以降の市民社会に見出す。

菅政権においては、それは同時に、市民主義と呼ばれ「第三の道」と自称されることで曖昧化され、口当たりの良いものにされることで、一種の翼賛体制を狙っていることは、今度の参議院選を見ても明らかだろう。この原稿を書いている時点で、参議院選の予測をすることはできないが、選挙に不利であることを承知で、「消費税増税」をスローガンに掲げ、「このままでは日本はギリシアのように財政破綻する」という――経済学的には全くインチキな――危機論を叫ぶポピュリズム[*14]は、上手くすれば、中曽根・小泉を継いで、日本における新自由主義体制を「完成」させるものになるかもしれない。少なくとも、菅民主党政権に反対する自民党勢力が、菅を「社会主義」（安倍晋三）などとトンチンカンなことを言って批判したつもりになっているようでは[*15]、菅民主党政権を倒すことはとうてい無理だろう。菅民主党が明確に新自由主義に舵を切ったのだとすれば、小泉・竹中路線を否定しえない自民党や公明党は、菅民主党との「大連立」へと傾くことも、選挙後十分に予想される。

菅が切り捨てたとされる小沢・亀井の社会民主主義（国家資本主義）路線[*16]にしても、彼らや、彼らが依拠する巨大労働組合が、市民主義に対抗できる思想を昂然と掲げられるかと言えば、これも大いに疑問である。今回の参院選ではついに組織内候補を民主党から擁立した（多分当選しているだろう）ＪＲ総連[*17]のような巨大労組が「権力を取らずに世界を変える」（ジョン・ホロウェイ）と称してアナキズム的な

＊14 二〇一〇年六月に発表した参院選に向け、菅は当面の消費税率としては自民党が提案する一〇％を参考に協議すると述べ、増税の意向を明確にし、選挙戦が始まると、「このままではギリシアの二の舞になる」と連呼した。

＊15 二〇一〇年七月二日の集会で安倍が「（菅内閣は）史上まれに見る陰湿な左翼政権」と発言したことを指している。

＊16 小沢は鳩山政権で幹事長を務めていたときのマニフェストである子ども手当、農業の戸別所得補償制度などの「バラマキ」と批判された政策の実現を放棄せず、当時国民新党の亀井静香と連携して、菅の増税政策を批判した。

＊17 国鉄民営化後ＪＲ東労組に参加、その後ＪＲ総連特別執行委員を務めていた田城郁が二〇一〇年の参院選に民主党公認で出馬、当選した。

「自由」を模索していることは前回のこの欄でも紹介したが、それは同時に、新自由主義的＝市民主義的「自由」へと回収され、「労働者」という概念の縮減へといたる以外にはない。なぜなら、労働とは「自由」ではなく「平等」の根拠（労働価値説、つまり、「職業に貴賤なし」）だからであり、資本＝権力の問題を括弧に入れてしまった時、その自由はアナルコ・キャピタリズム（そして、その亜流のアナルコ・サンディカリズム[*18]）を意味することしかできないからである。

　言うまでもなく、新自由主義の負の部分は貧困問題として語られている。「第三の道」は、これに対して職業訓練の付与で応えようとした。個々の人間に対しての資本の付与である。しかし、それは企業（＝市民）による自由な競争という新自由主義的前提の上でのことに過ぎない。そして、競争からドロップアウトした者にはベーシックインカム（フリードマンの「負の所得税」論議）というのが、新自由主義の方向であってみれば、反グローバリズム＝反貧困を掲げる左派が概ねベーシックインカムの要求に傾いている時、両者の間に何の齟齬もないだろう。反貧困の活動家を政府委員に招聘したのは、副総理時代の菅だった。左派さえ市民主義から脱却できないとすれば、菅政権の大政翼賛総動員体制も現実に可能なのかも知れない。

＊ここで言われているのは、いわゆる「人的資本」論のことだが、それは、今日の市民主義の支えでもあるわけだ。

＊18　労働組合運動を重視し、議会による漸進的な改革には否定的な無政府主義。

2010年8月―11月
公然化する貧者のナショナリズム――「政治」が消滅しつつある世界における、ニヒリズムの「戦争」への予感

今日、われわれが目にしているのは、いわゆる「大文字の政治[*1]」が今や機能失調をきたしているという「ポストポリティカル」な状況だろう。代わって世界を動かしているのは、「経済」である。

尖閣諸島（中国の呼称では釣魚島）の領有権が日中間で政治問題化している。[*2] 九月七日、日本が領海とする尖閣諸島沖で操業中の中国漁船を海上保安庁の巡視船が発見、停船勧告を無視して逃走する漁船が巡視船に衝突を繰り返したことで、海上保安庁は同漁船の船長を公務執行妨害で逮捕した。その後、中国国内で大規模な反日抗議デモが起こるなど、日中の対立が続いた。そして九月二十四日、沖縄那覇地検は逮捕された中国人船長を処分保留のまま釈放すると発表、翌日に船長は釈放されたが、中国政府は、この事件にかんして日本政府に謝罪と賠償を要求、その後も中国国内では反日デモが頻発している。

＊1 ヘーゲル主義以降あるいはマルクス主義以降の「大きな物語」を背負った政治。

＊2 二〇一〇年九月七日、尖閣諸島付近パトロール中の海上保安庁巡視船が中国籍の漁船を発見、日本領海から退去を命じるも違法操業を続け、巡視船二隻に衝突を試み、破損させた。海上保安庁は漁船船長を公務執行妨害で逮捕。ほか船員も事情聴取のため石垣島に連行した。九日に那覇地方検察局に送検されたが、中国からの抗議を受け、十三日に船員を釈放、二十四日検察首脳会議が開かれ船長の釈放も決定した。以後、中国漁業監視船などが尖閣諸島付近を徘徊する事案が多発し、日中両国で双方に対する抗議デモが興った。

那覇地検による中国人船長の釈放について、政府民主党は地検の独自判断であり政治介入はないとしているが、もちろん、そんなことは小学生でも信じない。ジャーナリズムをはじめネットを含む世論の主流では、中国への屈服であるとして奇妙にナショナリスティックな論調が高揚している。元航空幕僚長の田母神俊雄[*3]を代表とする「頑張れ日本！全国行動委員会」[*4]は、十月二日に東京・渋谷でデモを行ったが、それには三〇〇〇人が集結したという。このような大規模デモは、左右を問わず近年では異例のことだろう。言うまでもなく「頑張れ日本！」という呼称は、日本における「政治」の不在を叱咤している。

尖閣諸島問題については、しかしさまざまな見方が可能であるし、多様な情報と分析がすでに出始めている。そもそも、中国漁船は自民党政権時代の昔から（いや、もっと昔から）尖閣諸島沖合いに頻繁に出没していたわけだから、二〇一〇年になって初めて海上保安庁がそれを拿捕したというのは、いかにも不自然である。そこにこそ民主党政権の「政治的」意思をみることもできる。田母神的な立場に立てば、民主党政権は自民党政権に較べて「頑張っている」と評することさえ可能のはずである。中国漁船船長が逮捕される直前の八月二十七日に出された菅首相の私的諮問機関「新安保懇」[*5]の報告書は、日米安保のもとでの中国（そして北朝鮮）の脅威に「動的抑止力」で対処するという方向性が言われているが、この度の事件は、それに沿ったものとも見なしうる。

＊3 田母神俊雄（一九四八―）。元航空自衛隊幕僚長、政治活動家。二〇〇八年アパグループ主催の「「真の近現代史観」第一回懸賞論文受賞の「日本は侵略国家であったのか」が政府見解と異なるとして問題となり、一般に知られるようになる。

＊4 田母神と日本文化チャンネル桜社長の水島総らが二〇一〇年に結成した草の根政治活動団体。尖閣諸島問題が過熱する以前より外国人参政権問題などについて、チャンネル桜、ニコニコ動画、YouTubeなどネット上で活動方針や報道、呼び掛けを行なっていた。

＊5 二〇一〇年七月二十六日菅の私的諮問機関「新たな時代の安全保障と防衛力に関する懇談会」（座長・佐藤茂雄京阪電鉄最高経営責任者）が首相に報告書を提出した。報告書では中国北朝鮮に対する警戒の必要が説かれ、非核三原則の見直し、離島地域の自衛隊配備の検討、武器禁輸政策、PKO参加五原則の修正の検討、集団的自衛権の積極的な検討など、自民党政権時代でも公的に掲げられなかった内容が骨子となっていた。

田母神のみならずジャーナリズムや世論は、船長逮捕後の政府の対応が弱腰・腰砕けだと非難しているわけであろう。しかし、中国人船長釈放に圧力をかけたのは、首相官邸ではなく、アメリカ政府であるという有力な説も存在している（金子秀敏[*6]『週刊エコノミスト』十月十九日号、など）。アメリカ政府は、南シナ海で中国と領有権を争っているASEAN（東南アジア諸国連合）各国を巻き込んで同地域の安全協議の枠組みを作ろうとしていたが、問題が勃発するとASEAN諸国は中国にビビり出し、クリントン国務長官は前原外務大臣に事件の早急な解決を求めたというのだ。この説に信憑性が感じられるのは、「影の総理」仙谷官房長官が、中国人船長を訴追したら、十一月に横浜で開催予定の「APEC（アジア太平洋経済協力）が吹っ飛んでしまう」と、丸山和也自民党参議院議員との私的な電話で話していた様子のことである。[*7]仙谷発言は、APECに参加するアメリカやASEAN諸国との関係を踏まえているだろう。

尖閣諸島問題で端的に表現されているのは、もはや「プチナショ」と言えない日本のポピュリズム的ナショナリズムが、実は、ディレンマに逢着しつつあるということだろう。いや、「プチナショ」の肥大化は、このディレンマに対するヒステリー的反応ではあるまいか。

戦後日本の保守派や右派が「親米」だったという奇妙奇怪な事実が示すように、[*8]戦後におけるナショナリズムの担保は、実質的には安保を機軸とする日米同盟以

＊6 金子秀敏（一九四八年―）。毎日新聞専門編集委員。

＊7 二〇一〇年一〇月一八日の参院決算委員会で丸山が仙石由人官房長官との会話内容を暴露。それによれば、九月二十四日の中国人船長釈放決定後、同じく弁護士出身で旧知の仙石に「訴追すべきだった」と電話で主張したところ、「そんなことをしたらAPECが吹っ飛んでしまう」と懸念を表明したという。仙石はこれに曖昧な答弁を行なった。九月二十四日の検察首脳会議の前日、仙石の了解のもと外務省職員が那覇地方検察庁へ出向いていた。

＊8 戦後GHQの占領下にあったという以上に、冷戦体制下で右派が日本を左翼から保守するという「反共」の立場に確実な基盤を得るためには、「西側」アメリカの存在を前提せざるを得なかったことに拠る。日米安保体制の「傘の下」における依存・従属はその現実的な根拠であり、必要不可欠なものだった。

外になかった。とりわけ、冷戦体制の崩壊以後、「反米愛国」的左派イデオロギーが不可能になってからは、日米同盟を担保とする以外に日本のナショナリズムが発動しえないという冷厳な事実が露呈してきた。

ところが、今やアメリカ側は、それが担保たりえないと、明確に、日本に宣告しつつあるわけである。そして、その理由が米中の「蟻とキリギリス」的経済関係にあることも言うまでもない（もちろん、日中も「蟻とキリギリス」関係にある）。アメリカにとって日米同盟は、米中関係に較べれば二次的な問題なのである。そのことは、尖閣諸島問題と踵を接して生起している、解決不能な円高ドル安問題[*9]を参照するだけで十分だろう。だとすれば、発動する根拠を失われた日本のナショナリズムは、奇怪かつ空疎に肥大化せざるをえないわけだ。かつて保守系右派が誇っていた、日本の「成熟したナショナリズム」とは、「金持ちケンカせず」の別名に過ぎないが、日本が「金持ち」でなくなった時に、「未成熟な」貧者のナショナリズムが公然化してきたのである。政治が機能していないとジャーナリズムは、民主党政権を非難する。もちろん、そのとおりだろう。しかし、それは民主党を非難するジャーナリズムのおちいっているポピュリズム的な「貧者の」ナショナリズムが、全く非政治的なヒステリー状態にあることの似姿である。

ナチス・ドイツの桂冠法学者であったカール・シュミットは、戦後、「戦争の

＊9 二〇一〇年ギリシャ金融危機以降、ユーロは大幅下落しドルも弱いまま推移、円相場だけが高くなり、九月十五日には十五年ぶりに一ドル八十二円台後半まで上昇した。この円高は変動相場制下で生じているので、日本国内の政策だけで解決することは不可能。

廃止ではなくて枠の中に入れて保護限定することが、これまで、法の固有の成果であったし、国際法の唯一の業績なのであった」（『大地のノモス』[*10]〈福村出版、一九七六年〉）と述べた。これはナポレオン戦争の戦勝国の利益に応じて領土配分を行ったウィーン議定書[*11]（一八一五年）から、第一次大戦の勃発（一九一四年）までの一〇〇年間のヨーロッパ「大地」に基本的に妥当する秩序だと言われ、それ以後の海や空の領有権を争う時代は、その「ノモス（法）」を破壊していくことになるわけである。

それはともかく、尖閣諸島問題で明らかになったことは、日中（あるいは日中米）間の争いを「限定」しているのが「国際法」ではなく、資本主義経済だということであった。ところで、今日のグローバル資本主義を規定として一般に用いられる言葉は、「アナーキー」であるだろう。それは、無際限に拡張を志向する中国経済についてだけでなく、アメリカや日本の市場原理主義的資本主義に対しても言われた。

では、「アナーキー」な戦争への志向が、尖閣諸島領有をめぐる日中双方に伏在しているのだろうか。確かに、政府の弱腰を非難する「貧者の」ナショナリズムには、ちょっと前にジャーナリズムを風靡した「希望は戦争」（赤木智弘）といった貧者の「アナーキーな」心性が透けて見える。しかし、ここではシュミットに倣って「アナーキー」と「ニヒリズム」を区別するべきだろう。シュミット

＊10 第二次世界大戦以後の「正戦」の概念やヨーロッパ公法秩序を構成するものを分析した、カール・シュミットの主著のひとつ。
＊11 ナポレオン戦争後、ヨーロッパ全体の秩序を回復するためウィーン会議で一八一五年六月九日に調印された国際協定。ウィーン体制の基礎。

によれば、前者は「抵抗権および自力救済権」としてあらわれるが（たとえば、パルティザンのごとく）、後者は「あらゆる撹乱者を音も立てずに淘汰する規範や制裁の体系」であり、「すべての法をぞっとするほどまでにまたニヒリスティックに破壊する」志向なのである。

ここで言われている「法」をさまざまな言葉（たとえば、共同体でも旧い生産様式でも）に置き換えれば、それは資本主義の定義となる。

現代の資本主義のアナーキーは、むしろニヒリズムとして捉えられるべきである。そして、世界資本主義に「保護限定」された戦争への志向も、それがポピュリズム的ナショナリズムとして発動された時、その似姿と化す。もちろん資本主義は、ニヒリズムを糧として前方へと逃走していくから、さしあたりは戦争を回避する「国際法」のように働くだろう。しかし、その「国際法」がニヒリズムそのものなのだから、それは不断に「希望は戦争」という心性に依存するのである。

『大地のノモス』を書いた後、シュミットは『パルチザンの理論』を著して、「ニヒリズム」に「アナーキー」を改めて対置してみせた。しかし、そこで賞揚されたパルティザンは、単なるアナキズムではなく、レーニンや毛沢東、あるいはホー・チ・ミンといった共産主義者と結びついたものだった。昨今、資本主義への対抗として、またアナキズムの再評価が唱えられているが、ここに、今なお解きがたい難問があるだろう。それは、尖閣諸島に出没する中国漁船をパルティザンと見なすことにも無理があるというところに、明らかだ。おそらく、「政治」が消滅しつつある世界には、政治の延長であるクラウゼヴィッツ[*12]的戦争ではなく、ニヒリズムの「戦争」が現出しつつあるのだろう。

＊集団的自衛権容認等の安保法案によって日米同盟は強化されたとの認識があるが、本当だろうか。

＊12 カール・フォン・クラウゼヴィッツ（一七八〇―一八三一）。軍人、軍事学者。プロイセン軍将校としてナポレオン戦争に参加。主著に死後発表された『戦争論』（一八三二年）。「戦争は他の手段をもってする政治の延長である」という定式は有名。

2010年12月—2011年4月

アラブ革命という世界史的地殻変動を前に、終末論的思考に依拠する無自覚な「反原発」、「戦後」の反復は通用しない

震災五日後の三月十六日に発せられた天皇の「おことば[*1]」は、巷間「玉音放送」と呼ばれている。東日本大震災[*2]が一九四五年の「敗戦」とのアナロジーで、一般に捉えられている。「敗戦」のメタファーは、これまでも繰り返されてきたが、この度もまた——しかも、相当のリアリティーをもって——立場を問わず多くの者に使用されている。日々、TVに映し出される被災地の光景が米軍空襲後の廃墟を想起させるのはもちろんだが、最大の問題である福島第一原発の事故[*3]が、広島・長崎への原爆投下ともひそかに重ね合わされている。昭和天皇が広島・長崎の衝撃によって「御聖断」へと強く使嗾されたのと同様、「今上」天皇の「おことば」も、福島原発事故という契機を抜きに考えられない。近代天皇制とは終末論的破局をフィードバックするところの、おそらくは、それ自体で終末論的な装置なのである。

＊1 東日本大震災から五日後に収録・公開された天皇のビデオメッセージ。午後四時三十五分から日本の多くの放送局が報道特別番組の一環として放送した。被災者への励まし、救援活動を行なう人へのねぎらいの言葉を述べている。

＊2 二〇一一年三月十一日に発生した、日本周辺観測史上最大のマグニチュード九・〇の東北地方太平洋沖地震とそれに伴う津波、余震による大規模災害。この地震で福島第一原子力発電所事故が起きた。

＊3 東北地方太平洋沖地震とそれに伴う津波の影響で起きた、福島第一原子力発電所における炉心融解などによる放射性物質の放出その他の一連の原発事故。国際原子力事象評価尺度で最悪レベル七に分類。

福島原発事故については、大手メディアを通じた、政府、官僚、東電、「御用学者」、そして、それに追随する「御用ジャーナリスト」たちの発する「(危機的ではあるが、まだ)大丈夫」という言説[*4]に反して、主にソーシャル・メディア[*5]を通じて、反原発の言説がリアリティーをもって語られ、多くの支持をえている。私の友人・知人のなかにも、東京から関西や九州に「疎開」した者がいる。彼ら彼女らの過半はディープなネットユーザーである。原発推進政策は資本主義の利害を賭け、「絶対安全」を掲げて政・官・産・学一体で推進されてきたわけであり、その主要な一翼を率先して担ってきた大手メディアから発せられる言説に信頼の置けるはずもない。原発問題は、日本においてはウィキリークス[*6]以上に、既成大手メディアの失墜を加速させるだろう。

そして、そのことと反比例するかのように、広瀬隆[*7](ノンフィクション作家)をはじめ八〇年代に活躍した反原発イデオローグたちの言説が主にネット上で活況を呈し、再び支持をえはじめている。しかし、その言説の多くは「最悪のシナリオ」を想定するという意味で、終末論的な色彩が色濃く、そのことによって大衆的な支持をえているということには注意しなければならない。

ここで改めて想起すべきなのは、八〇年代後半に圧倒的な盛り上がりを見せた反原発運動が、アッという間に沈静化してしまったという歴史的な教訓だろう。八〇年代反原発イデオローグの復活という事態を、ノーチェックで受け入れてし

*4 原発事故直後、放射性物質の飛散などに関して当時の官房長官枝野幸男が繰り返した「直ちに影響はない」は一種の流行語になったほか、東京電力は事故後まもなく起きた炉心融解を公表せず、またさまざまな報告が遅れるなど問題になった。また被災した原発の状況について、被曝線量の数値についてなど、伊藤哲夫、稲恭宏、諸葛宗男などの学者がマスメディアでその安全性を強調した。

*5 個人による情報発信、個人間の情報交換などインターネット上で広範に参加利用できるメディア。ツイッターやブログ、掲示板など。

*6 投稿者の匿名を守り、主に内部告発された政府、企業、宗教などに関する機密情報・映像などを公開するウェブサイト。創始者はオーストラリアのジャーナリスト・ジュリアン・アサンジ(一九七一―)。

*7 広瀬隆(一九四三―)。反原発活動家。主著に『危険な話 チェルノブイリと日本の運命』(八月書館、一九八七年)など。

まう時、われわれは何の痛痒もなく、現在の事態が「沈静化」するのを待つだけだろうからである。そして、この問題について必読・参照されるべきは、かつて九州で反原発運動の近傍にあった外山恒一の自伝的な八〇年代史論『青いムーブメント　まったく新しい80年代史』（彩流社、二〇〇八年）である。[*8] 外山のシャープな歴史感覚には端視すべからざるものがあり、以下、主にその記述に沿いながら私見を述べる。

日本の反原発運動の高揚は、チェルノブイリ[*9]（八六年）の翌年に刊行された広瀬隆の『危険な話』[*10]（八月書館、一九八七年）をもって、直接的な契機とする。広瀬は、すでに『東京に原発を！』[*11]（集英社文庫、初版は一九八六年）を刊行していたが、八月書館という無名な版元から刊行された『危険な話』は、口コミでじわじわと売れ行きを伸ばし、八七年を代表するベストセラーとなった。広瀬が以前からやっていた全国各地の講演活動にも多くの人間がつめかけた。広瀬はギャラはおろか交通費さえ受け取らなかったと、そのストイシズムぶりが伝えられている。つまり、終末論を説法する原始キリスト教の預言者のようだったのである（実際のイエスが終末論を説いたかどうかは問わず）。そして、そのなかから既成の反原発運動にはないスタイルを持った、新たな活動家が誕生していく。外山と連係していた反原発活動家であり、北海道泊原発建設阻止闘争を担った「札幌ほっけの会」の宮沢直人[*12]は、広瀬的言説を明確に――肯定的に――「デマゴギー」と認め、宗教

＊8 外山恒一（一九七〇年―）。革命家。八〇年代末に「反管理教育運動」の活動家としてメディアに登場。現在はファシストを自称し活動。二〇〇七年東京都知事選立候補の際の政見放送がネットを中心に話題を呼んだ。本書は、半ば自伝の体裁を取りながら、外山が関わった反管理教育運動や反原発運動を前面に押し出した八〇年代論。

＊9 チェルノブイリ原子力発電所事故（一九八六年四月二十六日）のこと。四号炉が炉心融解後、爆発。放射性物質がウクライナ、ベラルーシ、ロシアなどを汚染、二〇一六年現在なお原発から半径三〇キロメートル圏内での居住禁止。国際原子力事象評価尺度は最悪レベルの七。

＊10 チェルノブイリ原発事故は報道においてその危険性が過小評価されており、これから更に「危険」なことが起こること、日本の原発はチェルノブイリよりも甚大で日本全土を巻き込む事故を起こす可能性が高いこと、ジャーナリズムは原発の危険性を隠蔽していることなどが記され、当時、話題となった。

＊11 日本の原発が大爆発を起こす可

運動と規定している（宮沢「何が可能なのか」、『デルクイ』創刊号など参照）。確かにそれは、反戦平和運動としての反核運動や、産廃処理場、ゴルフ場などの建設反対運動、あるいは、原発予定地の農民・漁民の生態系の破壊や風評被害を恐れる「エゴイズム」に立脚した運動とはパラダイムを異にした、一種の「宗教的」運動だったのである。

ちなみに、外山や宮沢ら当時の反原発のラディカルな活動家のなかには、オウム真理教事件[*13]（九五年）に接して、今さらながらにポスト・フェストゥム[*14]（祭りの後）の感情を抱いた様子の者が少なくない。言うまでもなく、オウム真理教もハルマゲドンを説く原始キリスト教的（というか、原始仏教的）な集団であった。八八年一月、四国電力本社前に集まった反原発数千人の模様を、外山の著作から引こう。

> それは「市民」とひとくくりにするのもはばかられるような、雑多な人々だった。目立つのは、主婦と学生、それにヒッピーであった。が、何だかよくわからない者も大勢混じっていた。仏教系の小さな宗派らしい坊主が、木魚みたいなものを鳴らしながらお経をとなえている。染めた髪を逆立てたパンクスがいる。右翼の街宣車が現れて、緊張が走るが、よく聞くと「がんばってください」と云っている。

能性とその危険性に繰り返し触れている。二〇一一年当時この著書を読んでか読まずか、「東京に原発を！」と表題通りの主張を行なう者がしばしば現われた。

＊12 宮沢直人（一九五五―）。八〇年代末の反原発運動における最左派グループ「札幌ほっけの会」の中心的活動家。

＊13 一九九五年三月二十日、麻原彰晃を教祖とするオウム真理教が起こした地下鉄サリン事件。化学兵器神経ガスサリンが五編成の地下鉄車両内で散布。大都市で一般市民に対し無差別に化学兵器が使用された史上初のテロ事件。

＊14 精神科医木村敏が『時間と自己』（中央公論社、一九八二年）のなかで提唱した人間の時間感覚の分類のひとつ。過去を取り返しのつかない未済の出来事と捉える自己の在り方。木村によれば、ポスト・フェストゥムは鬱病的である。

この動きは四月の東京でピークに達し、一万人集会と銘打たれた集会には二万人が集まった。日本では、六〇年代で「若者たちの叛乱」的な大衆運動は終わったという歴史認識は、ウソ八百なのだ。

この反原発運動の高揚と並行して進行していったのが、昭和天皇「崩御」へのプロセスにほかならない。八八年九月以降、前年から報じられていた天皇の病状が悪化し、「自粛」ムードが広がった。[*15] 震災後の現在のようなもの、あるいはそれ以上である。そのようななかで、左派には「昭和の終わり」を「Xデー」と呼んで、「反天皇制」運動を盛り上げようと図る動きがあった。[*16] もちろん、彼らは反原発運動にも親和的であった。しかし、「Xデー」というところからも明らかなように、それもまた一種の終末論以外ではなかったのである。「Xデー」には白色テロが吹き荒れるといったハルマゲドン予告の言説が左派の間では本気で語られていたのだ。中上健次が、当時、突然のように昭和天皇へのオマージュを語り始めるのも、[*17] この終末論に侵されたゆえ、と考えるほかあるまい。「Xデー」という終末論的呼称は、天皇の死を前に何やかやと「自粛」することと同じ思考の表裏である。

外山が言うように、八〇年代反原発運動を一挙に沈静化させたのは、「Xデー」を前にした「自粛ムード」だと、ひとまずは言えるだろう。「天皇が死んだら大変なことになる」という思考は、単に一般大衆だけのものではなく、左派をも侵

*15 一九八八年九月十九日に昭和天皇が倒れ、皇居前に設置されたお見舞いの記帳所に首相竹下登などが並び出した十月以降、次第に全国各地で恒例のイベント行事や大規模なコンサートなどがほぼ中止となっていった。年末には日産・セフィーロのテレビコマーシャルで井上陽水が視聴者に語りかける「みなさん、お元気ですか?」の音声が不謹慎として消去、同じくトヨタ・カリーナの「生きる歓び」というコピーが問題視され、ポスター撤去。一月七日の「崩御」発表後は主要都市の電飾看板の灯りが消され、数日にわたってテレビではCM無しの追悼特番が延々放送されたため、レンタルビデオ屋が繁盛した。

*16 早稲田のノンセクト活動家・見津毅らを中心とする「反天皇制全国個人共闘・秋の嵐」は天皇の病状悪化が報道され、自粛ムードが強まっていくなか、原宿ホコ天で反天皇制の演説などの路上集会を継続した。

*17 偶然にも昭和天皇「崩御」の日に発売された『文學界』八九年二月号での岡野弘彦との対談「天皇裕仁のロゴス」などを参照。

食していたのである。反原発運動にコミットした大衆も、いつ来るかわからない終末に対して警鐘を鳴らすよりは、今すぐに必ず来る「Xデー」という終末まで身を慎むことを選んだ。そのような終末論的思考は、福島第一原発事故以降に復活した「反原発ムード」においても、現在を「戦後」のメタファーで捉える限り、実はいっこうに払拭されていないのである。

しかし、昭和天皇が死んでもハルマゲドンが来なかったように(来なかったのは自粛したためでも何でもない)、原発事故が発生しても——おそらくは、核戦争が起こってさえ！——ハルマゲドンは来ない。実は誰もが知るように、原発事故は「瞬時」のものではなく「長期化する」ものなのだ。それは、福島第一原発のみならず、スリーマイル島[*18]やチェルノブイリの現在を見ても明らかなことではないのか。終末論的思考によって原発を批判することはできない。そのような思考では、「事故」が「御用学者」を尖兵とする資本主義の「科学的」イデオロギーによって隠蔽されるというところが、オチだろう。なぜなら、それはすでに「おことば」という第二の玉音放送によって、巧妙にもいち早く「終末」を宣言した今上天皇に、「御用」の言説が担保されているからである。反原発の論理が終末論に依拠している限り、それはついに「カルト」と親和的であるほかない。

今後は、一九四五年以降の「戦後」という時代を無自覚に反復することが、政・産・官・学協同した日本資本主義によって推進されていくのだろう。原発事

*18 スリーマイル島原子力発電所事故(一九七九年三月二十八日)。原子炉の冷却材喪失により炉心融解を起こす。国際原子力事象評価尺度レベル五。

故をめぐっては、「一億総懺悔」、「財閥解体」、「戦犯追放」、「東京裁判」、「追放解除」、「戦後復興」等々、[*19]二度目の茶番が演じられるに違いない。すでに原発処理と称して米軍が進駐し、マスコミの喝采を浴びているではないか。[*20]その先に日指されているのは、「より安全な原発」に象徴される体制以外にないだろう。それが可能なのは、ハルマゲドンが到来せず、しかも、現代天皇制が終末論的思考へのフィードバック装置として機能しているからである。もとより、そのような「幸福」が、チュニジアに端を発してアラブ全域を覆おうとしているアラブ革命[*21]という世界史的な地殻変動を前に、本当に可能かどうか、定かではない。アメリカ=イスラエルの支配からの脱却という方向を否定しえないアラブ革命の時代に、今さら「戦後」などという時代認識は通用しないだろう。

*今や原発事故にもとづく終末論はほぼ終息した。次いで起こったのが安保関連法案による終末論だったのは周知のこと。

*19 すべて第二次世界大戦敗戦後の日本で行なわれ、唱えられた事象。
*20 トモダチ作戦(Operation Tomodachi)のこと。東日本大震災の救助、救援、復興支援などを行なう米軍の作戦。四月には大量破壊兵器対策を専門とする海兵隊特殊部隊も来日し、原発事故への対応支援も行なった。
*21 総称として「アラブの春」と呼ばれる、二〇一〇年から二〇一二年にかけてチュニジア、エジプト、リビア、イエメンなど長期独裁政権打倒に至ったもののほか、アルジェリア、ヨルダン、レバノン、オマーン、シリアなど前例にない範囲で勃発した反政権デモ・抗議活動。

2011年5月―7月
気分に支配される政局――新自由主義者・孫は良くて菅はダメ。反原発運動で忘れられているのはネオリベ批判の契機だ

内閣不信任決議案が衆議院で否決（六月二日）されて以降も「菅降ろし」の声は高まる一方で政局は先が見えない。[*1] 政府与党の大方も自民・公明ら野党も、ただただ菅が「無能」であるという一点で、菅首相の早期退陣を求めているわけだが、奇妙なことに、そこでは、今現在のシングルイシュー[*2]であるはずの、反（脱）原発か原発推進かという問題は一切問われることがない。周知のように、五月六日、菅は浜岡原発全原子炉の停止を宣言（要請）して脱原発へとシフト、[*3]電力の自然エネルギーへの転換を求める孫正義[*4]（ソフトバンク社長）らとの連携を強めることで、政治へゲモニーの奪還を模索しているかのようだ。巷間、孫は有能な実業家と見なされているが、菅は、孫にあやかって、「無能」のイメージを払拭できるだろうか。

この光景が奇妙だというのは、原発の是非が問われているのを誰でも知ってい

＊1 鳩山・小沢体制からの脱却を図って菅が迎えた二〇一〇年の参院選において民主党は敗北し、党内の対立が深まっていた。震災後の対応で改めて菅への批判が強まり、野党と民主党内部で内閣不信任案提出が画策され、二〇一一年六月二日に採決。賛成一五二票、反対二九三票で否決された。

＊2 争点をひとつに絞って行なわれる政治活動、政策アピール。

＊3 菅は東海地震の想定震源域である静岡県御前崎市の中部電力浜岡原子力発電所に関して、定期検査中の三号機のほか現在稼働中の四、五号機含めすべての原子炉停止を要請した。

＊4 孫正義（一九五七―）。実業家。ソフトバンクグループ株式会社代表取締役社長。原発事故後、太陽光発電所など自然エネルギーへの転換を説いた。

るにもかかわらず、あたかも、真の問題が無能な政治家を切り捨てることにあるかのように、政局も「大」マスコミも動いているということである。悪いのは、無能な政治家であり、利権にしがみつく官僚であり、富に奢る財閥である……云々。しかし、これはどこかで見た光景ではないだろうか。東日本大震災前に刊行されていたレベッカ・ソルニットの『災害ユートピア　なぜそのとき特別な共同体が立ち上がるのか』[*5]（亜紀書房、二〇一〇年）が、震災後に改めて読まれているらしい。この本のベースには十九世紀末から二十世紀初頭にかけて絶大な影響力を誇ったロシア人のアナキズム思想家クロポトキンの『相互扶助論』がある。震災等の災害時においては、自然発生的に庶民の相互扶助的なユートピアが出現するが、それを阻害するのが政治家や官僚らの「無能」な、エリート・パニックであると主張しているわけである。

なるほど、いかにももっともらしい。TVや日刊紙などの日々の報道によれば、被災地において人々は一個のアンパンも分け合って「復興」への一歩を踏み出そうとしている。善意のボランティアは炊き出しに瓦礫撤去に身を粉にして尽力している。自衛隊や下級自治体職員も昼夜を分かたず献身的に働き、芸能人も焼きそばやオデンを振る舞ってはミニコンサートを開いて、被災者を慰問している。災害ユートピアは現実に出現しているかのようである。いまだ仮設住宅が十分に建設されず、義損金が十分に行き渡らないのは、硬直した思考しか持ちえな

＊5　レベッカ・ソルニット（一九六一―）。アメリカ合衆国のライター。同書では、大災害後の被災地に現出したユートピア的なコミュニケーションまたは共同体の事例を世界中から収集して紹介している。

い官僚と、官僚を使いこなせない無能な政治家のせいだ、というわけだ。東電については言うまでもない。

しかし、少し考えてみれば分かるように、とにもかくにもアンパンを配給システムに乗せているのも、自衛隊や下級公務員を動かしているのも、官僚システム以外ではないし、それを差配しているのは政治家のはずである。私は、現在の政治家や官僚を、そしてもちろん東電を擁護するつもりは毛頭ないが、少なくとも、災害ユートピアと見えるものが、官僚システムに支えられてのみ可能なものだということくらいは、リアルに認識しておくべきだろう。

クロポトキンの思想は、日本においては、幸徳秋水[*6]や大杉栄といったアナキストによって伝えられ、大正期には白樺派の作家たちをはじめ広く受容された[*7]。しかし、注目すべきは、それが、権藤成卿や橘孝三郎[*8]といった農本主義的右翼思想家に受け入れられることで、昭和初期の五・一五事件[*9]や二・二六事件[*10]のような、青年将校によるクーデターへと展開していったことだろう。ここでは端的に指摘するにとどめるが、ソルニットが「市民社会」とも言い換えるクロポトキン流の相互扶助的な共同体は、権藤成卿が「社稷(しゃしょく)」と呼んだものに等しい。青年将校たちは、「財閥富を誇れども／社稷を思う心なし」(「昭和維新の歌」[*11])と歌って、テロリズムへと走ったのである。

権藤らによれば、日本には恒久不変な「社稷」が存在し、それを祭るのが万世

＊6 幸徳秋水(一八七一—一九一一)。社会主義者。著作に『廿世紀之怪物帝国主義』(一九〇一年)など。『共産党宣言』の翻訳(一九〇四年)もある。一九一一年大逆事件で検挙、処刑された。

＊7 主に有島武郎(一八七八—一九二三)である。アメリカ留学後、ヨーロッパ美術を歴訪、その際イギリスでクロポトキンと会見し一九〇七年に日本へ帰国。その後、一九一〇年に同人誌「白樺」が創刊される。

＊8 橘孝三郎(一八九三—一九七四)。農本主義者。私塾、愛郷塾を開き農本主義にもとづく青年教育を行なう。一九三二年、五・一五事件で塾生を率いて東京の変電所を襲撃したが意図した停電は起こせなかった。

＊9 一九三二年五月十五日、海軍青年将校が総理大臣官邸を襲撃。犬養毅内閣総理大臣を暗殺したほか、立憲政友会本部、警視庁、三菱銀行などを襲撃した事件。

＊10 一九三六年二月二十六日から二十九日にかけて、陸軍皇道派の青年将校らが昭和天皇に昭和維新を訴えて起こしたクーデター。岡田慶介内閣総理大

一系の天皇である。天皇と社稷は直接無媒介に結びつかねばならないが、その中間にある政治家・官僚・財閥といった「君側の奸」が、それを阻害しているので、テロリズムによって、それを取り除かねばならないのだ。このような思考は、クロポトキンの影響下にあったロシア・アナキストとも共通する。『相互扶助論』その他、クロポトキンの著作を読めば、その思想が穏健・穏当なことは知れるし、だからこそ、ソ連邦崩壊以降、レーニン主義やスターリン主義の暴政を克服するものとして、今なおクロポトキン的アナキズムが再評価されもするわけだが、実は、それこそがテロリズムを醸成するものなのである。ソルニットが相互扶助的社会を現出させるものとして「災害」と言う時、それはテロリズムの代用品以外ではない。

付言しておけば、現在、被災地を「巡幸」する天皇夫妻をはじめとする皇族たちのパフォーマンス[*12]は、権藤成卿らがイメージした、天皇と社稷との無媒介な合一が、そこにおいて、一瞬、実現されているかのごとき幻想を、リアルなものにしている。もちろん、「大」マスコミは、天皇が被災地を巡幸するために費やされる、官僚システムの膨大な労力については、報道しないからである。震災後の日本においては、かつて森喜朗（首相・当時）が言った「天皇を中心とした神の国[*13]」――つまり、「災害ユートピア」――が、被災地で実現しているかに見える。このユートピアを、さらに普遍化するためには、「君側の奸」を斬らねばならない

臣、高橋是清大蔵大臣などを襲撃、総理大臣官邸、警視庁、内務大臣官邸、陸軍省などを占拠した。

*11 正式名は「青年日本の歌」（一九三〇年）。作曲は三上卓。作詞も三上卓だが、主に土井晩翠と大川周明の著作からほぼそのまま引かれている。有名な二番は「権門上に傲れども／国を憂うる誠なし／財閥富を誇れども／社稷を思う心なし」。社稷の語以外は大川からの完全な引用（盗用）。

*12 二〇一一年三月三十日に天皇と皇后が東京武道館に避難していた被災者を慰問して以後、皇太子同妃、秋篠宮同妃なども含め皇族が四月から九月にかけて慰問を行ない、一三年まで断続的に続けられた。

*13 二〇〇〇年五月十五日神道政治連盟国会議員懇談会で当時の総理大臣森が行なった挨拶のなかの言葉。「日本の国、まさに天皇を中心としている神の国であるぞということを国民の皆さんにしっかりと承知していただく、そのために我々が頑張ってきた」という部分が問題となった。

……云々。

現在の「菅降ろし」に見られる政局は、おおよそ、このような「気分」に支配されている。菅に与えられた「無能」というレッテルは、「君側の奸」の別名である。しかし、現在のテレポリティクスの中では、誰が首相になっても、それは「君側の奸」以外でありえないから、「菅降ろし」に際しても、では次は誰かと問われて、答えられる人間はいなかったというわけだ。

しかし、「菅降ろし」をめぐる政争は、小沢一郎の懐刀と言われた平野貞夫[*14]が言ったように、「リベラリズムと共同体主義」、より正確に言えば、新自由主義対土建屋利権的資本主義（ケインズ主義？）の争いだろう。その意味で、ネオリベの一ヴァージョンである「第三の道」を標傍していた菅が、脱原発にシフトしたのは当然だし、その相手が「日本のビル・ゲイツ[*15]」孫正義だったのも当然である。若い日から、アメリカ西海岸のソーシャルキャピタルに学んできた孫正義が、日本における典型的な新自由主義者であることは、もっと注意されてしかるべきだろう。世界的な反原発運動を今なお規定しているところの、ニューエイジの影響下にある西海岸ソーシャルベンチャーは、多くの場合、エコロジカルな思考とも親和的なネオリベである。[*16]

これもまた奇妙なことなのだが、六月十一日夜、新宿駅の東口を埋めた二万人と言われる「反原発」デモ[*17]の群集の中から、脱原発にシフトした菅への支持の声

＊14 平野貞夫（一九三五―）。政治家。一九九二年から二〇〇三年参議院議員を務めるあいだ、小沢と行動をともにした。

＊15 ビル・ゲイツ（一九五五―）。実業家。マイクロソフト社の共同創業者兼元会長、現顧問。

＊16 アップル共同創業者であるスティーブ・ジョブズ（一九五五―二〇一一）が早くから禅に傾倒し続け、大学生のころに絶対菜食主義を始めていたエピソードは有名。

＊17 新宿中央公園から出発し、新宿駅東口アルタ前までのコースを歩くデモ。六月二十日の『朝日新聞』が「6・11デモ　新旧混在　労組の旗と若者の音楽」という題で記事にしており、そのなかでデモに参加していた本書著者の発言がややミスリーディングなかたちで紹介されている。

は、ほとんど聞かれなかった。これは、「素人の乱」[*18]をはじめとするデモの主催者たちが、ここ数年来、反ネオリベ（反貧困、反格差社会）の運動を展開してきたがゆえに、菅＝孫のネオリベ的反（脱）原発の方向に対して批判的だからだろうか。そうではないだろう。半日のあいだデモに随伴してみても、デモを構成する多くの人間の中からは、孫正義に対する期待の声が多く聞かれた。つまり、孫は良いが、菅はダメなのである。菅は「無能」で「君側の奸」であるというプロパガンダが行き渡っているというほかない。しかし、反原発運動で忘れられているのは、ネオリベラリズム批判の契機なのである。

　ヨーロッパでは、イタリアが国民投票で脱原発へと踏み切った[*19]（六月十三日）。福島以降、世界的に――少なくとも旧先進国では――脱原発の方向は決定されている。しかし、それがネオリベラリズムのさらなる展開であることを、少なくとも、これまでネオリベ批判を行ってきた左派は、踏まえておくべきだろう。そうでない限り、たとえば日本では、不断に「天皇を中心とした神の国」が夢見られるだけである。つまり、昭和維新の再現である。

　佐藤優は、或る最近の新聞コラムで、このままでは橋下大阪府知事[*20]あたりが浮上して、ボナパルティズム的（ファシズム的）政権が成立するのではないかと危惧していた[*21]。正しい。脱原発ネオリベ路線を推進し（橋下は脱原発派）、なおかつ「天皇を中心とした神の国」というユートピアを政策的に掲げうるのは、「君

*18 松本哉（一九七四年―）が「法政の貧乏くささを守る会」から「貧乏人大反乱集団」などを経て起ち上げた運動体の名称。高円寺で松本が経営する店舗名にちなむ。

*19 二〇一一年六月十二から十三日に実施された、イタリアにおける一九九〇年に停止していた原子力発電再開の是非を問う国民投票の結果、政府の再開計画が大差で否決された。

*20 橋下徹（一九六九年―）。弁護士、政治家。二〇〇八年一月二十七日の大阪府知事選挙で当選。大阪財政の再建などを謳い、さまざまな公的事業を対象に歳出削減を行なう。公務員批判などでも喝采を浴びた。

*21 二〇一一年六月十日の「東京新聞」朝刊「本年のコラム」で「ルイ・ボナパルト」と題し佐藤優は次のように書く。「十九世紀半ばのフランスで、当時、世界で最も民主的な体制のもとでクーデターが起き、ルイ・ボナパルト（ナポレオン三世）独裁体制が成立した過程について、マルクスが分析している。／大衆（分割地農民）の利益を代表する政党がないので、大衆の利益を代表するというイメージ操作

が代条例」[22]を大阪府で成立させて、ますますポピュリズムに磨きのかかった、「大阪維新の会」[23]をひきいる橋下くらいだろう。反原発闘争の難しさは、大阪で橋下を批判する難しさなのである。ところで、佐藤優という人は、クロポトキンや権藤成卿を高く評価し、天皇制も支持していたはずである。天皇を中心とした、脱原発ネオリベだけはダメだということなのだろうか？　しかし、権藤やクロポトキンを賞揚するなら、現実には橋下という選択肢しかあるまい。

＊幸か不幸か橋下は政界をリタイアしたが、橋下（的なもの）が復活しない保障はどこにもない。

で議員内閣制の機能不全を徹底的に批判したのでルイ・ボナパルトのクーデター成功した。／その結果、フランス国民は不幸になった。今のような国民不在の政争を国会でいつまでも続けていると「危機の時代には独裁が必要だ」と出張する和製ルイ・ボナパルトが関西あたりから出てくるのではないか、と筆者は危惧している。」

＊22 大阪府の施設における国旗の掲揚及び職員による国歌の斉唱に関する条例。二〇一一年大阪府知事橋下のもと、大阪維新の会が過半数を占める大阪府議会で六月三日に成立。君が代斉唱時に職員の起立斉唱を義務づけた全国初の条例。

＊23 二〇一〇年四月十九日に大阪府知事橋下徹が主導して自民党を離党した大阪府議らと結成した地域政党。大阪維新の会が大阪都構想実現を掲げて臨んだ二〇一一年十一月二十七日の大阪府知事選挙・大阪市長選挙で党幹事長の松井一郎が府知事選に、党代表の橋下が市長選に勝利した。

2011年8月―12月

原発と貧困はどうかかわるべきか――日本の「脱」原発は新自由主義的な格差拡大としてあらわれてくるだろう

Occupy Wall Street のスローガンのもと、九月のニューヨークで始まった反格差・反資本主義デモ[*1]が、アメリカのみならず、世界に波及しつつある。一方、ギリシアに発したEU危機[*2]も深刻さを増している。しかし奇妙なことに、少し前までは「生きさせろ！」や「反貧困」といったスローガンが頻繁に口にされていた日本では、それに呼応する運動が、今ひとつ盛り上がらないように思われる。アメリカの反格差デモに呼応して十月十五日に都内三ヶ所で行なわれたデモ[*3]は、合計五百人の参加（警視庁発表）をみたに過ぎなかった。その一ヶ月前（九月十九日）には、東京・明治公園六万人（主催者側発表）を集めた反原発集会[*4]が開かれたというのに、である。

知られているように、三・一一以降、日本の反原発運動を牽引してきたのは、元来、反格差・反貧困運動を行なってきたグループや個人にほかならない。四月

＊1 二〇一一年九月十七日からニューヨーク市のウォール街で起きた抗議行動。当初一〇〇〇人から次第に参加者を増やし、シカゴ、サンフランシスコなどでも行なわれた。政府による金融機関救済、富裕層への優遇措置などを批判。"We are the 99%"をスローガンに、アメリカで上位一％の富裕層の資産が増加していることに疑問を呈した。警察の取締りの強化や資金の枯渇などにより十一月まででほぼ沈静化した。

＊2 二〇一〇年ギリシアは国際通貨基金（IMF）とEUから救済融資を受けていたが、二〇一一年にはポルトガルもIMFとEUに救済融資を受け、イタリア、スペインでも緊縮財政が求められた。しかし、スペインでは緊縮財政に対する国民の不満から総選挙で政権交代が起こり、EU離脱が取沙汰されるなか、ギリシアにおいても緊縮財政法案反対のゼネストが行なわれるなど、債務再建に関するEU間の協議は合意に至らないまま。

＊3 オキュパイ・トウキョウのこと。六本木、新宿、日比谷で行なわれた。

＊4 さようなら原発5万人集会のこと。明治公園で大江健三郎や山本太郎

十日に高円寺で反原発デモを呼びかけ、その後の運動の方向を決定した松本哉らの「素人の乱」は、一九九〇年代後半には法政大学を拠点に「法政の貧乏くささを守る会」[*5]として活動し、二〇〇〇年代には「貧乏人大反乱集団」[*6]という団体として都内でゲリラ的な活動を展開していたグループである。二〇〇五年頃から「素人の乱」として、拠点を高円寺に構えた。また、松本とともに反原発運動の先頭に立っている雨宮処凛は、「生きさせろ！」のスローガンによって知られる「プレカリアートの女神」である。

彼らが三・一一以前に反原発運動に携わっていた形跡はない。もちろん、そのことをもってオポチュニストと彼らを非難する理由はない。しかし、では彼らの主題であった反格差・反貧困問題はどうなっているのかという点は問われてしかるべきだろう。いったい、原発と貧困は、どうかかわるのか。おそらく、現在問われなければならないのは、このことなのである。

吉岡斉[*7]や飯田哲也[*8]といった「脱」原発のオピニオンリーダーが言うように、福島第一原発事故以降の日本において、「脱」原発は自然に達成されていくだろう。原発が操業できる期間はおおよそ四十年と言われるが、「福島」以降に原発を増設するという国民的合意は得られないだろうし、そもそも、「福島」のような事故が再度起こったとしたら、そのリスクは高価に過ぎるからである。吉岡や飯田によれば、既存の原発については自然に消滅するに任せ、以後、新設しないこと

らがスピーチを行ない、代々木公園までのコースをデモ行進した。

*5 一九九六年に松本哉などによって組織されたサークル。法政大学の校舎改築（＝「こぎれい化」）や学費値上げなどに反対し「貧乏くささ」を守るとして、ゲリラ的に屋外で炬燵を置き鍋を囲み酒を飲む鍋闘争などの活動を行なった。

*6 都内でビラを撒き、新宿駅前などの屋外で鍋闘争をする、一種の解放区運動。

*7 吉岡斉（一九五三―）。科学史家。福島原発事故の事故調査・検証委員会委員。

*8 飯田哲也（一九五九―）。エネルギー学者。震災後、「戦略的エネルギーシフト」を唱えた。

がリーズナブルでリアルな選択である。もちろん、その間に代替エネルギーへとシフトしていくというわけである。

このような方向は、菅直人前首相にも、野田現首相にも共有されているだろう。いや、おそらく民主党、自民党、公明党の過半の議員も同意見であるに違いない。つまり、「減」原発をへて「脱」原発へというのは、国民的なコンセンサスなのである。九月十九日に明治公園で「さよなら原発」と合唱した六万人と野田首相の間には、ほとんど差異がない。つまり、社共も同様ということだ。「脱」原発は、すでに合意されているのである。

しかし、それは日本一国内のことに過ぎない。あるいは、「脱」原発が実現されるであろうところは、日本を含め旧先進資本主義国だけである。野田首相は九月二十二日の国連総会で「日本の原発の安全性を世界最高水準に高める」と演説した。[*9] 言うまでもなく、その「安全な」原発は、日本においてではなく、東南アジアや中国、インドなどへの輸出向けなのである。旧第三世界諸国は、今なお原発建設に積極的だが、日本の反（脱？）原発運動は、今のところ、一国主義的な枠内にとどまっており、旧第三世界への原発輸出反対という声は小さい。しかし、「反」原発というのなら、それは先ず、第三世界の問題として捉えられるべきだろう。

そのことは、「素人の乱」の、反（脱？）原発なら誰でもデモに参加を、とい

＊9　二〇一一年九月二十二日に開かれた、潘基文事務総長の呼びかけによる「原子力安全及び核セキュリティに関する国連ハイレベル会合」での演説。「日本は原子力発電の安全性を世界最高水準に高めます」と述べた後、「日本は原子力利用を模索する国々の関心に応えます。数年来、エネルギー安全保障や地球温暖化防止のため、新興諸国を始め、世界の多くの国々が原子力の利用を真剣に模索し、我が国は原子力安全の向上を含めた支援をしてきました。今後とも、これらの国々の我が国の取組への高い関心にしっかりと応えていきます」と続けた。

う方向においては決して問われることがない。反（脱？）原発という場合、日本の子供を守れ、日本の山河を守れという立場もある。しかし、単に日本一国の枠内で捉えられ、旧第三世界を問題としない「脱」原発なら、それは当然にも斥けられるべきナショナリズムに過ぎないし、結果的に原発（輸出）を肯定することなのである。

ここで代替エネルギーという問題は括弧に入れる。前回の本欄でも書いたが、それもまた新自由主義的なものだからである。資本主義は原発をリアルに必要としている。それは、単に、巨大資本にとって、多額の交付金を引き出せる原発建設にメリットがあるというだけではないだろう。

新自由主義者は、三・一一を奇貨として、日本の産業構造における第一次産業（農業）と第二次産業（製造業）の比率を下げようと目論んでいる。実際、先進資本主義国のなかで、日本は、それらの比率がやや高いからだ。端的に言えば工場の海外移転である。タイの大洪水は、日本企業の海外移転が想像以上に進捗していることを一般に知らしめたが[*10]、安価な労働力を求めるこの傾向は、止めようがないだろう。

このような傾向は、円高傾向やTPP[*11]が後押ししている（TPPは新自由主義というよりは、対中国の環太平洋ブロック経済を目指しているわけだが、その帰結は、少なくとも日本にとって、当面は新自由主義的な産業空洞化として現出

＊10　二〇一一年七月から三ヶ月以上続いたタイで起きた大洪水。このとき被害を受けた日本企業の多さが話題となった。江崎グリコ、日本ハム、味の素、帝人、住友金属工業その他の日系企業がこの洪水で浸水や工場操業中止などの被害に遭う。タイには当時日系企業が三二〇〇社以上進出していた。

＊11　環太平洋戦略的経済連携協定。環太平洋地域の経済の自由化を促進するための国際協定。例えば、商品衛生に関する国内法や公益事業にかかわる規制などがTPP加盟国企業の将来的な利益を損ねる場合、当該企業が損失の賠償を、規制を行なう国家に対して求めることができる。そのほか、実現すれば、総体的に知的財産権が強化され、薬価などが高騰する可能性が懸念されている。

するだろう）。為替レートは、今の七十円台でも安すぎ、五十円台が適当だというのが新自由主義者のみならず、一般の経済学者の言うところだ。そして、安価な労働力を供給する第三世界が、さらなる世界の製造工場となるためには、多大な電気エネルギーが必要であり、多くの原発が必要とされるというわけである。もちろん、日本の雇用は悪化する。

別の言い方をすれば、日本の「脱」原発傾向は、新自由主義的な格差拡大としてあらわれるということだ。おそらく、ここに日本の「脱」原発運動が、反格差というスローガンを、同時に掲げられない暗黙の理由がある。反格差と言ったとたん、それは産業の空洞化を阻止するために、相対的に原発維持を容認しなければならなくなるからだ。しかし、「福島」以降、それは不可能である。それゆえ、野田首相が言うように、原発の緩慢な自然減（「減」原発）を待つというのがリアルな選択ということになる。そして、実際、「脱」原発というスローガンは、原発を容認しているのである。

三・一一以降、当初は「反原発」という言葉が優勢だったが、次第に「脱原発」という言葉に代わったのも、そのためであろう。「脱」原発とは、原発に反対しているのではない。当面、原発操業を容認することで、産業の空洞化を遅らせながら、少しでも長く、ミドルクラスのロハス[*12]的経済利権を守ることが、暗に目指されていると言うべきである。それは、旧先進資本主義国「国民」のナショ

＊12 「lifestyles of health and sustainability（健康かつ持続可能な生活様式）」の頭文字をとった略語（ＬＯＨＡＳ）。主に地球環境を考慮したエコロジカルなイメージのメディアや広告で使われる。

ナリスティックなエゴイズムではないのか。もちろん、旧第三世界への原発建設や工場移転は、いやおうなく推進されて行く。ただ、多少のブレーキがかかるだけである。

雨宮処凛らの「生きさせろ!」の運動は、仕事をよこせ、賃金を上げろ、という要求を含意していた。湯浅誠によって領導された二〇〇八年、二〇〇九年の「年越し派遣村」の試みは、確かにそのようなものであった。湯浅や雨宮が民主党政権の政府委員になって、具体的に政策を推進しようとした気持ちも分からないではない。「素人の乱」も、彼らが本当に仕事を欲しているかどうかは問わず、仕事をよこせと言う。そして、「年越し派遣村」に来たひとびとの過半は、第二次産業に従事する労働者であった。

湯浅・雨宮らの政治的スローガンが反新自由主義に集約されていたのも周知のとおりである。しかし、彼らは決して「反資本主義」とは言わなかった。そう言えなかったところに、現在のアメリカの反格差デモとの相違がある。アメリカ反格差運動の反資本主義という主張が、たとえ、それほど考え抜かれたものでないにしろ、である。

三・一一の原発事故は、反資本主義とは言わぬ反新自由主義のスローガンが抱えるディレンマを、露呈させた。繰り返して言えば、それは原発の相対的な容認を意味してしまうのだ。これは、原発を主題化していないアメリカの反格差デモにおいて、いまだ自覚されえないことである。あるいは、雨宮も松本哉も、いまだそうであるかも知れない。しかし、仕事をよこせ、賃金を上げろと要求することは、日本の原発をとりあえず維持して第二次産業（第一次産業を含む）を保護して雇用を確保せよ、ということとおおむね同義に帰結する。

「素人の乱」の前身に、「素人の乱」と同じく高円寺を拠点にした「だめ連[*13]」の運動があった。一九九〇年代後期に多少のブームとなって顕在化した「だめ連」の運動は、端的に言って、いかに仕事をしないで「まったり」生きていくか、ということに主眼があった。仕事を求めるのではなく、サボタージュをいかに持続するかということである。三・一一以降の日本に、「反」原発と反格差・反資本主義の運動の両立が求められているとすれば、それは「だめ連」的なサボタージュの運動を、もう一度検討することからしか始まらないだろう。

＊ただ、「だめ連」の中枢のように、労働をしないで生きることは、多大な才能を必要とする。なお、バートルビーは組合を作れない。

＊13 一九九二年に当時、早稲田大学の二部の学生だったぺぺ長谷川と、同大学卒業後、東武百貨店で十ヶ月勤務したのち退職し、フリーター生活を送っていた神長恒一が再会。再会後、ノンセクト系や反天連系のデモや勉強会、在日外国人労働者・野宿者支援を行っていた「いのけん（原宿・渋谷生命と権利をかちとる会）」等に参加するなか、一九九二年五月の反ＰＫＯ運動の際に、「だめ連」を結成。当初は「活動家の中のだめグループ」という意味合いが強かったが、次第に「働かない」「恋愛しない」「家族を持たない」ことを「だめ」と否定的に捉えるのではなく、「だめ」をこじらせないオルタナティブな生き方の模索を、「交流」や「トーク」といった活動を通して展開していった。一九九七年五月に『現代思想』（青土社）の「特集　ストリート・カルチャー」で取り上げられたのをはじめ、一九九九年には『だめ！』（河出書房新社）、『だめ連宣言！』（作品社）と二冊の書籍が刊行、ＮＨＫやテレビ朝日などの番組にも登場するなど、一時、メディアで脚光を浴びた。

2012年1月—4月

橋下路線強力化のいま、地方地方の「脱」原発が普遍的な「正義」とならず、その総和が世界化しないことを、見極めよ

3・11一周年のイヴェント*1もとどこおりなく終了して、政治課題は、今や原発を括弧に入れる方向で進行しつつある。代わって政治課題として浮上させられているのが、消費税増税問題であり、解散総選挙問題であり、それを集約する橋下(大阪市長)問題である。*2このような政治課題のアッという間の推移が、それ自体で(旧)先進資本主義諸国における「ポストポリティカル状況」の反映であることは言うまでもない。

周知のように、ドルショック(七一年)以降、あるいは、より明白には冷戦体制の崩壊(八九年/九一年)以降、政治的なるものは後退に後退を続けてきた。六〇年代においては「個人的なことは政治的である」*3というスローガンが掲げられ、日常的で「小さな」諸事象にも差別や不平等の存在することが告発された。箸の上げ下ろし、何気ない言葉遣いにも政治的な意味(例えば性差に基づく、あるいは

*1 主には二〇一二年の3・11東京大行進。首都圏反原発連合主催。日比谷公園を出発して国会議事堂前までデモ行進し、国会を取り囲む「人間の鎖」を行なった。

*2 野田佳彦政権は二〇一二年三月、消費税増税関連法案を閣議決定した。既に二〇一一年十一月の主要二十ヶ国・地域首脳会議(G20)において財政再建のため消費税を一〇%に引き上げると宣言しており、民主党内でも小沢一郎などが反撥を強め、議論を呼んでいた。一二年八月十日に、消費税を一四年に八%、一五年に一〇%に引き上げる法案が民主・自民・公明三党により可決すると、小沢グループが民主党から離脱し、「国民の生活が第一」を結党。消費税増税に反対する野党と共闘して内閣不信任決議案を衆議院に、首相問責決議案を参議院に提出した。これに対し、野田は自民党総裁谷垣禎一と公明党代表山口那津男と会談し、「社会保障と税の一体改革」関連法案が成立したら、近いうちに国民に信を問う」と宣言して協力を取りつける。以後、「近いうち」に行なわれる解散総選挙に焦点が移行した。また、大阪維新の

依拠する文化に基づく）があるということである。しかし、その政治の再定義は、むしろ、政治を括弧に入れ、「倫理」や「正義」や「文化」を前景化することに帰結していったのである。より端的に言えば、資本主義それ自体には手をつけることなく、その枠内で、差別を是正し、公正な分配を相対的に実現していけば足りるということである（リベラリズム）。あるいは、個々の伝統や文化を尊重しなければならない、という方向にも進むだろう（コミュニタリアニズム）。しかし、この方向転換に先鞭をつけたジョン・ロールズの『正義論』[*4]（紀伊國屋書店、一九七九年、改訂版、二〇一〇年）を一読すれば誰もがそう思うように、その議論は、せいぜいアメリカ合衆国一国でしか通用しないし、通用したとしても、空論に終わるということだ。そのことは、正義や公正の実現はおろか、「格差」の拡大として現出している現在を見てみれば明らかなことである。

いわゆる橋下ブーム[*5]は、このようなポストポリティカルな状況下で生起した。昨年十一月の大阪市長府知事ダブル選挙に際しては、民主党、自民党のみならず、リベラル左派を中心とした勢力が橋下の手法を「ハシズム」と呼んで批判し、その勝利を阻止しようとやっきになった。しかし、橋下＝「大阪維新の会」が圧勝するに及んで、状況は一変した。リベラル左派は、政治学者・山口二郎がＴＶで直接に「論破」されたのをはじめ[*6]、民自両党はもとより、橋下を「ファシズム」の到来と言って早くから批判していた佐藤優のような人物さえ、選挙後にツ

会をもとに、自民党、民主党、みんなの党を離脱した国会議員らを加えて、二〇一二年九月「日本維新の会」が設立された。

＊3「The Personal is Political」。六〇年代のアメリカ公民権運動、特にフェミニズムの文脈でひろまった言説。

＊4 ジョン・ロールズ（一九二一―二〇〇二）。アメリカの政治哲学者。同書でロールズは、アメリカ公民権運動の盛り上がりを背景に、功利主義とは異なり、正義の原理に公正を見出し、そこから正義を基礎づけようとした。

＊5 財政難である大阪府の知事に就任後、「財政が立ちいかなくなったら民間企業なら従業員はクビだ」などと述べ、府の全職員の給与カットを行ない、さまざまな公的事業への予算削減を行なって話題を集めた。また、山口二郎、香山リカなど主にネット上で橋下を批判する著名人を見つけ出してテレビ番組で討論し、みずからが民意で選ばれた政治家であることを強調し、対案を求める姿勢で「論破」していくさまがネット上で喝采を受けた。またみずから頻繁にtwitterに投稿し、職員組合や新聞記事などに悪口めいた反論をつ

イッターで記した批判に橋下が懇切に応接するや、「支持」へと豹変した。[7] このような状況自体が、ポストポリティカルなのである。「政治」など、もはやどこにもないかのようではないか。

　これらは、誰もが感知しているところであり、だからこそ、若い世代を中心に、「一般意志2・0」[8]（東浩紀）といった議論が支持を受ける理由もあるのだろう。政治家や言論人が右往左往するのに嫌気がさし、何らかの普遍的な「定数」を求めているわけである。しかし、「一般意志」は、何もソーシャル・メディアを駆使しなくても、資本主義国では、すでに実現されている。言うまでもなく、証券取引所をつうじてであり、それは例えば、日経平均株価として可視化されているのだ。しかも、現代資本主義においては株価の乱高下が常態化していることからも知られるように、「一般意志」は政治家や言論人と同様に右往左往することができるばかりなのだ。あたかも、原発事故に接した時の東浩紀のように、[9] である。東の右往左往を揶揄しているわけではない。ポストポリティカルな状況下では、それしかできないのだ。

　橋下の政治的な——ということは、非政治的な、ということと同義だが——「勝利」の理由は、まず第一に、彼が「地方分権」とともに掲げた「脱原発」のスローガンの具体性にある。3・11以降、「脱」原発は国民的な総意と言っていい。今日、おおやけに原発推進・増設を公言する者は絶対的な少数派である。た

らねるなどしたことも、人気に火をつける要因となった。

*6 山口二郎（一九五八―）。政治学者。民主党の結成時からのブレーン。二〇一一年に橋下徹が大阪府知事に就任すると内田樹、香山リカなどと『橋下主義（ハシズム）を許すな！』（ビジネス社、二〇一一年）を出版し批判した。二〇一二年一月一五日「報道ステーションSUNDAY」（テレビ朝日）で山口二郎と橋下徹が教育委員会制度改革について討論。山口の批判に対して、橋下の反論の多くは「学者は現状を知らない」といったものだったが、これが橋下が「論破」したとしてネット上で喝采を受けた。

*7 佐藤優は「週刊文春」二〇一二年五月十七日号で「あなたは橋下徹総理を支持しますか？」という編集部の質問に、「国政への影響を強める過程で、橋下氏は、周囲に優れたブレインを集め、外交、安全保障政策について勉強する。その過程で、橋下氏は、確実に国際基準で政治ゲームを行うことができる政治家に変貌する。（…）言い換えると橋下氏の変貌を支援するのが有識者の責務と思う。今後の変貌を

だし、その「脱」原発の内実も具体的な方策も、個々まちまちなのが現状だろう。そのなかで、大阪市が関西電力の筆頭株主であることを梃子に、電力の原発依存度引き下げと発送電分離を迫る橋下の戦略は、「脱」原発ということにおいてはもっとも具体的かつリアリティーを持つものであるかのように思える。それは「正義」の主張であるかのようであり、橋下を「ハシズム」と批判するリベラル派も、批判できない部分である。

もちろん、リベラル派が批判できないのは、彼らが橋下と同様に原発問題も非政治的な課題として扱っているからだ。もし反橋下派が政治的であろうとするなら、原発は一地方の問題ではない、世界資本主義の問題であると提起すべきなのだ。関電が「脱」原発に舵を切ったと仮定しても、日本の原発輸出と（旧）第三世界諸国における原発増設は不可避的だろう。それが資本主義というものである。橋下の路線は、そのことを不問に付したところで可能な、誰もが肯定する「正義」に過ぎない。しかし、民自両党や社共はもとより、長年、資本主義を不問にしてきたリベラル派にとって、それを主張する文脈は失われている。リベラル派も、タテマエ上は原発輸出に反対するだろうが、彼らの一義的な問題は、日本一国における「脱」原発だからだ。だが、本当に一義的な問題は、原発輸出に反対するか否かにある。

橋下の「脱」原発路線は、「地方分権」の実践でもあるだろう。しかし、それ

考慮に入れた上で、私は橋下徹総理の誕生に期待している」と返答した。

＊8 東浩紀『一般意志2・0 ルソー、フロイト、グーグル』（講談社・二〇一一年）に由る。インターネット環境が普及した現在ではルソーの一般意志が更新されて実現可能となり、これが新たな民主主義の基盤となるのではと、例としてニコニコ動画などを利用した対案を示す。

＊9 福島第一原発事故が起きた後、東は三月一五日に東京から家族を連れて伊豆へ向かい避難したことをみずからの twitter アカウントで報告した。その後、三月一七日の『ニューヨーク・タイムズ』に東日本大震災について寄稿し、そのなかで、いまや「枝野幸男内閣官房長官はネットのヒーローとなり、自衛隊の救助活動は賞賛の的」であり、日本人は「一丸となって国を守ろうとしている。（…）日本人は日本人であることに誇りを持ち始めた。もちろん、ナショナリズムと容易につながってしまうであろうこのキャラを不快に思うことにも議論の余地はある。すでにウェブ上ではそのような懸念も見かける。しかしそうであっても、僕はこ

は3・11以降の「脱」原発運動が一国主義的な枠内にとどまっているのと同様にローカルであり、普遍性を持っていない。地方地方の、あるいは一国一国の「脱」原発の総和は、決して世界化しない。個々のロジックが異なるからだ。にもかかわらず、それが普遍的な「正義」であるかのようにイメージされてしまうところに、橋下の強力があると言える。

同様のことは、悪名高い大阪市の「君が代条例」（二〇一二年二月）についても言える。周知のように、公立学校における日の丸・君が代問題は、政府・文科省と日教組・高教組との間の長年の抗争点だった。[*10] 教育現場では管理職が調停することで、何とか曖昧にやり過ごして、職場の秩序が保たれていた。しかし、国旗国歌法[*11]が制定（一九九九年）されて以来、組合側の主張は、徐々にその論拠を掘り崩され、組合員の不起立不斉唱は玉砕戦術の様相を呈しはじめた。

端的に言おう。不起立不斉唱の教員を懲戒処分にするという橋下の路線に対抗する論拠は、現在では、今上帝の「大御心」にしかない。記憶されていると思うが、二〇〇四年の園遊会で、天皇は、学校に国歌を斉唱させ国旗を掲げることが私の仕事だと言う米長邦雄（当時東京都教育委員）を諫めて、国歌国旗は「強制になるということでないということが望ましい」と述べた。[*12] 同様の発言は、翌年もなされている。つまり、橋下路線に対抗するためには、それが「大御心」に沿わないものだと主張する以外には対抗しがたいのである。

の現象に一縷の希望の光を見出している」と述べた。

*10 一九九六年文部省が教育現場における日章旗の掲揚と君が代の斉唱の徹底を強化する通達を出し、日本教職員組合などが憲法が保障する思想・良心の自由に反するとして、これを拒否。一九九九年、広島県立世羅高等学校で卒業式当日校長が自殺、国旗国歌に関して文部省通達と日教組教職員のあいだで板挟みになっていたのではという憶測とともに話題となった。これを受け同年に国旗国歌法が成立した後も、それが国旗国歌を強制する法律ではないにもかかわらず、教育現場で強制が罷り通っていると日教組などは反撥を続けた。

*11 国旗及び国家に関する法律。一九九九年八月十三日小渕恵三政権のもと公布、即日施行された。国旗を日章旗とすること、国歌を君が代とすることを定めた本則二条に附則、別記からなる法律。六月二十九日の衆院本会議で小渕は「政府といたしましては、国旗・国歌の法制化にあたり、国旗の掲揚に関し義務づけなどを行うことは考えておりません」と答弁していた。

もちろん、国歌や国旗についての歴史認識を問うことで、それに反対することは可能であろうし、なされてきた。しかし、国歌国旗が法制化されてしまった現在において、その議論を保障し、もしかしたら法をも破棄してくれるのが、天皇の「良心」しかないという事実は、ウンザリすることではないか。しかも、橋下は、その「大御心」に背いてまでも、「君が代条例」を制定したのである。公言された「大御心」に背くことは、二・二六の青年将校（昭和維新）もできなかったことだ。その意味で、橋下＝「大阪維新」への大衆的喝采は、天皇さえこえた「正義」へのそれであるのかもしれない。少なくとも、橋下は天皇を諫め、大御心を矯正しようとしているわけだ。

3・11以降、今上帝夫妻への賞賛の声は高まる一方だった。とりわけ、心臓手術後の病身を押して出席した、東日本大震災一周年記念式典での天皇の「御言葉」[*13]は、放射能問題への言及までなされていて（その部分はTV報道ではカットされているが）、普段は天皇制に懐疑的なリベラル左派をさえ感動させた。天皇制は、もはや政治課題ではない。日本は、やはり「天皇を中心とした神の国」だったわけであり、「神の国」に「政治」などありようがないということだ。そこに必要なのは「正義」だけである。だから、いかに天皇自身が反対しようとも国歌を斉唱し国旗を掲揚することが「神の国」に住む者の勤めではないか、という次第となる。仄聞するところ、橋下にイカレた村会議員あたりが盛んに、そう

*12 これに対し、米長は「もうもちろんそう、本当に素晴らしいお言葉をいただき、ありがとうございました」と答えた。天皇が個別の政治政策について「おことば」を発したことは異例として話題を集め、リベラル派が天皇の「おことば」に期待するきっかけにもなった。翌年の二〇〇五年には、作家の島田雅彦編著による『おことば 戦後皇室語録』（新潮社、二〇〇五年）が刊行された。

*13 国立劇場で二〇一二年三月十一日に行なわれた東日本大震災一周年追悼式での発言。そのなかで大震災の被害に触れるなかで、「この震災のため原子力発電所の事故が発生したことにより、危険な区域に住む人々は住み慣れた、そして生活の場としていた地域から離れざるを得なくなりました。再びそこに安全に住むためには放射能の問題を克服しなければならないという困難な問題が起こっています」と原発事故の被害についても言及した。

主張しているという。
　その他、橋下路線について、その公務員へのリストラ、給与カットなども、公平な「分配的正義」（ロールズ）の実現と見なされているのであろう。しかし、すでに多少なりとも明らかなように、「政治」を欠いた「正義」の追求は、決して、正義へと帰結しはしない。「反」原発というスローガンが、いつのまにか「脱」原発へとすり替わり、それが世界規模では原発の簇生へと帰結せざるをえないように、である。あるいは、その「脱」原発のシンボルが、今や密かに天皇であることによっても、それは明らかだ。そのことを見極めるのが、「政治」を復権させる第一歩だろう。

*安倍が株価維持を最大の（？）政治課題としている理由も、本稿で論じたところにある。

2012年5月―7月

〝資本主義社会の維持＝民主主義〟という等式に囚われている限り、原発再稼働も消費税増税も粛々と進んでいく

関西電力大飯原発（福井県）の再稼働を目前にして、首相官邸前に十五万人（主催者側発表）にのぼるデモンストレーションが行なわれた[*1]（六月二十九日）。一部のジャーナリズムは、これを「六〇年安保以来の出来事」と評している。いわゆる六〇年安保が最も高揚を見せた一九六〇年の六月十五日には、国会前に主催者側発表三十三万人（警視庁発表十三万人）のデモ隊が、警官隊と激しく衝突した[*2]。戦後最大の「国民的運動」として、今なお回顧されている。昨年の3・11に始まる「脱」原発運動が、どのような意味で六〇年安保と比較されるべきなのかは、興味深い問題だ。両者は、かなりのレベルで異質なものを含みながらも、確かに比較検討されるべき問題を孕んではいる。

一九六〇年五月十九日、時の首相・岸信介は新安保条約案を衆議院特別委員会で強行採決した[*3]。これによって、新安保条約の自然成立が決定した。しかし、こ

＊1 首都圏反原発連合主催で毎週金曜日に行なわれていた首相官邸前抗議。六月十六日に野田政権が大飯原発の再稼働を決定した直後の二十二日に参加者が急増（主催者発表四万五〇〇〇人）。七月一日の大飯原発再稼働を目前に、二十九日にはさらに膨れ上がり、「野田やめろ」「再稼働反対」などのシュプレヒコールがあげられた。

＊2 一九六〇年六月、改訂安保条約自然成立の六月十九日が近づくなか、国会には連日、デモ隊が押し寄せた。さまざまな団体に集まって行なわれたこの抗議活動に、岸政権は機動隊のみならず、右翼団体や暴力団を動員して弾圧。岸はこのとき、陸上自衛隊の治安出動も要請したが、国家公安委員長と防衛庁長官の反対で断念した。

＊3 新安保条約案では、在日米軍への攻撃の際に自衛隊も米軍と共同で防衛を行なうことが明文化されるなどの変更があり、全学連、日本社会党など反対の声があがった。五月十九日の特別委員会の採決では座り込みをする日本社会党議員排除のため、警官隊を議場に導入するのみならず、右翼団体を公設秘書として動員して採決に踏み切っ

の挙は「民主主義の破壊」として国民的な反発を惹起し、反安保の闘争は、これを機に「岸を倒せ」へとシフト、盛り上がりを見せることになる。当時、ジャーナリズムで活発に反安保の言論活動を行なっていた竹内好（中国文学者）は、「民主か独裁か」というアピールを発した。[*4] また、六月十七日には、在京新聞社七社（朝日、毎日、読売、日経、産経、東京、東京タイムズ）が「議会政治を守れ」という共同アピールを掲載した。[*5] 新聞各社のアピールは、六月十五日の騒擾を、共産主義革命への導火線と見なしたことによる危機意識に発していた。言うまでもなく、当時は冷戦体制の最中であり、反安保闘争を先頭で牽引した全学連（主流派）は、共産党から離脱した学生共産主義者（ブント）に指導されていた。また、大衆的な動員を担った社会党・共産党などの組織は、基本的に社会主義体制を支持する勢力であった。「民主か独裁か」と言った竹内好の問題意識とは異なって、六〇年安保闘争は、反共民主主義の方向へと方向づけられていったと言える。

　ここでは、岸信介の政治手法が、果たして議会制民主主義の破壊や「独裁」と規定しうるものかどうかについては、詳述しない。ただ一点だけ、当時、竹内好とともに反安保の中心的なイデオローグの一人だった「戦後民主主義のチャンピオン」丸山眞男は、大衆的なデモンストレーションのみでは新安保条約の国会不成立は不可能であり、政権党である自民党の分裂によってのみ可能だと言っていたことを指摘しておこう。[*6] 事実、丸山は反岸の自民党政治家・三木武夫[*7]と接触し

た。翌日二十日に条約案は可決された。

＊4　一九六〇年六月四日付の『図書新聞』に発表。一部以下に引用。「民主か独裁か、これが唯一最大の争点である。民主でないものは独裁であり、独裁でないものは民主である。中間はありえない。この唯一の争点に向っての態度決定が必要である」「独裁に対抗する民主戦線の組み方はどうしたらよいか。まず最初に、国民の主権奪回の意志表示のための集会や行進が必要である。これはすでに開始されている。これを全国民的規模に拡大しなければならぬ。次に、第二段階として、主権者である意志を表明した国民のさまざまな集団（これは多様であるべきだし、多様であった方がよい）が、討議をおこなって、それぞれの政治要求を明示すべきである。共通の綱領は、独裁制の打倒、民主主義の再建であるが、その具体化、および具体化の手続きについては、集団の数だけ多様な要求があって然るべきである。次の第三段階では、目的および方法の近いものが漸次連合すべきである。連合の場合、かならず政策協定をおこなうべきであって、それぞれの集団の独立性をそこなう無原則

て、そのことを画策していた。しかし、それは奏効せず、三木ら一部自民党議員は衆院を欠席あるいは棄権するというレベルにとどまった。

ところで、現在の問題もまた、「議会制民主主義の危機」[*8]という事態を背景にしている。大飯原発再稼働反対デモ直前の六月二十六日には、衆議院本会議において、消費税増税法案が民主、自民、公明三党らの賛成多数によって可決された[*9]。この法案については、民主党小沢グループらの五十七人が反対票を投じ（民主党内の欠席ないし棄権は十六人）、民主党の「分裂」が決定的なものとなった。しかし、各社世論調査によれば、消費税増税反対は世論の五〇パーセントを超えている。もし世論なるものが「民意」を表現しているものとするなら、この問題において、国会は民意を代表する機関としては機能しえていないということになろう。

同様のことは、「脱」原発問題についても言える。そもそも、「脱」原発がいかなることなのかという問題を、とりあえず不問にしておけば、大飯原発再稼働に反対する世論も、五〇パーセントを超えている。しかし、消費税増税法案に賛成した民自公三党が、大飯原発再稼働を容認しており、相対的に原発推進（維持？原発依存？）勢力であることは明らかである。明確に「脱」原発を宣言している政治勢力は、社共や一部小政党を除けば、小沢グループのみである。民主党内には、菅前首相らを顧問とする「脱原発ロードマップを考える会」[*10]があり、自民党にも「脱」原発を主張する河野太郎[*11]らがいるが、野田首相の原発再稼働路線の前

の連合をおこなってはならない。また、ボス支配を警戒しなければならない。連合体の組み方も多様であっていい」。

＊5 その声明の結語は次のとおり。「目下の混乱せる事態の一半の原因が国会機能の停止にもあることに思いを致し、社会、民社の両党においても、この際、これまでの争点をしばらく投げ捨て、率先して国会に帰り、その正常化による事態の収拾に協力することは、国民の望むところと信ずる。／ここにわれわれは、政府与党と野党が、国民の熱望に応え、議会主義を守るという一点に一致し、今日国民が抱く常ならざる憂慮を除き去ることを心から訴えるものである」。

＊6 「丸山真男の六〇年安保へのコミットメントの具体的かつ最大のものは、「自民党の分裂」を策するところにあったようである。（…）『丸山真男集　第八巻』の「解題」担当者・松沢弘陽は、「安保改定を阻止しようとして集まった知識人グループは、三木・松村派の自民党脱党と自民党分裂によって局面を切り開こうと考え、丸山は彼の近くに住む三木（武夫——引用者注）の説得を担当して、連日のようにその家を訪

では、原発問題を政治焦点化することができないでいる。注意しなければならないことは、民自公三党合意による消費税増税路線が、実は、原発推進（維持？）路線とセットだということである。消費税増税案の衆院通過を待っていたかのように発表された整備新幹線の着工認可に象徴されるように、[*12] それは、かつての原発ラッシュと同様の経済成長政策だからである。このような意味において、消費税増税（財政再建→経済成長）という路線のなかに、「脱」原発という問題は埋没していくほかはない。消費税増税と原発再稼働に反対している「民意」が、リアルポリティクスとして有効かどうかの議論は問わず、ここにおいても、議会制民主主義の機能不全は明らかである。「脱」原発デモが、同時に「野田やめろ！」と言う所以だ。

　現在、このような「民意」をもっとも体現している政治勢力は、橋下大阪市長率いる「維新の会」だろう。維新の会が、遠からぬ総選挙において、それなりに議席を獲得するだろうことは間違いあるまい。しかし、それが民自公の政治勢力の現路線を転覆できるほどの議席を獲得できるかといえば、やや疑問である。そしてそもそも、現在の「脱」原発運動をリードしているリベラル市民派が、橋下の日の丸・君が代強制を支持するのか、どうか。この問題を不問に付して、「脱」原発市民派が橋下＝維新の会支持に傾くとすれば（これは、おおいにありうることである）、それは、現在すでにそうであるところの一国主義的な「脱」原発運

ねて議論し」たという事実をおおやけにしている。（…）丸山らの目論見は、反安保の大衆的な高揚を背景に自民党を分裂させることで議会制民主主義の機能を回復し、国会解散・安保破棄へと持ち込むことにあった」（絓著『吉本隆明の時代』作品社、二〇〇八年、二五四頁）。

＊7 三木武夫（一九〇七―一九八八）。政治家。第六六代内閣総理大臣（一九七四―一九七六）。

＊8 「いまは文字どおり制度の形式だけが民主主義で、実質的な機能は翼賛議会の機能に最も近づいた。そう考えると、どうみても今日の日本の議会主義は非常な絶壁に立っているという感を禁ずることができません」（丸山眞男「この事態の政治学的問題点」『朝日ジャーナル』一九六〇年六月十二日号、朝日新聞社）。

＊9 二〇一二年六月二十六日、「社会保障と税の一体改革」関連法が参議院本会議で可決された。当時五％の消費税率を二〇一四年四月に八％、一五年十月に一〇％に引き上げることが柱。この後民主党から小沢グループが脱退、「国民の生活が一番」を起ち上げる。

動の方向性を、より明確にすることになろう。言うまでもなく、「脱」原発とは、日の丸・君が代に象徴される日本一国で達成されたとしても、何の意味もないからだ。日本一国で「脱」原発が達成されるということは、中国やヴェトナムで原発が大増設されるということとセットである。それが、世界資本主義の経済成長というものだからだ。

それはともかく、六〇年安保と現在の「脱」原発運動を比較してみて知られるのは、それらが「議会制民主主義の危機」としてあらわれているということである。しかし、六〇年安保において議会制民主主義が「共産主義の脅威」を挺子にして回復されたのとは、現在は異なっている。もはや、共産主義は存在しない。現在の「脅威」は、「資本主義の危機」であり、そのことを挺子にして、議会制民主主義はかろうじて維持されていると言いうる。端的に言えば、資本主義が破壊されれば、民主主義も危機におちいる、とする言説である。このことは、ギリシア危機に発するユーロ圏の溶解において声高に、あるいは広く発せられているが、日本においても同様である。

大飯原発再稼働反対デモにおいては、デモ参加者がやや強くアクションを起こそうとすると、主催者側が止めに入るという光景が、しばしば見られた。そして、警備の警察官に「ありがとう」という声がかけられることもしばしばだった。[*13] 同様の光景は、六〇年安保においても、社共の指導者から過激なデモを抑制すべく

*10 菅、江田五月ら民主党の有志国会議員による勉強会。七月二十日に、二〇二五年に国内で稼働する原子力発電所をゼロにすることを目指す脱原発基本法案の要綱案を発表。

*11 河野太郎（一九六三年―）。政治家。「原子力は経済採算性に合わない」などの主張を行ない、当時脱原発運動のなかでも一定の支持を得ていた。

*12 六月二十九日、羽田雄一郎国土交通大臣は、新函館―札幌間、金沢―敦賀間、諫早―長崎間の新幹線開業区間の着工を正式に認可。総事業費は計約三兆四〇〇〇億円。消費税増税でこの予算を確保するものと考えられた。

*13 この方針は、主催団体は変わったものの、二〇一五年の安保関連法案反対運動においても、より強化して継承された。なお、この段階では、主催団体から、「反原発・脱原発というテーマと関係のない特定の政治的テーマに関する旗やのぼり、プラカード等はご遠慮ください」という注意事項が提示されていたが、それでも概ねその範囲内で参加者が各々自作のプラカードを持ち寄って掲げる光景が見られた。しかし、二〇一五年の安保関連法案反

発せられたことが伝えられているが、二つは、ある意味では似たような含意を持つだろう。つまり、社会を（資本主義社会を、ということだ）壊すような過激な行動は、民主主義のルールに反するという意味である。そうだとすれば、六〇年安保当時でも、社会党や共産党の指導者は、資本主義の破壊を恐れていたということになろう。

しかし、六〇年安保当時と較べて、資本主義がきわめて深刻な状況にあることは、誰でも知っている。しかも、資本主義が民主主義と同義でないことも、今や、中国を見れば明らかなことなのである。中国の「成功」は、資本主義が民主主義なくして十二分に可能なことを教えている。日本における北朝鮮報道は、資本主義と民主主義がイコールであるというコンセプトで貫かれており、そのことはいまだに、われわれを冷戦体制の思考の枠に置くことを目指しているが、中国を見れば大嘘だと知れるはずである。

だとすれば、「脱」原発運動や消費税増税問題で露呈している「議会制民主主義の危機」は、資本主義の景気回復によっては克服されない。いや、原発再稼働や消費税増税は、議会制民主主義の機能不全を糧とすることで、資本主義の景気回復を目論む——中国資本主義にも似た？——政策なのではないだろうか。もちろん、日本において、それが成功するという保証は、どこにもない。

ただ、次のことだけは予測できる。いかに議会制民主主義が機能不全におち

対運動ではこのようなことも主催団体から極力抑えられるようになった。

いっていたとしても、来る総選挙で「脱」原発や反消費税増税の「民意」が議会に反映される結果にはならないだろうということだ（あるいは「脱」原発／反消費税増税の「民意」とは、実はそういうものだ、ということだ）。それは、先に触れておいたように、「脱」原発デモが、資本主義社会の維持こそが民主主義であるという等式に囚われているからである。この等式のなかにある限り、原発再稼働も消費税増税も粛々と進行していくだろう。

＊福島原発事故が自民党政権時に起きたら、と想像するのは、不謹慎なことだろうか。

2012年8月–11月

「野田やめろ」スローガンは、日米同盟堅持（＝原発維持）へと反転し、安倍自民党政権への道をひらいたのではないか

やや下火になってきたとはいえ、首相官邸前デモ（反原連[*1]）に象徴される反（脱）原発運動が、野田首相退陣への方向を後押ししていることは確かである。デモで発せられるシュプレヒコールは、「原発やめろ」、「再稼働反対」と並んで、「野田やめろ」であった。大飯原発再稼働を契機として、反（脱）原発運動は、決定的に野田退陣要求へとシフトしていった。野田と反原連主要メンバーとの面会[*2]（八月二十二日）なども、それの仲介をセッティングした菅直人ら民主党内脱原発派の思惑とは反対に、野田退陣への道筋を色濃くした。

言うまでもなく、民主党政権の崩壊は、菅政権下の東日本大震災以降では、ほとんど自明であった。しかし、ここでの問題は、反（脱）原発運動が野田退陣を要求する時、それが同時に、自民党政権を希求していたことである。反（脱）原発運動とは、自民党政権を復活させることだったかのように、である。これは反

＊1 首都圏反原発連合の略称。二〇一一年九月に複数の団体のネットワークとして結成、二〇一二年三月二十九日から毎週金曜日に首相官邸前で原発再稼働反対の抗議活動を行ない、それぞれの団体から参加していたメンバーで首都圏反原連としてグループを結成。

＊2 二〇一二年八月二十二日、菅直人の仲介、同席のもと、首相官邸で野田とミサオ・レッドウルフら首都圏反原連メンバーが面会した。その様子は首相官邸側のカメラを用いてネットでも中継された。反原連側は大飯原発ほか、すべての原発の廃炉を要求。野田は「中長期的に原子力に依存する体制を変えることを目標にしている」と答え、平行線のまま面会は三十分で終了。なお、菅と反原連との連絡を仲介したのは面会にも同席していた小熊英二。

原連をはじめとする運動にかかわる個々人の意思がそうだというのではない、現在の運動が懐胎している「一般意思」の問題である。実際、混沌錯綜する政局がどう転ぼうと、間違いなく「近いうち」にある総選挙では安倍晋三を党首とする自民党が政権党となるだろうし、原発問題は表立った争点とはなりえまい。民主党政権とは何だったのか。それは、世界で稀有に成功したグラムシ主義がもたらした政権である。グラムシ主義は、今なおマルクス主義のなかでは有力な現代の思想として知られるが、民主党グラムシ主義は、それとはやや異なった相貌のもとで実質化した。

　日本において、イタリア共産党の主導理論であるグラムシ主義は一九五〇年代後半に、ソヴィエト・マルクス主義に代わる思想として、日本共産党内に持ち込まれた[*3]。それは、一挙に政権奪取を目論むのではなく、さまざまな中間団体におけるヘゲモニー奪取をつうじて権力の獲得へと攻め上ろうとする陣地戦を旨とする。一九六〇年の安保闘争をへて、共産党から放逐された日本のグラムシ派[*4]（構造改革派とも呼ばれた）は、その後、あちこちに散ったが、一九六〇年代から七〇年代にかけて大きな政治的影響力を発揮した。当時、東京や京都、大阪など全国各自治体では、知事をはじめとする「革新首長[*5]」が数多く誕生したが、それはグラムシ的陣地戦の具体的な成果と見なされる。社会党では共産党から除名されたグラムシ派が理論的な影響力を持ち、構造改革派を放逐したはずの共産党も、

＊3　一九五六年のスターリン批判後、当時共産党員だった石堂清倫などがイタリア共産党の構造改革路線の紹介を積極的に行なった。ほか、井汲卓一らによる五八年の『現代マルクス主義』全三巻（大月書店）、五九年の第一次『現代の理論』（大月書店）などの刊行でグラムシ主義＝構造改革派の結集が始まった。第一次『現代の理論』は五九年に五号で終刊。

＊4　井汲卓一（一九〇一―一九九五）、長洲一二（一九一九―一九九九）、佐藤昇（一九一六―一九九三）、安東仁兵衛（本書二三四頁＊9参照）など。

＊5　東京都知事の美濃部亮吉（任期一九六七―一九七九）、京都府知事の蜷川虎三（任期一九五〇―一九七八）、大阪府知事の黒田了（任期一九七一―一九七九）など。安保に反対し中立平和の日本を守ること、憲法改悪に反対し民主主義を守ること、増税・福祉の切り捨てに反対し国民生活を守ることを「革新三目標」として、日本社会党と日本共産党が主体に都道府県知事・市町村長選挙において候補者を統一して行なった選挙運動において当選を果たした首長。

実質的にはグラムシ主義化して、社共統一戦線が形成されたからである。当時、すでに共産党指導部にあった不破哲三・上田耕一郎兄弟も[*6]、もとを正せば構造改革派であった。共産党は「民主連合政権」さえ夢想していた[*7]。

しかし、一九七九年に美濃部（亮吉）都知事が退陣したのをメルクマールとして[*8]、日本のグラムシ主義は衰退の一途を辿ったと言われる。だが、本当にそうだったのか。構造改革派最大の人格的象徴である安東仁兵衛[*9]は、「戦後民主主義のチャンピオン」丸山眞男がもっとも信頼したジャーナリストとしても知られるが、社民連[*10]や民主党の政治指南役として辣腕を振るったのである。「安東学校」とも言われるその門下には、菅直人、江田五月の旧社民連グループのほかに、仙石由人、枝野幸男[*11]なども含まれると言ってよいだろう。民主党政権は、民主党内で陣地戦をひそかに闘っていたグラムシ派が重要なポジションを占めたのである。彼らは当然にもチェルノブイリ以降の原発問題を、それなりに深刻に受け止めていた。

民主党政権の当初のエネルギー政策が、原発増設であったことは知られている[*12]。これは、グラムシ派を中心とする党内左派が、リスク論として反原発でありながらも、CO_2削減の観点から火力発電を抑制しなければならないというダブルバインディングな状況のなかで、「苦渋の」選択をしたためと言われている。核不拡散という「日米同盟」の観点からも、これは政治的に正しいはずであった。福島

＊6 不破哲三（一九三〇―）。日本共産党元中央委員会議長。上田耕一郎（一九二七―二〇〇八）。日本共産党元副委員長。不破・上田兄弟は第一次『現代の理論』に寄稿していたが党内に留まるため自己批判する。同誌創刊号に寄稿された不破の論文名は「日本の憲法と革命」。

＊7 一九九八年八月二十五日『しんぶん赤旗』における不破哲三インタビューで、不破は七〇年代の共産党の方針を振り返って、かつて民族民主統一戦線と称されていたものを言い換えて、「七〇年の第十一回党大会で、民主連合政府の樹立についてあらためて具体的な展望をしめし、七三年の第十二回党大会では、民主連合政府の政府綱領についての提案まで討議決定しました」と述べている。

＊8 美濃部は一九七九年の都知事選不出馬を表明、翌年の参議院選挙に出馬している。

＊9 安東仁兵衛（一九二七―一九九八年）。社会主義者。一九六四年に第二次『現代の理論』に編集長として参加。主著に『戦後日本共産党私記』（現代の理論社、一九七六年）。

第一原発事故さえおきなければ、である。

原発事故によって、民主党としては、相対的にしろ脱原発へとシフトすることを余儀なくされる。世論への配慮から、必然ではある。しかし、野田政権が二〇三〇年代に「原発ゼロ」という方針を発表した時、アメリカがクレーム（九月十七日）をつけて閣議決定が行なわれなかったことも知られていよう。[*13] 民主党も、そのことを知悉していたから、六ヶ所村の核燃料再処理工場[*14]の運転継続という脱原発とは矛盾する、ある意味では成算のない方針を堅持したわけである。再び、エネルギー政策の根幹にある日米同盟の問題が露呈せざるをえなかったわけだ。

このことを、民主党政権の中枢にいるはずの「左派」＝グラムシ主義者の問題として言えば、かつては左派の存在証明であった「安保反対」が言いえなくなっているということにほかならない。安保の仮想敵が相対的に希薄化したにもかかわらず、日米同盟堅持は、左右両陣営にとって、不可侵の前提となってしまっている。冷戦体制下では、政権奪取など視野にない左派政党が安保反対と言っていたわけだが、それを放棄することで政権を獲得しえたグラムシ主義の功罪は論議されなければならないだろう。

さてところで先に、「近いうち」の総選挙では原発問題は、事実として争点にならないだろうと言った。おそらく、現在、それに代わって浮上しているのが、

＊10 社会民主連合（一九七八—九四年）。日本の政党。一九九三年に細川護熙連立内閣で与党入りをしている。

＊11 枝野幸男（一九六四—）。弁護士、政治家。二〇一一年一月、菅改造内閣で官房長官に就任。直後の東日本大震災及び福島第一原発事故後、連日、菅政権のスポークスマンを務めた。

＊12 一九九八年の民主党結党以来、代替エネルギーが確立されるまでの「過渡的エネルギー」と位置づけてきた原子力発電を、二〇〇七年の小沢代表時代に日本の基幹エネルギーとして積極的に増進する方針へと転換することが決定されていた。

＊13 二〇一二年九月、野田政権は「二〇三〇年代に原発稼働ゼロ」を目指す戦略を閣議決定する準備を進めていたが、十四日のアメリカ国家安全保障会議補佐官との会談で「法律にしたり、閣議決定して政策をしばり、見直せなくなることを懸念する」など、核技術の衰退による安全保障上の問題について意見を受け、「原発稼働ゼロ」を明記した閣議決定を見送った。

＊14 六ヶ所再処理工場。日本の原発で生じる使用済み核燃料を集め、その

「日米同盟の強化」という問題なのである。普天間基地移設問題[*15]も、オスプレイ配備問題[*16]も、尖閣諸島問題も、つまり、最近の争点の多くは、日米同盟の問題をベースとしていると語られる。詳述は紙幅の関係で避けるが、どれもこれも民主党政権によって「日米同盟」が弛緩してしまったことに理由があると言われている。日米同盟が確固としたものでさえあれば、沖縄の日本への反感は抑制され、尖閣への中国の侵略も阻止できるかのように、楽天的に語られている。

これは奇妙なことだろう。対米依存が日本のナショナルアイデンティティーの担保だと言っているに等しいからだ。尖閣問題に象徴される、近年の「保守的」ナショナリズムの勃興という事態は、アメリカが相対的に日米同盟の必要性を縮減していることへの怯えでもあるだろう。オバマが再選されたアメリカ大統領選の過程で、いっこうに日本のことが話題にならなかった（中国の話題ばかりだった）と繰り返し嘆いていた日本のマスコミは、同時に、日々、センセーショナルにナショナリズムをあおることで商売をしているのである。オバマ再選と同時に、野田首相は、自身がオバマ政権と良好な関係を築いてきたことを誇り、安倍自民党総裁は、自民党こそが日米同盟を再構築できると、改めて言った。しかし、習近平体制[*17]になってますます「帝国主義化」するだろう中国と、相対的に弱体化するアメリカの世界へゲモニーのなかで、日米同盟が弛緩へと向かうことは誰でも知っている。

なかから核燃料となるウラン、プルトニウムを抽出する、青森県六ヶ所村にある再処理工場。核燃料サイクルの見直しが為されないまま、二〇一二年六月に運転が再開された。

＊15 一九九五年の沖縄米兵少女暴行事件以後、普天間基地の返還要求が強まり、以後移設候補地が検討されていた。二〇〇九年の鳩山政権下では県外移設が掲げられたが、翌年断念。沖縄辺野古のキャンプ・シュワブへの移設が有力視されているが、地元の反対があり、普天間基地の移設が実現するめどは立っていない。

＊16 二〇一二年六月、アメリカ軍新型輸送機オスプレイの沖縄普天間基地への配備をアメリカ政府が表明。オスプレイは本国でも安全性に懸念が表明されており、以後反対運動が起こり、一二年九月には配備反対の県大会が催されるが、一〇月に配備が完了し、訓練飛行が行なわれた。

＊17 習近平（一九五三―）。二〇一二年十一月十五日の第十八回党大会で習近平は中央委員会総書記・党中央軍事委員会主席に選出され、続いて一三年三月十四日第十二期全人代第一回会

原発問題が、この「日米同盟」問題にからめ取られていることは、改めて指摘するまでもない。それは日米同盟の残された数少ない要である。日本のエネルギー政策が原子力から脱することは、日米同盟からの離反を意味する。しかし、日米同盟は、民主党内「左派」さえ知悉しているように、日本のナショナルアイデンティティーの担保であり、その破棄を言うことはできない。そして、原子力に関してはアメリカも日本との同盟関係を維持したいのだから、「野田やめろ」というスローガンは、反（脱）原発のものたりえないのである。それは、日米同盟堅持（＝原発維持）へと反転してしまうほかはない。「野田やめろ」が安倍自民党政権への道をひらく所以である。

もちろん、安倍自民党も、長期的な脱原発依存くらいは言うだろうから、エネルギー政策における日米同盟のディレンマは、当面は薄めることができよう。それは、安倍晋三夫人アッキー（昭恵）[*18]が飯田哲也（環境エネルギー政策研究所）に親しい脱原発派であろうと、安倍自民党にとっては、いっこうにかまわないことと同様である。いや、それはむしろ好都合な事態なのではないか。いまだ反（脱）原発が世論の過半だとして、しかし彼らが日米同盟に依拠したナショナリズム（スローガンとしては「山河を守れ！」[*19]）を希求しているとすれば、その世論は、象徴的には、安倍夫妻というカップルに収斂されることになろう。「近いうち」の総選挙は、このようにして民意を反映し、「一般意思」を形成していくのであろう。

議において、国家主席・国家中央軍事委員会主席に選出された。世界一の輸出大国である中国が今後経済成長を続けるために、習近平は中国国内での権力を自在に揮うことになった。

＊18 安倍昭恵（一九六二―）。安倍晋三の「家庭内野党」を公言し、メディアで自民党の政策とは反対意見を述べることで知られる。アッキーは週刊誌やワイドショーで用いられる渾名。

＊19 例えば「右から考える脱原発ネットワーク」主催の右派による脱原発運動で、統一戦線義勇軍の針谷大輔（一九六五―）が掲げたスローガンは「子供たちの命と麗しき山河を守れ」だった。

もちろん、その「一般意思」には覆いようのない亀裂が走っている。普天間問題を契機に噴出した、沖縄の「反日」運動[*20]は、日米同盟の強化という、それ自体で夢想的な日本側の政策によっては、糊塗しえないレベルに達している。いや、それは日米同盟からの離反を求めるベクトルを内包している。果たして、日本の反（脱）原発運動が、沖縄の「反日」運動と思想的に結びつく契機はあるだろうか。

＊沖縄では「独立論」が再び興っているが、その思想的リアリティーを今日的に再考する作業は、不十分であるように思う。

＊20　日米同盟が前提となった日本国内において、アメリカの意向を汲んで決定された日本政府の政策に反対する地域の運動、例えば普天間基地移設運動やオスプレイ配備反対運動などは「反日」運動と見做される。

2012年12月─2013年4月

反原発運動と反貧困運動は、日本資本主義の回復ではなく、反資本主義を目指す運動として手を結ぶべきだったのだ

電気料金や小麦等日常生活必需品の値上げが始まってからは[*1]、若干の疑義が聞かれるようになったとは言え、先の総選挙前から日銀・黒田新総裁の金融緩和策発表にいたる円安・株高の数値を見せられ続けているから[*2]、アベノミクスへの一般的な評価は高い。自動車等輸出関連企業は好調、不動産バブルさえささやかれているし、春闘では一部企業の「賃上げ」が、誇大に報じられている[*3]。やはり、自民党＝安倍政権への移行は、正しい民意だったという次第である。もちろん、この程度のことは本欄前回で指摘しておいたように、すでに予想できることだった。首相官邸前「脱原発」デモにおける「野田やめろ」コールは、このことを望んでいたわけである。

昨年末の総選挙の「争点」は、原発問題ではなく景気回復だったという総括が、事後的になされている。ある意味では正しいだろう。今のところ「口先介入」の

＊1 二〇一三年二月ごろからアベノミクスによって誘導された円安進行や原油などの資源高を受けて、生活関連物資価格が上昇した。農林水産省は二七日国家が買い入れた輸入小麦を製粉会社などに売り渡す価格を、四月から主要五銘柄平均で九・七％引き上げることを発表。製粉会社は四月以降、業務用及び家庭用の小麦粉を値上げ。また同日、全国の電力十社と都市ガス大手四社は四月の電気・ガス料金を値上げすると一斉に発表した。

＊2 安倍は「アベノミクス第一の矢」として「大胆な金融緩和」を掲げていたが、二〇一三年四月四日、日銀は総裁黒田東彦のもと初会合を終え、物価上昇率二％を二年で達成することを目標に、日銀が国債を大量に買い入れるなどして二年間で通貨供給量を二倍にする「異次元の金融緩和」を行なうことを発表。一二年まで続いていた円高を円安に転じた。

＊3 二〇一三年の春闘では、「賃上げ」はボーナスによる一時的な利益還元が主で、基本給の改善にはほぼ踏み込んでいない。春闘を前に、安倍は異例の賃上げ要請を公に行ない、それを受け

域を出ないアベノミクスが、今後、「成功」するか否かは専門家のあいだでも喧々諤々の議論があり、ここで素人の意見を述べることは差し控える（まあ、うまく行くとは思えないが）。また、アベノミクスにはリフレ派[*4]の側面とともに、その国土強靱化計画のように、国家資本主義的な側面もある。その意味では「混合経済」であり、安倍首相の「片腕」麻生財務相はケインジアン[*5]的な様子だ。しかし、今のところアベノミクスはリフレ派の側面が評価されていると言ってよい。かつてリフレをイロモノ扱いしていた日本のジャーナリズムは、一転してリフレ翼賛に転じた感がある。しかしともかく、ここでの問題は、「脱原発」派の過半が、同時に、日本の景気回復を希求する勢力だったことにある。

ＮＨＫが今年一月に行なった世論調査によれば、安倍首相が、「二〇三〇年代に原発の稼働ゼロを目指す」とした民主党政権の政策を見直すという考えを示したことに対して、[*6]四三パーセントが賛成、反対は二一パーセントだったという。一時は二〇三〇年代でも遅いとする者も含む再稼働反対派が六割を超えていたことを考えれば、これは、驚くほどの変化にほかならない。この調査の「今、国が最も力を入れて取り組むべき課題は？」の問いには、「経済対策」が三八パーセントと最も多く、次いで「東日本大震災からの復興」、「社会保障制度の見直し」が続き、「原発のあり方を含むエネルギー政策」が一〇パーセントだった。これは、単に、「喉元過ぎれば……」ということではあるまい。

て大手コンビニがボーナス引き上げと基本給のベースアップを発表したものの、一般には慎重姿勢に留まった。

＊4　緩慢なインフレーションを継続することで安定した経済成長が見込めるとする考え方。一定の物価上昇率を目標に通貨供給量を増やすことでデフレーションから脱却し、安定成長を導く。

＊5　ケインズ主義者のこと（本書一六二頁の＊5参照）。

＊6　二〇一三年四月二十二日、参議院予算委員会の答弁で、安倍は「民主党政権が掲げた二〇三〇年代に原発稼働ゼロを可能とするという方針は、（…）ゼロベースで見直しをして、エネルギーの安定供給、エネルギーコスト低減の観点も含め、責任あるエネルギー政策を構築していかなければなりません」と発言した。

別に誰それと名前はあげないが、3・11以降の「脱原発派」の多くは、原発をなくしても「グリーンニューディール」で景気回復・経済成長は十分に可能とする者だけではなく、それ以前からリフレ派を標傍していた、主に「若手」の論客も数多くいた。[*7] ネット論壇では、すでにリフレ派が勢いを持っていたということもある。経済問題と原発問題は、3・11以降において、すでにメダルの表裏だったのである。ただ、そこにおいて経済問題が隠蔽されていたに過ぎない。安倍首相が「政治的に」的確なところは、景気回復を前面に出せば、原発問題は相対的に沈静化すると、リアルに考えたところにある。先の総選挙の真の直接的な課題は、やはり原発問題だったのである。それは「核不拡散」――ひいては沖縄問題――をめぐる日米同盟の「堅持」にもかかわる。

「安全性が確認されたところから」原発を再稼働することによって、電力不足を改善すると主張する安倍政権の政策は、しかし、相対的には原発依存度を低下させざるをえない（そもそも、原発は決して安価ではない）という先進資本主義国の世界的な文脈に規定されて、原子力ではなく、原油やシェールガス等のエネルギー源を輸入に依存することになる。電力等のエネルギー価格は、否応なく高騰していくだろう。それゆえ、安倍政権の原発政策の主要目的は、経済・エネルギー問題ではなく、政治的な問題だとも言える。原発政策見直しによって「改善」されるのは、すでにそれほど問題化されていなかった、第三世界諸国への原

*7 『グリーン・ニューディール　環境投資は世界経済を救えるか』（日本放送出版協会、二〇〇九年）を日本総合研究所理事長・寺島実郎と共著で出版した飯田哲也などのこと。リフレ派であり、脱原発派である論客にほかに高橋洋一、飯田泰之などがいる。

発輸出に対する忌避感情ではないだろうか。日本もおおっぴらに再稼働するなら、「安全性が確認された」原発の輸出に反対する理由など、もはやどこにもないからである。

だとすれば、万が一アベノミクスで景気が良くなったとしても、事態はまったく変わらない。賃金が上がるのは、一部企業の特権的な正規労働者だけで、非正規労働者の割合と賃金格差は広がるほかないだろう。そもそも、リフレ派が主張しているのも、賃金の上昇というよりは、企業収益の増大による雇用（低賃金非正規）の拡大である。[*8] 低賃金であれ、仕事がないよりはいいだろう、ということだ。賃金の上昇と雇用の増大を、ともに資本主義に求めることは、不可能である。「反貧困」運動が、「生きさせろ！」と主張した場合、資本主義が――最終的には？――ベーシックインカムで応えるだろうことは、すでにフリードマンが言っていたことである。賃金かベーシックインカムかは問わず、資本主義は最低限の保障で「生きさせる」のである。だから、反原発運動が「反貧困」運動とリンクしてなされなければならなかった理由とは、反（脱）原発と同時に、日本資本主義の景気回復を求めるためではなく、ともに反資本主義の運動でしかありえないということだったはずである。

では、具体的にどうすれば良い（良かった）のか。もちろん、特効薬はない。多少先の総選挙において、脱原発派の過半は、何ら有効な方向を示せなかった。

＊8 リフレ派経済学者の浜田宏一（一九三六―）は次のように主張している。「リフレ政策を通じて、物価上昇で実質賃金が低下し、企業収益が増えることで雇用拡大の余地が生まれる。／今まで失業していた人が新たに収入を得られるわけだから、実質賃金の低下で多く雇えるというプラスの効果がある。今働いている人がわずかずつ犠牲を払って、全体のパイが増える」（『東洋経済オンライン』二〇一三年三月三日）。

目についたところでは、山本太郎が東京第八区（杉並区）から立候補して健闘（七万票余で次点落選）したことくらいだろう。[*9] しかし、これは局地的なことである。

3・11以降の運動のなかで、原発推進派の議員は落選させようという提起がなされた。[*10] 推進派議員・立候補者のリストがデモ参加者に配布されもした。しかし、それが効果を発揮した形跡は寡聞にして知らない。小選挙区制での自民党の圧勝は、決して過半数の支持を得ているわけではないし、選挙結果などに惑わされず、今後も淡々と運動を持続すればよいという考えもある。分からないではないが、すでに見たように、アベノミクスによって、反原発の「民意」は確実に削がれつつある。安倍政権の支持率は、今や七〇パーセントを超えた。

総選挙期間中、唯一のめざましい反原発運動は、反貧困運動の近傍にもある九州在住の「ファシスト」外山恒一とそのグループによる、「原発推進派懲罰遠征」であった。[*11] これは、「九州各地の原発推進派候補の選挙カーを、『原発問題を争点に』と大書した街宣車で追い回し、ショパンの「葬送行進曲」を浴びせたり『前を走っている××候補は原発推進派です!』と道行く人に告げ口（?）したりする独自スタイルの反原発闘争」（外山ブログより）[*12] であり、その模様はYouTubeにもアップされている。この方式は、選挙妨害には当たらず、たとえば、ストリップ劇場の宣伝カーが街を流しているのと同様の行為としか見なされない。もちろん、候補者宣伝カーのアナウンスをかき消すようだと選挙妨害と見なされかねな

*9 山本太郎（一九七四―）。高校生時代にバラエティ番組「天才・たけしの元気が出るテレビ!!」の人気コーナー「ダンス甲子園」出演がきっかけとなり、芸能界入り。三・一一後、反原発運動を開始し、二〇一二年十二月十六日に行なわれた第四十六回衆議院銀総選挙において、「新党 今はひとり」を名乗って公示日直前に出馬を表明。自民党の石原伸晃に敗れた。

*10 二〇一三年七月十九日、菅直人はみずからのブログで次のように書いた。「比例で自民党に投票しない「落選運動」を呼び掛けます。参院選最終盤ですが、まだ間に合います。（…）いろいろな主張を持つ人々が協力して、自民党の暴走に歯止めをかけるため「比例では自民党に投票しない」を合言葉に、「落選運動」を繰り広げましょう」。

*11 二〇一二年十二月四日から、外山恒一が衆院選選挙活動期間中に九州各地で行なった原発推進派に対する落選運動。方法は以下のとおり。「是非とも落選させたい極悪な原発推進派の候補者の選挙カーを、朝から晩まで、一日じゅう追い回す。もちろんスピー

いので、宣伝カーと外山街宣車のあいだには、つねに二、三台の一般車を挟んだり、適当な距離をおくという工夫はなされる。外山街宣車に追尾（?）された某大物自民党候補など[*13]は、宣伝カーを降りてきて、「誰から金をもらっているんだ、渡辺喜美（みんなの党）か！」と、笑いを禁じえない怒りの言葉を発している。

日本の反（脱）原発運動が、外山ほどの想像力を持っていればと、残念に思う。「原発推進派懲罰遠征」が全国展開されていたとしたら、たとえ選挙結果は同じであったとしても、反（脱）原発運動の「気分」は、今とはまったく違ったものとなっていただろう。そもそも、外山自身、選挙には何も期待しておらず、「（この選挙区には推進派しかいないのだから、あるいは、某党は俄か脱原発派に過ぎないから）投票に行くな」、「投票率をゼロに」と呼びかけているのである。反（脱）原発運動が選挙に集約されるべきではないというのは、正しい。だが、選挙を無視することもできないだろう。逆に、選挙を利用した運動が、特に、原発問題では必要なのである。

次期参議院選挙までは、アベノミクス効果は持続するだろうと言われている。つまり、原発問題と反（脱）原発運動は、ほとんどなかったかのような状況になる可能性が大きい。そのような状況を打破するのは、一部の勢力が目論んでいるような、一人や二人の反（脱）原発派議員を誕生させることではない（おそらく、それも不可能だろうが）。脱原発派議員なら、菅直人元首相をはじめ民主党等幾

カー搭載の街宣車もしくはサウンドカーによってである。ちなみに我々はこの時に備えてすでに半年前に街宣車を入手してある。／この行動の最中には、露骨に落選運動を呼びかけることは避ける。まずターゲット候補の選挙街宣の音をかき消してしまわぬよう気を遣って、数十メートルの距離をおいて追尾する。その上で、「〇〇候補は原発推進派です」とのみ大音量で道行く人々に告知してまわる」（http://ameblo.jp/toyamakoichi/entry-11411873171.html）。

*12 「原発推進派懲罰遠征／もしくは／原発推進派いじめツアー〝いじめられる側にも問題がある!〟」（http://www.warewaredan.com/chobatsu.html）。活動中に外山がtwitterで行なっていた実況中継のほか、動画や写真がまとめられている。

*13 野田毅（一九四一―）のこと。政治家。自由民主党所属の衆議院議員。第六二代国家公安委員会委員長。

つかの小党派に何人もいるが（自民党にもいる！）、彼／彼女らはアベノミクスの前になすすべを知らない。脱原発を掲げるみんなの党は、アベノミクスに輪をかけたリフレ派であり、そもそも、民主党自体が明らかに今やまったくリフレ派ではないか。すでに遅いのかも知れないが、なすべきことは、「原発推進派懲罰遠征」のような創意あふれる運動を組織することである。

＊パンとサーカスが安倍政治だが、アベノミクスはパン食い競争に似て、99％はパンにありつくことがない。後者が東京五輪である。

2013年5月－7月

ブラック企業批判へと転換した貧困問題は、「階級」消去装置の解除――「階級」を露呈させることで対抗するべきだ

現代ではさまざまな終末論が跋扈しているが、一つの終末論の支配力が長続きすることはない。それは、人間が特定の終末感に、長期にわたって耐えられないからでもあるが、それ以上に、その終末論がニセモノだからでもある。もちろん、現代において終末論から逃れることはできない。或る終末論は別の終末論に置き換えられることで、われわれは、安堵しながらも終末気分だけは持続していく。チェルノブイリやノストラダムスの大予言を契機にした八〇年代「反原発ニューウェーブ」[*1]は、昭和天皇の死という「終末」に置換されて終息した。3・11と福島原発事故によって、日本の「国民」は一挙に強度な終末感に捉えられた。脱原発や再稼動反対は、あたかも日本の政治を決定する民意であるかに見えた。しかし今や、「福島」がほとんど後退していることは、誰もが感知している。言うまでもなく、アベノミクスによってである。アベノミクスとは、「福島」を「デフレ」

*1　一九八七年四月に広瀬隆の講演会を聞いて原発反対に目覚めた小原良子が、元べ平連などの無党派市民運動家を「オールドウェーブ」と呼び、みずからを「ニューウェーブ」と称して八〇年代に、主婦やヒッピー、学生などが集まる反原発運動を牽引するひととなった。五島勉『ノストラダムスの大予言』（祥伝社、一九七三年）は当時の公害問題や社会不安などを背景にベストセラーとなり、人類滅亡を予言していた。

（日本経済の衰退！）という別の終末論に置き換えることで、「国民」を統治することだったのである。

今年の五月から六月、安倍首相が中東等を歴訪して原発のトップセールスをおこなった時、[*2]日本のリベラル左派はおっとり刀で「死の商人」と批判した。しかし、それは遅きに失した空虚なものでしかなかった。「福島」以降のリベラルな脱原発運動では、原発輸出の問題は、ほとんど取り上げられてこなかった（個々に問えば、多くは反対と言ったとしても）。民主党政権下でも、原発輸出は目論まれていたのに、である。当時は、原発輸出を問うことは、運動を分裂させるとして回避されていたのだ。「福島」が「デフレ」に置換された後に原発輸出反対を言うことは、アッキーでも可能だ。安倍首相の原発輸出は、言うまでもなく「デフレ」脱却政策（誰もが賛成する第三の矢！）[*3]の一環だからである。

本欄を含めて何度も言ってきたことだが、反原発輸出は、二〇一一年六月の新宿反原発集会デモにおいて、統一戦線義勇軍・針谷大輔の登壇をめぐる混乱のなかで、[*4]左派――その内の「少数派」で良い――が「一般意志」として提起すべきものであったし、反原発輸出こそが反原発運動の第一義的なスローガンであるべきだった。脱原発右派が、果たして原発輸出に反対と言えるかどうかこそ、試金石とされるべきだったのだ（もちろん、現在なら右派でさえ、輸出はマズいくらいは言うかも知れぬ）。

＊2 安倍は二〇一三年四月二十八日から五月四日にかけ、ロシア、サウジアラビア、UAE、トルコを歴訪、東芝、三菱重工業などの役員が同行した。トルコは三菱重工を中心に原発四基の受注を確実にし、UAEで今後の原発輸出のために原子力協定を結ぶなど、海外への原発売り込みを積極的に行なった。

＊3 アベノミクス「第一の矢」が大胆な金融政策、「第二の矢」が機動的な財政政策、「第三の矢」が民間投資を喚起する成長戦略と銘打たれた。

＊4 針谷は二〇一一年「6・11新宿・原発やめろデモ!!!!!」でスピーチ登壇を予定していたが、「ヘイトスピーチに反対する会」などが主催団体である素人の乱に抗議、これを受けてデモ参加を辞退していた。

現代議会制民主主義において、一般意志は選挙によって表明されるとされる。しかしもう一つ、株価もまた一般意志の表現と見做されている。みんなの党・渡辺喜美は或るTV番組で、参院選の勝算を問われ、「株価次第」と言ったが[*5]、一面の真理を突いている。ただ問題は、国政選挙（特に、現在の衆院小選挙区制）が民主主義的な——ルソー的と言いうる——多数決原理なのに対して、株価が自由主義的な「見えざる手[*6]」（アダム・スミス）によって決定されると見做されていることである。つまり、現代における一般意志の表明は、民主主義的と自由主義的との相異なる制度によって引き裂かれており、それをいかに縫合するかが、政治的な手腕に問われていると言える。本稿が公になる時点では参院選の結果が出ているだろうが、株高を背景とした安倍自民党の勝利は、誰もが予想しうる。「死の商人」は承認されるだろう。

しかし問題は、一般意志が、一面で、自由放任的な「見えざる手」によって決定されるとして、それは、決して「神の」手ではないというところにある。ミシェル・フーコーは、すでにアダム・スミスにおいてさえ、それは神のものと見做されていないと言ったが、今日の世界経済の乱高下する決定不可能性が、神のものだとは誰も信じてはいないだろう。それは、多数派のものであるかも知れないが、決して「真の」一般意志ではない。一般意志は少数派にしかないのである。しかも、少数派の一般意志さえ、時機を逸する時には、一般意志たりえない。そ

＊5『BSフジLIVEプライムニュース』出演時の発言。

＊6 アダム・スミス『国富論』（一七七六年）のなかの言葉。市場経済においては、利己的にみずからの安全と利益だけを各自が求めることで、まったく意図していなかったにもかかわらず、全体として、「諸国民の富」が増大し、かつ適切な分配が結果すること。

れは、アベノミクスのさなかで発せられた「死の商人」という批判が、正しくはあれ、何らインパクトを持ちえないことからも知られよう。

同様のことは、原発とともに（それ以前から）焦点化されていた貧困問題が、昨今ではブラック企業批判[*7]へと転換しているところにも見て取ることができる。言うまでもなく、湯浅誠らによる「反貧困」運動は、確かにアンダークラスの人々を対象としていた。それは、当初は少数派の主張だった。しかし、それが徐々に多数のものとなり、湯浅も民主党政権の政府委員になるにつれて、失速していった。現在の湯浅は、大阪で「マクド難民」を対象にした運動を組織しているという。ともかくも、少数派に戻ったと言えるかも知れない。ところが、昨今のブラック批判では、急成長してきた新興ベンチャーが主要な対象となっている（今野晴貴『ブラック企業　日本を食いつぶす妖怪』[*8]〈文春新書、二〇一二年〉など）。本来ならアッパーミドルとなるべき大学新卒で入社した多くの人材が、長時間重労働低賃金で、次々とドロップアウトしているというのである。

もちろん、そのとおりだろう。しかしその時、たとえばブラックと名指されることの多い大手新興衣料品販売会社の、アジアにおける下請け工場の問題[*9]は、概して不問に付される。IT企業についても同様だろう。また、日本の中小零細企業の多くが実態としてブラックであり、ほぼアンダークラス的な労働条件でなければ経営が成り立たないことも、見過ごされがちである。今野晴貴の主張に典

＊7 ブラック企業とは低賃金で長時間労働、過密労働、サービス残業などを強制し、偽装請負を行なったり、パワーハラスメント、セクシャルハラスメントが慣例化しているなどの、悪質な企業を指す。二〇〇八年ごろからこの名称が使用され始めたが、一二年からブラック企業を扱った書籍が急増したほか、弁護士やジャーナリスト、首都圏青年ユニオン関係者などが企画したブラック企業大賞が始まり、一三年にはワタミフードサービスが大賞に選ばれたことなどが話題となった。

＊8 本書では、ブラック企業の内実をただ個々の事例の告発に留めるのではなく、「社会問題」として紹介することが企図されている。著者の今野晴貴（一九八三—）は若者の労働問題に取り組むNPO団体POSSE代表。

＊9 ユニクロのこと。二〇一三年四月二十四日、ユニクロも下請け工場を持つバングラデシュで、世界中の多国籍企業が入る商業ビル「ラナ・プラザ」が崩壊、死者一一二七人、負傷者二五〇〇人以上を出した産業事故、労働災害が起き、このとき多くの多国籍企業がバングラデシュの劣悪な労働環境に

型だが、ブラック企業に対する批判は、つまり、経営者も改心して労使協調すれば問題は解決できる、という以上のものではない。しかし、そんなことが万一可能だとして、それができるのは、ごく一部の大手ブラックに限られる。つまるところ、今のブラック企業批判は、アンダークラスという「階級」を不可視化することで、「コンセンサスの政治」による新たな多数派統治へと帰結するほかない。

　このことを象徴しているのが、参院選におけるワタミ前会長・渡邉美樹の自民党公認だろう。[10]周知のように、ワタミは過重労働を強いられた女性従業員が自殺（二〇〇八年）するなど、[11]ブラックであるとの指弾を受けてきており、公認については、自民内からさえ批判があった。しかし問題は、自民党が渡邉を公認したというばかりでなく、渡邉は二〇一一年の都知事選では都議会民主党の支持を受け、その後は維新の会の要請で、大阪市・府の特別顧問も務めていることである。このことについて、民主党や維新の会がマトモに謝罪し、ワタミ糾弾に動いたという話は聞かない。つまり、渡邉は圧倒的な「多数派」のコンセンサスを受けているのだ。ブラックと呼ばれながらも、多数派からのコンセンサスを受けているというのは、いかなる理由か。それは、ワタミが典型だが、ブラックと呼ばれる大手新興企業の多くが、同時に、「ソーシャルキャピタル」[12]を自称しているところにあるだろう。つまり、渡邉も随時言うように、それは「夢溢れ、ありがとうが飛び交う社会の実現」（渡邉が理事長を務めるNPO法人のスローガン）のために活動する

依存している状況が浮き彫りになった。二〇一五年一月十七日香港NGO「多国籍企業の労働実態を監視する学者と学生の会（SACOM）」が中国のユニクロ下請工場の労働環境について実態調査報告を日本で行なって、ようやく海外下請け工場について関心が集まった。SACOMの「中国国内ユニクロ下請け工場における労働環境調査報告書」はインターネット上で読める（http://hrn.or.jp/activity2/ユニクロキャンペーン報告書%20日本語%20150113.pdf）。

*10 二〇一三年五月三十一日、自民党は参院選比例代表に渡邉を公認したと発表。渡邉は同日自民党本部で記者会見し、四月に安倍と会食した際に直接、出馬を要請されたことを明かした。二〇〇六年の第一次安倍内閣で教育再生会議のメンバーに就任した経歴を持つ。

*11 二〇〇八年六月、ワタミの女性従業員が入社後三ヶ月で自宅近くのマンションから飛び降り自殺。二ヶ月で残業は二二七時間に及び、休日は午前七時から早期研修会やボランティア活動やレポート執筆などが課された。残

企業であると自任しているのだ。それを欺瞞だと言っても意味はない。おそらく、ブラックの多くの経営者（中小零細も含めて）も主観的には、そう思っているはずである。問題は、そのダブルスタンダードこそ、労使協調を夢見させるというところにある。客観的にはいかにブラックでも、主観的に善意な経営者であれば、労使協調のコンセンサスは可能だと主張すること。これが、自民党が渡邉を公認した理由だろう。渡邉は、そのシンボルなのである。事実、安倍首相は経団連に労働者の賃上げを要請した。渡邉公認は、正しく、昨今のブラック企業批判の風潮に応えるものなのである。このようにして、多数派による「一般意志」は形成されていくのだろう。

では、ブラックに対して、どのような対抗が可能か。抽象的にだが、「階級」を露呈させる以外にはない。

ブラックとして世界的に有名なスターバックスに対して、かつて欧米で不買運動が起ったことがあり、[*13]一応の盛り上がりは見せたが、終息した。スタバもソーシャルキャピタルを自称していた。同様に、居酒屋・和民に対しても「飲まない」不買運動が細々とあるが、成功は難しい。労働運動が壊滅的な時代において、労働運動に代わる新しい運動として消費者＝市民運動が称揚されたこともあったが、それは何故うまくいかないのか。

さまざまな理由が挙げられるが、消費者主義（お客様は神さまです！）をマ

された手帳には五月十五日の日付で「体が痛いです。体が辛いです。気持ちが沈みます。早く動けません。どうか助けて下さい。誰か助けて下さい」と記されていたことも報道された。この件に関しては二〇一二年二月十四日にようやく神奈川労働局によって労働災害認定が下されたが、社長の渡邉は「労務管理ができていなかったとの認識はない」とコメントした。

＊12 社会関係資本。信頼関係、ネットワーク、規範などを重用して、協調行動を活性化することで効率が高められるという考え方。

＊13 二〇一二年十月十六日、ロイター通信が、スターバックスコーヒーUKが過去三年間で約十二億ポンドもの収益を上げていたにも拘らず、法人税を全く収めていなかったことをスクープすると、ネット上をはじめとして不買運動が広がった。これに対し、スターバックスコーヒーUKはホームページで「私たちは英国で八五〇〇人以上を雇用しており、今後、三〇〇店を新規オープン、従業員も五〇〇〇人増やす。数億ポンドの投資を考えている」と釈明したが、非難が収まることはなかっ

ニュアル化している現代資本主義は、それ自体として顧客の階級を消去するからである。それ故、消費者は資本との協調へと帰結しがちである。つまり、階級意識を失って「労使協調」というコンセンサスを承認するのが、現代の「消費者」＝「市民」の姿だと言える。

＊消費者運動の盛衰は、概して景気の消長に左右されるほかない。消費の「冷え込み」は消費者運動にとって、当然にも不利だろう。

た。アメリカでの不買運動の一例としては、遺伝子組換え作物・販売で有名なバイオ科学メーカー・モンサント社が、バーモンド州の「遺伝子組換え食材の使用の有無を明記する制度を化したバーモンド州に対して訴訟を起こし、スターバックスもモンサント社を支持したことに対して、二〇一四年にミュージシャンのニール・ヤング（一九四五年―）が「GOODBYE STARBUCKS!!!」と不買運動を始めたのが有名。それまでは、毎日、列に並んでラテを買っていたらしい。

2013年8月―11月

反原発運動に、レイシズム問題。御用リベラルも保守派も大御心に待つ姿勢――重責を天皇に負わせる無責任さを改めよ

私は『反原発の思想史　冷戦からフクシマへ』（筑摩選書、二〇一二年）で、3・11以降、天皇制の問題が浮上するだろうと論じたが、[*1] 大方は予想どおりだったとはいえ、それが具体的に現象したのを見ると、改めてうんざりする。このうんざり感は想定外のことだった。

十月三十一日の園遊会で、山本太郎参議院議員は、天皇に、原発事故の現状を訴える「手紙」を手渡した。[*2] 同じ日の朝日新聞朝刊・論壇時評では、作家・高橋源一郎が戦後民主主義を守る砦を皇后の言葉に求めていた。[*3] この二つのことについては、すでにネット上で賛否がかまびすしいが、現代日本のリベラルにとって、もはや天皇以外に頼るものがなくなっていることを示している。山本太郎の心性は右派的なものという指摘もあるが、事情は変わらない。山本や高橋に反発するリベラル派にとっても、いわゆる戦後民主主義が今上帝の「大御心」に沿うがゆ

＊1「右派の「生命を守れ」というスローガンとリベラル左派の「生命を守れ」というスローガンは、日本の原発だけを問題にしている限り、何の差異もない。この時、ニューエイジ的・ロハス的なエコロジー主義が回帰してくる。日本的「自然」こそ、守るべき「生命」であり、原発を生み出した西欧的近代化学主義をこえる代替知――天皇制！――を内包していたとさえ見なされかねないからだ。かつて、大東亜戦闘戦時に詩人の高村光太郎が「天皇あやふし」と叫んで天皇制に目覚めたように、「福島」に際しても多くのポストモダニストたちが「天皇を中心とした神の国」に目覚めたと言っている。そのことは、本書のなかで随時紹介してきた」（『反原発の思想史』三三八―三三九頁）。

＊2 二〇一三年十月三十一日に行なわれた東京赤坂御苑での秋の園遊会に参加した山本太郎は、原発事故収束作業員の労働環境や子供の被曝について書かれたという手紙を天皇に手渡した。請願法に反するなどの批判もあったが、その「直訴」に「平成の田中正造」と称讃する声も聞かれた。

＊3 一九九八年国際児童図書評議会

えに辛うじて維持されているということは前提となっているだろう。だからこそ、「闘う政治学者」を自称する山口二郎はツイッター上で、山本、高橋の行為と発言に反発しつつも、「気分は私もわかる」と言い、「私の場合は、天皇、皇后の真摯な言葉を胸に刻むということに留めたい」と言うのである。[*4] 山口も含め「御用リベラル」と呼ぶ理由である。

戦後のリベラルは天皇制を「無責任の体系」（丸山眞男）として批判してきた。[*5] しかし、リベラリズムを守るために大御心に沿うというのは、無責任体制そのものではないか。山本太郎の行為を、足尾銅山鉱毒事件における田中正造[*6]になぞらえる向きもあるらしい。一九〇一年十二月、田中は足尾鉱毒問題について、明治天皇に直訴を行った。田中のような明治期の「国士」にとって、社会問題の解決は明治維新の「理想」がいまだ実現されていないことを意味していた。それゆえ、大御心に待つという態度は、田中にとってリーズナブルだったとはいえる。同様に、一九二〇〜三〇年代の青年将校運動においても、大御心に待つという心性は顕著であった。二・二六事件（一九三六年）の「黒幕」として処刑された北一輝[*7]にとって、実現すべき「社会民主主義」は、すでに明治憲法に記されていた。あとは大御心が顕れて財閥や官僚といった「君側の奸」を一掃すればよいのである。

山本太郎や高橋源一郎の（ひいては山口二郎の）心性も、田中正造や青年将校に較べて、恐ろしく劣化しているとはいえ、これとほぼ同様だろう。戦後民主主

のニューデリー大会に皇后美智子が寄せたビデオ講演の内容を主題に書かれたもの。高橋はその「現憲法に通じる「人権の尊重」や言論、信教の自由を強く訴えた」と五日市憲法に言及した講演内容に「なぜか、美しいと思い、体が震えた」、「ことばにならない思いを感じた」と書く。

＊4 全文は次のとおり。「今朝の高橋源一郎氏の論壇辞表（ママ）を読んで、複雑な感想を持つ。天皇、皇后が戦後民主主義、平和憲法の最後の守り手であったことは8月15日直後にここでも書いた。またわざわざ水俣を訪問して患者に対して述べた天皇の言葉には感動した。だから、高橋さんの時評の意図はわかる」。「しかし、天皇の権威に依拠して民主主義を擁護するという論法には大きな危うさが伴う。明治天皇の末裔であることを売り物にする人物が排外主義的ナショナリズムを唱えることにはどう対処すればよいのか。とりあえず私の場合は、天皇、皇后の真摯な言葉を胸に刻むということに留めたい」。

＊5 丸山眞男「超国家主義の論理と心理」（『世界』一九四六年五月号、『〔新装版〕現代政治の思想と行動』

義の理想は戦後憲法に、そして、国民の「象徴」たる天皇に体現されている。とりわけ3・11以降は、ジャーナリズムを通して大御心は何度となく報じられているのである。彼らが青年将校と異なっているところは、残念ながら、君側の奸を排除するテロリズムの手段を持たないところだろう。だとすれば、彼らが期待しているのは、「災害」という外側からのテロリズムである。彼らにとって3・11は実は僥倖であったはずだ。さらに二度、三度と「災害」が起きれば、大御心は更に顕れて、より「ユートピア」に近づくからである。3・11の後、レベッカ・ソルニットの『災害ユートピア』がもてはやされたゆえんである。まあ、無責任この上ない心性と言えよう。

高橋の論壇時評と同じ日の朝日新聞朝刊で、やはり御用リベラルである小熊英二は、「脱原発」を実現しつつあるのは日本だけだと居直り、誇っている。[*8] バカかと思うし、当たり前のことである。3・11の前から指摘されていたように、先進資本主義国では、すでに、「脱原発」は規定路線だったのであり、ましてや福島原発事故があった国で、相対的にそれが加速化しない方がおかしい。問題は、にもかかわらず世界的に原発が増設されていくことだ。日本においても、日米安保がある限り、「脱原発」は傾向として実現されても、破棄の方向は不可能である。小熊もまた、3・11の災害テロリズムによって大御心が顕れていることを寿いでいるだけなのであろう。

未來社、二〇〇六年に所収）に由る。

＊6 田中正造（一八四一—一九一三）。政治家。足尾銅山鉱毒事件の被害を訴えていた田中は一九〇一年議員辞職後の十二月十日、帝国議会開院式から帰る途中の明治天皇に日比谷で直訴を行なった。直訴状の原案は幸徳秋水による。田中は即拘束され、翌日釈放された。

＊7 北一輝（一八八三—一九三七）。社会運動家。主著に『国体論及び純正社会主義』（一九〇六年）、『日本改造法案大綱』（一九二三年）。ともに『増補新版 北一輝思想集成』（二〇一五年・書肆心水）所収。

＊8 『朝日新聞』二〇一三年十月三十一日朝刊。小熊の結語は次の通り。「『日本には偉大なリーダーはいないが、民衆の実行力はすごい』というのが、高度成長期から一貫した日本評価である。政治家が脱原発を華やかに宣言したドイツとは対照的に古い既得権に足をとられた政官財の抵抗を押し切り、脱原発を実質的に実現しつつある震災後の日本は、こうした評価がよくあてはまる。あとは政治家が、この明白な趨勢を認識し、応えられるかの問題だ」。

＊9 二〇一三年九月八日、ＩＯＣ会長

御用リベラルたちが天皇への依存を深めていくのと相即して、保守派も天皇の「政治利用」に腐心していくだろう。二〇二〇年の東京オリンピック[*9]を控えて、そうなっていくはずである。国民の関心を原発から五輪にシフトさせた時の政治の問題である。すでに、五輪招致に際しては、高円宮妃がプレゼン最終スピーチを行ったが、事はそれだけではないだろう。

私は五輪それ自体について反対だが、トルコ（イスタンブール）やスペイン（マドリード）といった他の候補地において、五輪反対運動が大なり小なり存在したのに[*10]、日本では、それはないに等しかった。世界が五輪を今のところ廃棄できないのであれば、東京がやらざるをえないのだろう。アベノミクスを支持したリフレ派の一部は経済的な理由から反対のようだが、安倍首相自身はノリノリである。

安倍自民党政権にとっての頭痛の種の一つは、自民党自体が（安倍自身さえ？）その一端を担っているレイシズムの存在だろう。周知のように、「在特会[*11]（在日特権を許さない市民の会）」に象徴される問題である。「お・も・て・な・し」をキャッチフレーズに五輪を招聘したのに[*12]、中国や韓国、北朝鮮へのレイシズムが吹き荒れてはいくらなんでもマズいということだ。

経緯を略述すれば、在特会の活動は反原発運動のなかで高揚し、対立を先鋭化させていった[*13]。反原発運動のなかから「レイシストをしばき隊[*14]」が登場して、「実力で」在特会と対峙する。原発問題は宙に吊られたが、在特会への牽制とし

のジャック・ロゲが開催地は東京に決まったことを発表した。七日立候補都市によるプレゼンテーションが行なわれ、東京からは高円宮妃、安倍晋三が登壇、安倍は福島原発の「アンダー・コントロール」を宣言。しかし開催地決定後、エムブレム盗作問題や新国立競技場をめぐる問題に続けて、フランス地方検察が、日本の招致委員会による裏金支払い疑惑を指摘、開催地のロンドン変更の噂が立つなど、混乱が生じた。

*10 トルコでは最後の任期を迎えたレジェップ・タイイップ・エルドアン首相による大規模な再開発計画に対する反対運動が、二〇一三年イスタンブールから次第に発展。反対運動を強引に鎮圧しようとしたエルドアン首相に対する抗議行動にもなっていた。スペインでは政府が抱える多額債務などヨーロッパ経済危機のさなかにあってのオリンピック招致を疑問視する声があがっていた。

*11 在日特権を許さない市民の会（二〇〇六―）。創立者は桜井誠（一九七二―）。在日韓国人・朝鮮人が保持すると当団体が主張する「在日特権」の廃止を要求するデモ・街宣活動から始まって、さまざまな差別的・排外主

ては、それなりに効果をあげているようだ。ただ、反原発運動の内部では、しばき隊の評価をめぐって、PC的な既成左派とのあいだで論争がある。しばき隊は在特会のレイシズム＝ヘイトスピーチに対抗するのに、類似のヘイトスピーチを駆使するからだ。しばき隊を構成するのは、PC的な既存左派ではなく、マルチチュード反原発右派も含んだ「有象無象（マルチチュード）」である。

　このような三つ巴の対立自体、分析を必要とするが、五輪を前にした問題は、そこにはない。三千人を集めた九月二十二日の新宿「差別撤廃　東京大行進」デモ[*15]に即して知られるように、そこに集まった人間の過半は、東京五輪で在特会的なヘイトスピーチが存在するのは恥ずかしい、という心性で集まっていたのである。これに呼応するかのように、十月七日には、京都地裁が朝鮮学校周辺での在特会の街宣活動を「人種差別」とする判決を下した[*16]。

　これらの徴候から知られるように、在特会的なものは、東京五輪を前に政府によって抑圧されていかざるをえないだろう。そもそも、在特会が東京五輪に賛成なのか反対なのかは知らないが、反対ならば政府による弾圧に抗しうる論理も立つだろう。しかし、想像するに賛成なのだろうから、五輪を名目にした政治的圧力に抵抗する論理は立ちにくい。政府自民党としても、内心は在特会的なものにシンパシーを持つ者がいたとしても、「お・も・て・な・し」のタテマエの下では、そうせざるをえない。それがPCのグローバルスタンダードというもので

義的主張を行なう。それらの活動模様をみずからインターネットに動画や写真などで宣伝し、支持を集めた。

＊12 二〇一三年九月八日のオリンピック招致最終プレゼンテーションで元アナウンサーの滝川クリステルが行なったスピーチパフォーマンス。日本独自のホスピタリティを意味する言葉として「お・も・て・な・し」を紹介。このパフォーマンスは日本国内で話題を呼び、その年の流行語大賞になった。

＊13 二〇一〇年、京都朝鮮学校へのヘイトスピーチによる授業妨害や、大阪での従軍慰安婦問題・水曜日デモ妨害などで、関西のメンバーの逮捕が相次ぎ、在特会の活動に停滞の兆しが出始めると、抗議方法が更に先鋭化。一二年ごろから嫌韓デモにおいて、「良い韓国人も悪い韓国人も殺せ」等の過激なプラカードが掲げられた。それに対し、首都圏反原連の中心メンバーのひとりだった野間易通などが、反原発運動がやや沈静化してきたころ、カウンター活動に重点を移して、対立が先鋭化した。

＊14 二〇一三年一月結成。後続団体として対レイシスト行動集団（C.R.A.C）に改組。野間易通の呼びかけで結成さ

ある。マルクスは、それを「資本の文明化作用*17」と言った。もちろん、五輪は資本主義の祭りである。

　問題は、国民的合意を形成するためのこのような文明化作用が、おそらくは、天皇の名によって行われるだろうということである。言うまでもないが、この間のジャーナリズムの報道によれば、天皇・皇后はレイシズムに反対である。このことを奇貨として、政府は在特会的な運動を排除することになろう。もちろん、御用リベラルたちも大歓迎である。天皇は「お・も・て・な・し」の象徴となろう。

　しかし、このような政治利用は、明治期以来繰り返されてきたことではないのか。日本の近代化が天皇制なくしてなしえなかったことは、おおよそ知られている。明治大帝は啓蒙的な君主として「資本の文明化作用」を担った。この度も同様に、天皇は反レイシズムという啓蒙を実質的に担うはずである。それが、国民の象徴の役割である。

　かつて、文芸評論家の中村光夫——一般には保守派と見なされている——は「天皇の名の下に」（一九五六年）というエッセイで天皇制を批判した*18。戦後の天皇は「ブルジョア道徳」の理想の象徴（つまり、PC）としてあり、その象徴の下で、市民たち（ブルジョア）は安んじて、レイシズムから反レイシズムを含む幅での「欲望」を表現できるというのが、本稿の文脈に即して多少パラフレーズした中村の主張の

れ、在特会をはじめヘイトスピーチ団体の街宣の現場に出向いて反対の声やプラカードを掲げるなどするが、その際暴言や脅しを積極的に用いることで、「カウンター」活動を牽引した。

*15 二〇一三年九月二十二日に行われた新宿中央公園から柏木公園を目指す、差別撤廃を求めるデモ。民主党議員有田芳生や共産党議員小池晃も参列した。出発前に新宿中央公園の会場前でビラ配り・情宣をしていた「ヘイトスピーチに反対する会」を運営スタッフのしばき隊・男組が妨害・排除していたことが一部ネット上で話題を集めた。

*16 二〇一〇年学校法人京都朝鮮学園は、在特会ほかによる京都朝鮮学校襲撃事件の参加者に対して民事訴訟を起こした。京都地方裁判所は一〇月七日、原告の主張を認め、京都朝鮮学園周辺での街宣禁止と一二二六万円超の賠償金支払いを命じた。この第一審では人種差別撤廃条約第四条も適用された。二〇一四年十二月九日、最高裁において判決確定。

*17 「資本にもとづく生産は、一方では普遍的な産業活動（industrie）——すなわち剰余労働、価値を創造す

大意である。これは、御用リベラルから政府自民党までを覆う現在の状況にぴったりと当てはまる。しかし繰り返すまでもなく、かかる重責を天皇に負わせて安堵している「国民」というのは、無責任もはなはだしいと言わなければなるまい。そのこと自体が「天皇制」なのである。リベラルであろうが保守であろうが、多少は責任感というものがあるのなら、そんな重圧から天皇を解放してやろうとするのが、まっとうな「国民」の責任というものだ。改憲論議も改めて俎上にのぼっている現在、まず論議されるべきは、このことだろう。

＊「資本の文明化作用」によって統治しながら、「野蛮」を様々に行使するのが資本主義である。

る労働――をつくりだすとともに、他方では、自然および人間の所属性の全般的な有用性の一体系をつくりだすのである。（…）ここから、資本の偉大な文明化作用（the great civilising influence of capital）が生じ」（『マルクス資本論草稿集2　1857―1858年の経済学草稿II』大月書店、一九九三年、十七―十八頁）。

＊18　中村光夫（一九一一―一九八八）。文芸評論家。「（…）この道徳的偶像としての天皇の役割は、戦後の政治からの離脱、あるひは「人間宣言」によつて、さらに明瞭化し、今日の天皇の大衆的人気の唯一の源泉になつています。／ブルジョア道徳がたんに個人的な背徳によつてでなく、時代の生活そのものによつて破られ、それ自身破綻の危機にのぞんでゐるのは、今日では誰の目にも明かです。したがつてそれを信奉する人々の目に、自分等の生活でぐらついてゐる道徳の唯一の拠り場、または実証と天皇の生活が映るのは当然で、彼等にとつて元旦に天皇の顔を見ることが、一年の生活の支へになる所以なのです」（「天皇の名の下に」『文藝春秋』一九五六年七月号）。

2013年12月―2014年4月

米中世界新秩序に対応しきれない我々は、戦争を待望しつつ中国経済に依存するという宙吊り状態を引き延ばそうとする

矢継ぎ早にさまざまな「事件」の情報が流れ込んできて、それらを或る一定のパースペクティヴのもとに収めることができない。ウクライナ状勢[*1]、中東状勢[*2]、日朝協議[*3]、日韓首脳会談[*4]、台湾国会の学生による占拠[*5]から、集団的自衛権の是非[*6]、渡辺喜美（みんなの党代表）の八億円借り入れ[*7]、「現代のベートーヴェン」佐村河内守事件[*8]、小保方STAP細胞問題[*9]、消費増税、等々。もちろん、原発問題も「終息」することなどない。このような錯綜は今に始まったことではないが、或る見通しの悪さが世界をおおっていることは確かだろう。それを払拭すべく、「新冷戦体制[*10]」とか「ファシズム」、「開戦前夜」などといった旧いタームの使いまわしによって、この不透明な事態をのりきろうという試みも顕著である。

異論も多々あるとはいえ、ジャーナリズムの一般的な報道によれば、アベノミクスは好調であり、今年中には日経平均株価が三万円に迫ると予測する証券エコ

＊1 二〇一〇年のウクライナ大統領選挙で親露派のヴィクトル・ヤヌコーヴィチが勝利、一三年にEUとの政治・貿易協定の調印を見送ったため、ウクライナ内の親ヨーロッパ派などによる反政府運動が勃発。混乱を受け、一四年二月二十二日ウクライナ最高議会はヤヌコーヴィチ大統領を解任、決選投票なしで親ヨーロッパ派のペトロ・ポロシェンコが大統領に就任した。

＊2 二〇一四年は中東において一月から「イラクとレバントのイスラム国（ISIL）」が台頭、シラクとイラクで軍事行動を展開し、その両国にまたがる制圧地域で六月二十九日国家樹立宣言を行なった。

＊3 二〇一四年五月二十九日、安倍首相はストックホルムで行なわれた日朝協議で、北朝鮮が拉致被害者や拉致の疑いがある行方不明者の全面調査を約束したことを発表。北朝鮮が特別調査委員会を設置し、調査開始すれば、日本は人的往来の規制措置や送金報告などに関する規制措置などの解除を約束した。

＊4 二〇一四年九月十九日、森喜朗は韓国を訪問し朴槿恵大統領と会談、

ノミストも少なくない。[*11] アメリカ経済も、とりあえず好調だということになっている。株価は「気分」の反映だから、少なくとも日本は多幸的であるはずだ。今年度春闘では、自動車や電機など主要大手を中心に六年ぶりにベースアップ回答が相次ぎ（しかも、政府「主導」で）[*12]、景気回復が喧伝された。繰り返すまでもなく、これら多幸的な気分に対しては、幾らでも異議をさしはさむことが可能だろう。しかしともかく、アベノミクスに賛成する者も反対する者も、ともに「経済成長」を願望しているという点では同じだとは言える。にもかかわらず、一方で、増幅していく不透明感は拭い去ることができないのである。リベラル派に最近、反米ナショナリズム（永続敗戦論！）への回帰が見られるのも[*13]、ここに由来するが、それは措いておく。

言うまでもなく、日本をはじめとする資本主義経済は中国の経済発展に依存している。中国は、資本主義の生産工場である以上に、今や巨大なマーケットでもある。中国が破綻すれば、世界資本主義が危機に瀕することくらいは、小学生でさえ知っているだろう。中国のＧＤＰの伸び率は鈍化しているとはいえ、二〇一六年には、米国を抜くであろうことが予想されている。米国は、今なお軍事力で優位に立っているとはいえ、中国軍事費の伸びはいちじるしい。第一次大戦後のヘゲモニー国家であった米国の失墜が言われて久しいが、今や世界が米中関係の再編を軸に回っていることは、誰の目にも明らかだろう。世界経済崩壊の引き

安倍の親書を手渡した。親書は、一一月のアジア太平洋経済協力会議（ＡＰＥＣ）首脳会議の前の首脳会談を求めたもの。

＊5 ひまわり学生運動。二〇一四年三月十八日、台湾と中国間のサービス貿易協定批准に反対する台湾の学生約三〇〇名がデモを行ない、その後立法院（国会）に進入、占拠した。立法院周辺に学生たちを支持する市民が数万人集まり、政府に対する抗議行動は拡大した。四月六日、立法院の王金平院長は学生側が要求していた、立法院の監視について定めた両岸協議監督条例が法制化されるまで、サービス貿易協定の審議を行わないと表明。これを受けて学生側は立法院から退去した。

＊6 二〇一四年七月一日、安倍内閣はこれまでの政府見解と異なり、自衛隊の集団的自衛権の限定的行使は可能とする閣議決定を行なった。

＊7 二〇一四年三月二十六日発売の「週刊新潮」に、ＤＨＣ吉田嘉明会長が、二〇一〇年参院選と二〇一二年衆院選直前に渡辺に貸し出した計八億円がいまだ返済されていないという手記を発表。公職選挙法違反・政治資金規正法

金になるのは、南欧等ユーロ圏のデフォルトか、米国の巨額負債かとも言われるが（それに、アベノミクスの失敗を加えてもよいが）、それを食い止めているのが、中国経済であることは間違いない。

われわれは、この新たな事態に上手く対応できないでいる。一九七八年に資本主義市場経済に転換して急成長を開始した中国に対して[*14]、それが早晩、崩壊するであろうという言説が、不断に繰り返されてきた。そもそも、共産党一党独裁下、資本主義の大前提である「自由と平等」が保証されていないような国で、資本主義が成熟していくはずがないというのが、その論拠である。そのような論調は今なお根強く主張されており、ジャーナリズムでは、中国におけるシャドーバンキングの危機や不動産バブルの崩壊が、繰り返し報じられている[*15]。民族問題や経済格差問題もある。つまり、日本（をはじめとする資本主義国）にとって、本当は、中国資本主義は崩壊してほしいのである。中国はフラストレーションの種なのだ。

安倍首相の靖国参拝や「河野談話」の見直しといった行動[*16]は、対韓国というよりは、主要には、フラストレーションにもとづく中国崩壊への期待＝気分を背景にしていると見なすべきだろう。それは、米中世界新秩序に対応しきれない日本の不透明な地位を反映しているがゆえに、財界やリベラル派の反対論をしのぐことができていると言うべきであり、単に、保守的ナショナリズムということのみで斥けることはできないのだろう。もちろん、安倍首相自身にしても、実際に中

違反の疑いが指摘され、渡辺は四月七日、みんなの党代表を辞任した。二〇一五年東京地検特捜部は嫌疑不十分で不起訴とした。

＊8　二〇一四年二月六日発売の「週刊文春」に、作曲家新垣隆が、これまで全聾の作曲家として「現代のベートーヴェン」の異名をとっていた佐村河内のゴーストライターを務めていたことを暴露する記事が掲載される。二月六日新垣は記者会見を開き、佐村河内の代作を十八年間行なっていたこと、佐村河内は耳が聞こえていることなどを明らかにした。

＊9　二〇一四年一月にSTAP細胞の作成に成功したと発表し、「リケジョの星」などと称してマスメディアが取りあげた小保方晴子のSTAP論文や博士論文における研究不正疑惑がインターネット上で次々に指摘される。七月二日総合科学雑誌「ネイチャー」が小保方のSTAP論文撤回を発表。十二月十五日小保方は理化学研究所に退職願を提出、二十一日退職した。

＊10　二十一世紀に旧ソ連諸国・地域であるグルジア、ウクライナなどのNATOやEUへの加盟を警戒した

国が崩壊してしまったら、日本資本主義がひとたまりもないことくらいは承知しているから、よりシビアな尖閣列島問題はとりあえずは括弧に入れて、靖国に参拝したわけだし、河野談話見直しも、それが米国のチェックに遭えば、しぶしぶ引っ込めざるをえないのである。

　われわれは中国に何を期待しているのか。中国共産党の、一党独裁の崩壊か？しかし、それは中国資本主義の、ひいては世界資本主義の崩落を、ほぼ意味する。われわれが期待する先進国の「ゆるやかな」経済成長など、ひとたまりもない。「共産主義の理念」を奉じていた毛沢東時代ならともかく、今の中国が、世界資本主義の崩壊以降の世界を担いうるとは、誰も信じないだろう。では、中国資本主義の発展か？

　それは、単に、中国社会のさらなる「奇形化」ばかりでなく、中国の「新帝国主義的」世界支配を意味するようである。中国に対する、このダブルバインディングな関係が、われわれの不透明な心理の、少なくとも元凶の一つであることは疑いない。

　ゴーストライター問題が露呈する以前の佐村河内守へのジャーナリズム挙げての賞賛[*17]は、或る意味では、対中国関係に象徴されるところの、不透明な環境を突破する契機を希求する気分に乗じたものであったと言える。つまり、全聾の「天才」が、奇跡的にそれを突破して感動的なクラシック音楽を作曲するという物語、

ロシアが、それに対する牽制を行なうとともに、アメリカの覇権に抗するため、中国やイランとの関係を強化。アメリカもこれに対しロシアを牽制する動きを見せていることを「新冷戦」と呼ぶ。

＊11 ＰＨＰ研究所発行の総合論壇誌「voice」二〇一三年六月号掲載の武者隆司「日経平均四万円も夢ではない」など。

＊12 二〇一四年三月十二日自動車・電機主要企業が春闘で労働組合に対する一斉回答を行なった。トヨタ自動車はベア（ベースアップ）月額四〇〇〇円の要求に対して、二七〇〇円、ボーナス六、八ヶ月分とし、期間従業員の日給を二〇〇円引き上げ、日産自動車は満額回答を行なった。これらは安倍首相がデフレ脱却と経済成長を掲げて、企業に要請したことも要因となっている。

＊13 社会思想史家の白井聡（一九七七―）の著書『永続敗戦論　戦後日本の核心』（太田出版、二〇一三年）に由る。「永続敗戦」とは、敗戦を否認しつつ対米従属に陥る親米保守的な「戦後レジーム」を意味する。

である。しかし問題は、万が一、聾者がクラシック音楽を作曲しえたとして、現代音楽の水準では、クラシックの新作などということは、もはやありえないということなのだ。

すでに指摘されているように、ゴーストライターであった新垣隆[*18]は正規の教育を受けた優秀な現代音楽家であったらしい。そのような存在にとっては、マーラー[*19]やブルックナー[*20]もどきとおぼしきクラシック音楽を作曲することなど、いとも容易であり、現代音楽家としての新垣の本領は、まったく別途の領域にあった。つまり、われわれは現代音楽の水準においては歯牙にもかけられぬ佐村河内の音楽に感動していたわけである。もちろん、マーラーやブルックナーに感動することは個人の自由である。しかし、われわれがクラシック音楽を享受する場合は、意識的であると無意識的であるとを問わず、それが「古典」であることを前提としているのであり、それが「現代」のものとしてあらわれた時には眉に唾をつけるはずなのだ。たとえば、かつて水村美苗が漱石の『明暗』の続編を書いて話題になったことがあったが[*21]、それは「古典」のパスティッシュというレベルを踏まえて享受されたはずである。

より端的に言おう。佐村河内問題の教訓は——小保方STAP細胞問題でも、その気配が濃厚だが——われわれが、何かありえない「奇跡」を希求しているということである。しかも、そんな「奇跡」は、現代ではありえないことを、おお

*14 一九七八年十二月に鄧小平指導下の中国は改革開放政策へ転換する。都市部への外資の積極導入、経済技術開発区の設置、人民公社の解体などの市場経済の導入は、一九八九年の天安門事件後しばらくあいだを挟んで推進されてきた。

*15 二〇〇八年のリーマン・ショック後の財政再建のために、中国では正規の銀行から借り入れができない地方政府などが、投資会社が高金利理財商品を販売して得た資金をもとに資金運用を行なうシャドーバンキングを利用。その資金が大量に不動産投資や公共事業資金に向けられた結果、不動産バブルが発生。地方都市で住民のいない公団団地が出現し、バブルの崩壊が憂慮された。

*16 二〇一三年十二月二十六日安倍は靖国神社に参拝した。これに対し、アメリカ政府は日本がアジア近隣諸国との緊張を悪化させる行動をとったことに「失望」を表明。一四年二月二〇日には、従軍慰安婦への旧日本軍の関与を認め謝罪した一九九三年の「河野洋平官房長官談話」には裏付け調査が欠けていたという証言が衆院予算委員会で

よそ熟知しながら、である。繰り返して言うが、聾者がクラシックを作曲したことが「奇跡」なのではない。「現代」に「古典」がありうると考えることが、ありえないと知りつつ「奇跡」を希求する態度なのである。

では、中国問題について、われわれは、ありえない「奇跡」として、何を希求しているのか。おそらくは中国の崩壊であり、対中戦争である。

かつて大東亜戦争勃発時に、日本国民は似たような「奇跡」をそれに見て、圧倒的な解放感を覚えた。そのことは、当時の新聞や文学作品が証言している。[*22] 或る歌人は「横暴アメリカ老獪イギリス生耻さらす時は来向ふ」とか「堪へたへて今日に及べる日本」と歌った（三枝昂之『昭和短歌の精神史』[*23]〈角川ソフィア文庫、二〇一三年〉より再引用）。今日の対中対韓の心性に、これに近いものがあることは否定できないだろう。現代の有力現代歌人のそのような反中嫌韓短歌を、最近たまたま読んだ。

しかし、それは「古典的」な心性なのである。対中国戦争が起きれば、世界経済は崩壊するだろうし、対中国戦争が勃発しなくても、中国経済が崩落すれば、おおよそ似たりよったりの事態が到来するだろうことも、誰もが知っており、だから、戦争を待望しながらも回避しつつ中国経済に依存していくという宙吊りの状態を引き延ばすことだけが、「現代」では、相対的に可能であるに過ぎない。「ゆるやかな」経済成長を保つには、それ以外の方途はないかに見える。ゆるや

あがり、三月三日、河野談話見直しを求める集会が憲政記念館で開かれた。これに対し、日韓の対立が深まることを懸念するアメリカが「日本の指導者」に解決を求めた結果、三月一四日の衆院予算委員会で安倍は河野談話を見直さないこと、安倍内閣が河野談話を継承していることを答弁した。

＊17 二〇〇一年にゲーム「鬼武者」のサウンドトラック発売時に佐村河内は記者会見で聴覚障害や抑鬱神経症などの持病について公表。二〇一一年、NHK番組『情報LIVE ただイマ！』で「日本が涙！耳聞こえぬ作曲家・奇蹟の旋律」と紹介され、佐村河内名義のアルバム『交響曲第1番 HIROSHIMA』がオリコン九位を獲得。また二〇一三年にはNHKスペシャル『魂の旋律～音を失った作曲家～』も放送され、同アルバムは出荷枚数十万枚を超えた。

＊18 新垣隆（一九七〇―）。作曲家。アンサンブル・ジェネシスのレジデント・コンポーザー。

＊19 グスタフ・マーラー（一八六〇―一九一一）。作曲家。代表作に「交響曲大地の歌」など。

かな経済成長下でも、賃金格差は徐々に拡大していくだろうが——。

　こんな宙吊り状態がいつまでも続くとは、誰も信じていない。ただ、われわれが期待するようには、その変換はなされないだろうと言いたいだけである。しかし、その時のための準備は、誰にもできていない。

＊『シン・ゴジラ』に見られるように、「革新」官僚や若手政治家はクラッシュに対応できると信じる心性が、「国民的」にあるのかもしれない。一九四〇年代的な心性である。

＊20 アントン・ブルックナー（一八二四—一八九六）。作曲家。代表作に「交響曲第7番ホ長調」など。
＊21 水村美苗『続明暗』（筑摩書房、一九九〇年）。一九九〇年度芸術選奨新人賞を受賞した。
＊22 文学作品では、太宰治「十二月八日」（『婦人公論』一九四二年二月号）や、高村光太郎の詩「記憶せよ、十二月八日」「鮮明な冬」など。
＊23 三枝昻之（一九四四—）。歌人・文芸評論家。本書では、開戦から敗戦まで、そして戦後占領下で詠まれた、斎藤茂吉や窪田空穂などの短歌が引用される。特に戦中の短歌を時局便乗という「見取り図」に囚われず、「作品が示している心を当時の時代に戻りながら、ていねいに掬いあげ」ることが目論まれる。「或る歌人」とは土岐善麿のこと。

2014年5月—7月

集団的自衛権問題で露呈する、保守派=日米同盟破棄、リベラル左派=日米同盟堅持の奇妙さ

集団的自衛権の行使容認をめぐる議論は、それまで与党内反対勢力だった公明党が六月下旬に容認に転じることで、七月一日に閣議決定がなされた。[*1] これが憲法九条に抵触するとする議論をはじめ、反対の声も多くあがっていることは周知のとおりであり、3・11以降の「デモもできる社会」[*2]——もちろん、それ以前もデモはできたし存在もした——のなかで、リベラル派市民の運動もそれなりに盛り上がっている。

この集団的自衛権をめぐる議論の構図は、行使容認の政府自民党が、日米同盟の強化を主張し、反対の側が対米追従を、日本が戦争に巻き込まれる(戦争ができる国家になる)として批判するというものである。事実、東京の寿司屋での歓談時にも、オバマは安倍首相の路線を歓迎している。[*3] いかにも分かりやすい図式である。

＊1 二〇一四年六月三十日、公明党は外交・安全保障に関する合同調査会を開き、既に政府が示した閣議決定を受け入れることに決めていた執行部に、集団的自衛権への対応を一任することに決定した。これを受け七月一日、安倍内閣は「新三要件」のもと集団的自衛権の行使を認める閣議決定を行ない、以後これをもとに安保関連法案が作成されることになる。

＊2 二〇一一年九月十一日素人の乱主催による「9・11新宿 原発やめろデモ!!!!!」における新宿アルタ前の街頭集会で柄谷行人が行なったスピーチの一節。「私はデモに行くようになってから、デモに関していろいろ質問を受けるようになりました。それらはほとんど否定的な疑問です。たとえば、「デモをして社会を変えられるのか」というような質問です。それに対して、私はこのように答えます。デモをすることによって社会を変えることは、確実にできる。なぜなら、デモをすることによって、日本の社会は、人がデモをする社会に変わるからです」。

＊3 二〇一四年四月二十三日に来日したオバマは、既に来日前に読売新聞の

行使容認論の最も強い参照先は、しばしば事例に出される中東である以上に、尖閣諸島をはじめとする東アジアでの中国の帝国主義的なパフォーマンスにある。集団的自衛権は、中国の脅威に対する抑止力としての日米同盟の強化というわけであり、反対派は、それは日本が戦争に巻き込まれる可能性の増大だと主張しているわけである。しかし、ある意味で日米安保をめぐる議論として半世紀以上のあいだ繰り返されてきたこの構図は、この度は有効に機能しえないのではないかと疑われる。日本が集団的自衛権の議論で沸き返っている最中の六月二十六日には、ハワイ沖で米中合同軍事演習(リムパック)が始まっている。[*4] 何も今回が初めてではない。昨年八月にもソマリア沖で、十一月にはハワイ沖で、米中合同軍事演習がなされている。集団的自衛権をめぐる騒擾を「バカ騒ぎ」と評する向きもある所以である。

集団的自衛権の問題と米中合同軍事演習とをリンクさせての議論は日本では少ないが(そもそも、この度のリムパックについての報道が少ない)、とりあえずは、そうである必要もない。一部保守派もかねてから指摘しているように、片務的な日米関係から双務性へと強く舵を切る集団的自衛権行使容認は、いわゆる日米軍事同盟の弱体化・破棄へと帰結するほかはないものである。そして、日米同盟の——当面は相対的な——弱体化がアメリカの目論見であることは明らかである。そういう意味では安倍政権が対米追従であることは確かだろう。

書面インタビューで集団的自衛権行使容認の検討を含む安全保障面の安倍政権の意向を支持し、その内容をホワイトハウスが二十三日に公表した。オバマと安倍が訪れたのは銀座の高級寿司店「すきやばし次郎」。アメリカ人のデヴィッド・ゲルブ監督による店主・小野二郎を追ったドキュメンタリー映画『二郎は鮨の夢を見る』(二〇一一年)がある。

＊4 二〇一四年六月二十六日から八月一日にかけて行なわれた環太平洋合同演習。この年リムパックに中国海軍が初参加した。

かつて、一九六〇年の安保条約改定を主導した安倍晋三の祖父・岸信介は、反対派からは「アメリカの手先」と呼ばれた。[*5] 六〇年反安保闘争が、反米ナショナリズムの色彩が色濃かったのは事実である。岸は「売国奴」とも罵られた。しかし、岸の目論見は、片務的な旧安保を双務的なものへとシフトすることだった。六〇年安保に一部安保反対派のみが見抜いていたように、「日本の帝国主義的自立」にほかならない。[*6] もちろん、六〇年安保後の日本の経済成長は、古典的な「帝国主義」とは、やや異なったものとなったわけだが——。

現在の安倍首相は、確かに祖父を反復してはいると言えよう。反対派からは「アメリカのポチ」と対米従属を批判されているが、やっていることは、日本のアメリカからの離反（自立？）なのである。ただ、祖父の時代と異なるのは、当時が米ソ冷戦の最中であったのに対して、冷戦体制崩壊後の現在が、アメリカの相対的な軍事的・経済的衰退と、それに規定されて、米中による世界支配が模索されているということである。安倍首相がいったい何を志向しているのかは不分明だが（祖父はちゃんと考えていたが、アベちゃんは何も考えていないという説もある）、米中世界支配が構築されつつある最中での日本の「自立」が、どのようなものに帰結するか、暗澹たらざるをえないと言えよう。安倍の言う「戦後レジームからの脱却」が間違いなのは、今や世界はいかなる意味でも「戦後」でないからである。まあ、安倍首相は、日本国民一般と同様に、中国資本主義の崩落

＊5 六〇年安保当時、思想史家・政治学者の藤田省三が「（岸内閣）はアメリカ帝国主義の手先」と指弾した。「権力緩和の方法は失っても、弱い支配者であることには変りがないので、そこで官僚政治家は一つは国外に依存すべき相手を探す。（…）五・一九、六・一五での物理的な暴力の乱用やハガティ事件の際の普通のデモ参加者をあたかも主謀的「関係者」であるように仕立ててまで逮捕したり、また滅茶苦茶な捜査の仕方をしたり（六月一三日夜の教育大・法政大の自治会）するような、権力の無制限の行使をする場合は、必ずアメリカ支配層へ依存した姿勢でそれを行っている。決して主体的にやっているのではない。その面については、マルクス主義者がつねに繰り返す「アメリカ帝国主義の手先」という批判は当っている。いや、むしろもっとひどいというべきだ」（日高六郎編『1960年5月19日』〈岩波新書、一九六〇年〉所収「前史」、十一頁）。

＊6「復活した日本帝国主義は自らの地位にふさわしい衣裳をつけるために、国家的威信の回復と帝国主義的野望を秘めて、不平等条約の改訂を死命を賭

を夢見ているのかもしれず、それはそれでありえないことではないが、それもまた暗澹たる世界に帰結するだろう。将来がどうなろうと、日本は世界のなかで北朝鮮に似たホモサケル[*7]（剝き出しの生）と化すかもしれない。時あたかも、日朝が急接近しているではないか。

しかし、安倍に反対するリベラル左派もまた、同様のディレンマのなかにある。集団的自衛権に反対するということは、結果として日米安保の片務性――もちろん、一九六〇年の安保改定でも解消されていない――を強化し、対米従属を希求するということにしかならないからである。周知のように一九九四年、村山（富市、当時社会党委員長）内閣は、「自衛隊合憲、日米安保堅持」を宣言した[*8]。これを画期として、日本の政治の争点は安保であることをやめた。というか、「政治」が機能しなくなったのである。そして、今や奇妙なことに、保守派が日米同盟破棄の方向に向かい、リベラル左派が日米同盟堅持を無意識のうちに選択している。今日のリベラル左派の論調では、戦後日本が対米従属の歴史であったことを強調する者が多いが[*9]、それは、彼らが元来はリベラル派の符牒であった「反安保」を主張しえない（むしろ、強化を希求している）ことへの「否認」のポーズであり、精神分析の対象と見なすべきだろう。

リベラル左派が日米同盟堅持を無意識にしろ選択したことは、様々な矛盾を抱えてしまった。それは、リベラル左派の今日における数少ない存在理由であるは

けて行おうとしている。日本人民は、自国帝国主義打倒によってプロレタリア世界革命の一翼を担うべきである。だから、そのスローガンは帝国主義の侵略と抑圧の安保改定粉砕、岸内閣打倒である」（『新左翼運動全史』蔵田計成、流動出版、一九七八年）

*7 イタリアの哲学者ジョルジョ・アガンベンの著書『ホモサケル　主権権力と剥き出しの生』（以文社、二〇〇三年）に由る。殺害可能かつ犠牲化不可能な生、つまりその死が悲劇にも有意味にもなりえない、たんなる生を意味する。

*8 村山富市内閣は五五年体制に終止符を打った自民党、日本社会党、新党さきがけの連立政権からなり、また村山は日本社会党委員長だった。しかし、それまでの日本社会党の政策から転じて、一九九四年七月十八日、内閣総理大臣に就任して初の所信表明演説において、「日米安保体制を堅持」すること、また同月二十日の衆院代表質問の答弁で「自衛隊は憲法の認めるもの」であることを明言した。社会党は村山の発言を追認した。

*9 例えば白井聡『永続敗戦論』参

ずの沖縄の基地反対闘争のリアリティーを根こそぎにするというばかりでなく、「脱原発」運動をも根本的に否定することに帰結する。日米同盟の破棄なくしては、原発の廃棄などはありえないからである。もちろん、安倍政権が日米同盟を万が一脱したら、原発再稼働や原発輸出は——北朝鮮に——可能であり、逆は必ずしも真ではないが。

原発、沖縄、特定秘密保護法案[*10]、集団的自衛権等々と次々に課題が続出するにもかかわらず、国会内の自民党一強多弱状態は、決定的に反対運動のポテンシャリティーを削いできた。六〇年安保の時と同じく、政府自民党の閣議決定へといたるプロセスへの批判は、結局のところ、「多数の横暴」「熟議がなされていない」、つまり「民主主義の否定」というところにしか帰結しえなかった。しかし、六〇年安保当時、反安保の支柱であった「戦後民主主義のチャンピオン」丸山眞男でさえ理解していたように、議会制民主主義は詰まるところ「多数の横暴」以外にはありえず、だからこそ丸山は自民党の分裂を画策したのである（もちろん、失敗したが）。

それゆえ、集団的自衛権反対派の気分は、自民党内オールド・リベラリスト[*11]への淡い期待を経て、おのずと、「平和の党」公明党への期待を色濃くするものでしかありえなかった。一部には、公明党を与党から離脱させることで、リベラル左派の再編成を画策する者もあったようである。[*12]しかし、この度の公明党の「決

照。

＊10　特定秘密の保護に関する法律。二〇一三年十二月六日成立、翌年十二月十日施行。日本の安全保障に関する事項のなかで秘匿を要するものについて行政が特定秘密の指定を行なうこと、特定秘密を取り扱う者の適正評価項目、特定秘密の漏洩などに対する罰則などを定めた日本の法律。

＊11　野中広務（一九二五—）、青木幹雄（一九三四—）、古賀誠（一九四〇—）、山崎拓（一九三六年—）など。

＊12　二〇一四年五月二十九日、公明党の漆原良夫国対委員長がテレビ番組で、集団的自衛権の行使容認を急ぐ自民党との対立が深刻化した場合、連立政権からの離脱も排除しないとの考えを示したこともあり、一部で、公明党の与党離脱に期待する声があがった。

断」により、それは、ほぼありえないことが決定的となった。「平和主義者」池田大作がかねがね嘆いていたように、そこには支持母体たる創価学会の変質が介在している。いかに学会下部がいまだロウアークラスの「戦後民主主義的」心性であろうと、公明党上層は、今や、機会主義的な政治エリートの集団以外ではない。リベラル左派の期待は今上帝（皇后）の大御心のみとなったと言えようか。彼／彼女は、今や公費で動く「プロ市民」である。集団的自衛権をめぐる騒擾の最中の六月二十六、二十七日、天皇・皇后は沖縄を訪問した。[*13]

　公明党や天皇がどうであろうとも、とりあえずの問題は、集団的自衛権と日米同盟との、以上述べてきたようなディレンマに象徴されている。出口はないのである。

　確かジャック・ランシエールだったと思うが、現代ではどの政党が政権を取っても同じようなものになってしまった、と言っていた。[*14] もちろん、先進資本主義国では、ということであっただろう。「気分」としてはそうである。いかに、「安倍やめろ」のデモが盛んに行われても、安倍政権が倒れることは、当面なさそうである。アベノミクス効果によるのかも知れぬ株高という「世論」が、そのことを言っている。それは、ちょっと前に「野田やめろ」のデモがあり、野田政権が倒れたのとは違う。あの時、野田＝民主党はすでに死に体だったわけで、「野田やめろ」デモが野田政権を倒したわけではない。で、野田と安倍では、どこが違

*13 二〇一四年六月二十六日、天皇と皇后は太平洋戦争で撃沈された学童疎開船対馬丸の犠牲者の慰霊に国立沖縄戦没者墓苑を訪問、二十七日は対馬丸犠牲者の慰霊碑「小桜の塔」と対馬丸記念館を訪問した。

*14 「汚職か、さもなければ同程度の無能さの証拠をさらけ出してきた、国家寡頭制の似たり寄ったりの代表者のなかから誰かを選ぶために動員されることに抗う有権者の数が増えているという、賞賛すべき市民の毅然とした態度の指標が見られるのは当然だろう」（ジャック・ランシエール『民主主義への憎悪』松葉祥一訳、インスクリプト、二〇〇八年、一〇二―一〇三頁）。

うのか。その違いは、せいぜい、以上述べてきたディレンマの範囲内の出来事でしかない。これが、現代資本主義世界における議会制民主主義のリミットである。冷戦体制が崩壊し、社会主義・共産主義という「外部」が誰の目にも存在しなくなった世界で、そのディレンマから逃れようとするムーヴメントは可能なのだろうか。

＊安倍政権が万一倒れても、民進党政権が万一できても、「何も変らない」ならば、政権の変動に関係なく、「何を」変えるべきかを考えるべきだろう。

2014年8月—11月

没落の危機を感じているL型ミドルクラスは在特会的レイシズムに助けを求めるしかないのか

文科省が国立大学に文学部は不要と言ったとか、冨山和彦が示したG型大学とL型大学だとかが話題になっている*1（G型とはグローバル型、L型とはローカル型の意味）。比喩的に言えば、G型大学ではシェイクスピアや文学概論を、L型大学では観光業で必要な実用英語とか地元の名所・旧跡を教えれば良いということだ。理系・文系の他の学部でも同様の差異化が求められる、という。これに対しては、大学教員をはじめアカデミズムからは一斉に批判の声が上がった。これでは大学における教育と研究の放棄ではないか、という次第である。

にもかかわらず、この数十年の間、大学は実質的にG型とL型の区分を自ら進めてきたのではなかったか。事実上、G型L型の腑分けは進行している。旧来の学部を改組して、「国際」とか「環境」、「情報」とかの名を冠したわけの分からない新学部を立ち上げていたのはすでに昔のことで、その集客効果も失われた。

＊1 二〇一四年十月、文部科学省有識者会議で株式会社経営共創基盤CEOの冨山和彦が提唱したG型L型大学分割論。G型となるトップ校を除いてL型は職業訓練校になるべきという主張で、例として「文学部はシェイクスピア、文学概論ではなく、観光業で必要になる英語、地元の歴史、文化の名所説明力を身につける」「法学部は憲法、刑法ではなく、道路交通法、大型第二種免許を取得させる」「工学部は機械力学、流体力学ではなく、TOYOTAで使われている最新鋭の工作機械の使い方を学ぶ」等々が挙げられて、ネット上で話題となった。

或る偏差値（それは見た目、決して低い偏差値ではない）以下の大学でなされているのは、名所・旧跡案内であって、それ以上のことは、一般の学生の能力では不可能なのだ。アカデミズムが文科省の方針を批判しても、何か空しいのは、そのためである。もちろん、G型大学と目されるところには（あるいは、L型の中にも一部には）、優秀な学生がいるわけだが――。概ねG型大学の出身者であるL型大学の教員は、自らの現場を否認しているだけなのである。

このような格差は、もちろん、かつての（一九六八年以前の、と一応しておく）大学にもあっただろう。しかし、現在のような格差が誰の目にも明らかになってきたのは、大学進学率の爆発的な増大のためである。「マンモス大学[*2]」が批判の的であった一九六〇年代後期でも大学進学率は二割以下だが、短大、専門学校を含む高等教育機関への進学率は、今や七割をこえている（大学進学率は四割強）。十八歳人口は半減どころではないにもかかわらず、である。大学の収容人数は爆発的に増大した。ただ問題は、高等教育機関と仮にも呼ばれるところで、中学校や高校程度のことをやれば良いのか、ということだ。

このような事態を、単に学力低下として嘆いていてもしかたがない。学力低下を必然的に伴うにしろ、進学率の増加は、「先進」資本主義国の産業構造の、産業資本主義から認知資本主義への転換に相即している。かつて、高度成長期において必要とされていた、「金の卵[*3]」中卒・高卒の肉体労働者は相対的に不要にな

＊2　一学部あたりの学生数が多く、総体的にも膨大な学生を抱える大学のこと。

＊3　一九五〇年代から高度経済成長期にかけて、日本で地方の農村から都市部への大規模な集団就職を行なった、主に中卒若年労働者を指す。大量生産を行なう製造業界での単純労働などが就職先となった。

り、認知労働が求められていくことと相即して、大学等高等教育機関への進学率が増大する。にもかかわらず、現在の大学・高等教育は、現代の認知(知的!)労働者を教育するには上手く機能していない、ということだろう。

ここで唐突だが、在特会(在日特権を許さない市民の会)に象徴されるレイシズムの問題を取り上げよう。これまた、教育の機能不全の問題でもあるはずだからである。在特会のメンバーは、多くの場合、概ね高等教育を受けた現代の認知労働者であり、彼/彼女らは、認知労働者にふさわしく(!)、何かを考えて行動しているには相違なかろう。

在特会がヘイトスピーチを行なう理由は、その名のとおり、在日韓国人・朝鮮人に何か「特権」があると信じられているからである。その特権とは、在特会によれば在日の「永住権」だと公的には言われている。[*4] もちろん、反ヘイトの立場から、それが特権でも何でもないことは立証されうるが、もし、永住権が「特権」だとして、それに反対するのなら、在特会は法改訂を要求する政治運動を行なうべきはずである。しかし、橋下大阪市長との会談(十月二十日)での在特会会長・桜井誠の発言によれば、在特会は「政治には興味がない」というのだ。[*5] だとすれば、彼らの言う在日特権とは、実は「永住権」ではないことになる。では、何なのか。

この問題の解明には、「隣の芝生」という諺を想起すると良い。レイシズムと

＊4 一九五二年のサンフランシスコ講和条約発効とともに、日本政府は旧植民地出身者の日本国籍喪失を宣告した。六五年の日韓基本条約締結に伴い日韓法的地位協定が締結され、在日韓国人の協定永住資格が認めらた。一九九一年には朝鮮籍・台湾籍の在日外国人の協定永住とあわせて一本化した「日本国との平和条約に基づき日本の国籍を離脱した者等の出入国管理に関する特例法」が施行された。この協定永住資格を、在特会などは在日特権として非難した。

＊5 二〇一四年十月二十日、当時、在特会会長の桜井誠と大阪市長橋下徹が意見交換会を実施。そのなかで、橋下が「今度の統一地方選挙でお前訴えたらいいじゃないかよ」「じゃあ立候補して当選してみろよ」と振ったところ、桜井は「私は政治に興味ないんでね」「政治に全く興味ないんでね」「政治を信じてない」と返答した。

は、隣接するところの、文化的に異なった共同体を持った他民族が、何かうかがい知れぬ「特権」を持っていると信じて、それに対して嫉妬することに発している。在特会が東京・新大久保や大阪・鶴橋のコリアンタウンでヘイト・デモをやるのも、そのためだろう。[*6] 端的に言って、彼／彼女らは、そこの「焼肉の臭い」に、日本人の知りえぬ特権を感知し、嫉妬しているのだ。新大久保のコリアンタウンはそれほどでもないが、鶴橋は、ガード上の駅にいても、昼間から焼肉の臭いがすることで有名である。

在特会は、鶴橋の駅で焼肉の臭いを嗅ぎながらも、そこを電車で通過せざるをえない者のようだ。彼／彼女たちとて焼肉屋に行ったことはあるだろうが、それではまだ焼肉を享楽しきれていないと思っているのであり、『焼肉ドラゴン』[*7] の街・鶴橋には、まだ知られざる「特権」があると思っているわけだ。これは、在特会的な存在が、日本人として何か「特権」を奪われていると思っていることを示している。それは、格差社会として表象されている欠落感に由来しているのだろう。それも、絶対的な欠落ではなく、回復されるべき欠落である。

近年の調査によれば、在特会的なレイシズムに感染しているのは、アンダークラスの人間ではなく（というよりは）、相対的にミドルクラスに属しているという。[*8] これは、現在のレイシズムのありかたへの知見としては首肯しうる。つまり、ミドルクラスと言っても、G型ではなく、L型に発するミドルなのである。L型

*6 近年の「韓流ブーム」などによって「日本一のコリアンタウン」というイメージの新大久保駅周辺だが、もともとタイやベトナムなど東南アジア系の店舗も多く、近年ではイスラム教上合法とされる食品などを扱った「ハラルショップ」などが増え、「イスラム横丁」と呼ばれる一角もある。大阪・鶴橋のコリアンタウンは大阪市生野区にあり、そこはかつて猪飼野と呼ばれた地域で、一九一〇年の韓国併合以来朝鮮半島からの移住者が集まって以来のコリアンタウンで、現在も鶴橋駅周辺に焼き肉店、韓国料理店が立ち並ぶ。

*7 鄭義信（一九五七—）による演劇作品。二〇〇八年四月十七日、新国立劇場で初演された。再婚し、焼肉屋「焼肉ドラゴン」を開店して暮らす在日朝鮮人の家族が、店の取り壊しにあい、一家離散になるまでを扱う。

*8 『ネット右翼の逆襲「嫌韓」思想と新保守論』（総和社、二〇一三年）の著者である古谷経衡（一九八二—）によるアンケート調査によれば、ネット右翼を構成するのは、「学歴に関しては六三・三％が「四大卒（中退含む）」以上」「年収もだいたい平均四〇〇万

ミドルクラスは、不断に没落への不安にさらされ、かと言ってG型への上昇は不可能だから、階級的な「特権」はあらかじめ剥奪されている。そこで見出されたのが、「焼肉の臭い」という手の届くような特権なのであろう。焼肉なら時折食べている。しかし、在日たちは焼肉を真に享楽しているようだが、自分たちの焼肉体験は、どうも、それから絶対的に隔てられているようではないか。焼肉の享楽を在日から奪わなければならない、という次第である。

　在特会のロジックがこのようなものだとして、それは一見すると荒唐無稽なものだ。端的に間違っていると言っても良い。しかし、このような荒唐無稽こそ、現代の資本主義社会の構造に根ざしたものなのである。在特会的なレイシズムを解体するためには、単に、整合的な「正義」のロジックをもってしても不可能だし、「しばく」ことによっても無理だろう。もちろん、反ヘイト法によっても、である。

　私が多少リサーチした限り、在特会の構成員たちは、自分たちの運動が、東京オリンピックまでであることを熟知していた。このことは、彼／彼女らが、在特会的レイシズムは社会的・一般的に受け入れられるものでないことを知っている、ということだ。しかし同時に、それは、社会的に如何に倫理的・論理的に批判されても、荒唐無稽なリアリティーは消去不可能なことを、彼／彼女らが知っているということである。実際、より広範な、韓国人従軍慰安婦報道に関する「朝日

円台後半と、やはり同年代の平均をやや超え」、「住んでいる場所は四割が首都圏」という結果を得られた。低学歴低所得でオタクやひきこもりがネット右翼になるというイメージを覆し、「大都市に住むミドルクラス」が主なネット右翼だと指摘している（http://www.j-cast.com/2013/09/07182928.html?p=all)。

新聞バッシング」[*8]なども、在特会的な感性のリアリティーに依拠したもののように見える。朝日新聞は「焼肉の臭い」にナイーヴに幻惑されていた存在と見做されているのである。

誰もが、在特会はマズいとは感じている。それは、在特会的感性に便乗しながらも、東京オリンピックを「成功」に導かねばならない安倍政権にしても、そうだろう。そして、それは景気対策としてなされる他はない。「衣食足りて礼節を知る」ということ以外に、「焼肉の臭い」の誘惑から逃れる道はないからだ。一般的には「中間層の保護・育成」[*9]と言われることである。しかし、すでに安倍政権自身が熟知しているであろうが、日銀が黒田バズーカ2の金融緩和をやり、厚労省がGPIF（年金積立金管理運用独立法人）による年金資金の運用を見直して株価が高騰しても[*10]（十月三十一日）、それ自体はG型とL型の格差の拡大と固定化にしか帰結しない。そのことは、年末に予告されているトマ・ピケティの『21世紀の資本論』[*11]の翻訳刊行など待たずとも、明らかなことだろう。つねに没落の危機を感じているL型ミドルクラスは、「焼肉の臭い」の誘惑にさらされながら、それを「特権」と見做すレイシズムに助けを求めるしかなくなりつつある。そして、政治的ポピュリズムも、不可能な景気浮揚策とレイシズムを使い分けながら、やっていくしかない。

その時、「教育」には何ができるだろうか。それは、L型大学にG型の教育を

＊8『朝日新聞』は、二〇一四年八月五、六日付の紙面で、過去の従軍慰安婦に関する記事の検証を行い、太平洋戦争時に朝鮮人女性を強制連行して慰安婦にしたという吉田清治（一九一三—二〇〇〇）の証言にもとづく記事を取り消した。朝日新聞は吉田証言が事実の裏付けを持たないことが指摘されてからも、このときまで検証を行なっていなかったために、ネット右翼は「朝日新聞」が従軍慰安婦問題を捏造してきたと騒ぎ、元記者が勤務する大学などに脅迫状を送るなど行なって、問題となった。

＊9 深刻化する格差社会への対応として、現在中間層の「下流化」を防ぎ、中間層を分厚くしようという構想。

＊10 二〇一四年十月三十一日に市場の予測よりも早く日銀の追加緩和決定が発表され、日経平均株価は前日より七〇〇円以上値上がりした。同日、GPIFが年金資金運用に関して国債中心の運用から株式投資に廻す比率を拡大する方針を発表した。

＊11 トマ・ピケティ（一九七一—）。フランスの経済学者。著書『21世紀の資

無理にほどこすことではないだろう。L型の教育に埋没、韜晦するべきでもあるまい。また、「差別はいけない」という人権教育も、少なくとも一九七〇年代以降は、いやというほどやってきたはずだ。そうではなくて、あるいは、それらをこえて、「衣食足りずしても、礼節を知る」ことが可能かどうかを問うていくべきなのである。もちろん、それが困難なことは承知の上で、だが。

＊日本には、シェイクスピアを教えることのできる大学教員はいないというが（蓮實重彥）、それはG型大学などないに等しいという意味なら首肯できる。

本論』（みすず書房、二〇一四年）は、過去二〇〇年のデータをもとに、長期的には経済成長率より資本収益率が大きく、したがってこの比率が拡大するほど、富は一部の富裕層に集中することを指摘して、ベストセラーとなった。

2014年12月―2015年4月

イスラム国への理解放棄の現状は「承認」を旨としたヨーロッパ的普遍主義ゆえ。が、我々はそれ以外の知的パラダイムを持たない

テレビや新聞などで必ず「過激派組織」とか「自称イスラム教国家」と形容されることと自体がそれへの理解放棄を表現しているイスラム国[*1]（以下、IS）について、実際、われわれは、ほとんど理解していない。オウム真理教や革マル派に似ているという指摘もあり[*2]、一面の真理を突いているのかも知れないが、理解からはほど遠い。欧米社会では、とにもかくにも周囲に多数のムスリムがおり、日常的に彼ら彼女らと接する機会があろうが、それでも（というか、だからこそ）マジョリティーたちとの間に理解の欠如から来るさまざまな軋轢が生じている。ましてや、日本ではムスリムと接する機会がほとんどなく、ちょっと学習しようと思っても、全く隔靴掻痒の感を免れない。とりわけ、ISについては、である。それゆえ、日本のジャーナリズムは、「大多数のイスラム教徒は穏健な平和主義者です」というプロパガンダを流布するわけだろう。ただ一人、ISの理解者

＊1 イラクとシリア両国にわたる相当部分を武力制圧し、二〇一四年六月二十九日に国家樹立宣言を行なった過激派武装組織。もとはアルカーイダと関連のある組織だが、現在は敵対関係にある。カリフ制を布いた国家運営を行なっているとされ、ネットを通じてみずからの残虐行為などを配信し、世界各国から兵士を募っている。

＊2 オウム真理教との共通点を主張するのはジャーナリストの水島宏明(http://bylines.news.yahoo.co.jp/mizushimahiroaki/20150321-00044083/)。ただし、宗教の皮を被ったマインドコントロールを行ない、武装に走ることをその根拠とするなど、皮相な見解に留まる。革マル派との興味深い比較を行なったのは二〇一五年三月二十八日に大阪府立大学主催の公開講座「ハンナ・アレントとこの時代2」で講演した神戸大学教授の市田良彦（一九五七―）。

（賛同者という意味ではない）らしい中田考[*3]にしてから、日本人はＩＳを理解できないし、する必要もないと言っているのだから、われわれの大方は、ただ途方に暮れて、それを理解の外にうっちゃっておくほかないわけである。

エドワード・サイードが『オリエンタリズム』（平凡社、一九八六年）を刊行して、西欧による中東理解の西欧中心的な歪みを告発したのは、一九七八年だった。以来、おそらくはサイードの意に反して、異文化コミュニケーションなどという口当たりの良い言葉が流通し、非西欧的な「他者」を再定義するポストコロニアル研究が隆盛したことは知られている[*4]。しかし、それは「理解」を深めることだったろうか。単に、理解せず承認することが横行しただけではなかったか。それ以前は、オリエンタリズムであれ何であれ、「他者」を理解する（と信じられた）解読装置はあったわけだ。それが、今や、そんなものが存在しないことが露骨に証明されてしまった。

先進資本主義国の中産階級の若者がＩＳに志願するあり様が驚きをもって報じられている[*5]。つまり、それさえ理解できないわけだ。なぜ、かくも自由と平等を享受している人間が、自由も平等もない様子のところに飛び込んでいくのかという疑問に、「自由からの逃走」[*6]（E・フロム）という、ナチズムを規定した昔懐かしい概念まで、池内恵[*7]から持ち出されさえした。しかし、むしろ逆であろうとは言える。グローバル資本主義を覆っているのは、もはや何事も自由ではありえな

＊3 中田考（一九六〇―）。イスラム法学者。ムスリム名はハサン。二〇一三年から何度かＩＳの支配地域を訪れ、接触を持っている。一四年八月にＩＳ入りを希望する日本の学生との仲介を図ったことで、話題となった。

＊4 インド出身のアメリカ合衆国の文学理論家・ガヤトリ・C・スピヴァク『ポストコロニアル理性批判　消え去りゆく現在の歴史のために』（月曜社、二〇〇三年）など。日本では小森陽一『ポストコロニアル（思考のフロンティア）』（岩波書店、二〇〇一年）、本橋哲也『ポストコロニアリズム』（岩波書店、二〇〇五年）など。

＊5 特にフランス、イギリス、ドイツから貧困層でもなく、社会に不適合であるわけでもない若者がこれまでに多数イスラム国に渡っている。二〇一四年十月にはイギリスから十五歳と十七歳の少女がシリアに向かったことが新聞で報じられたが、未成年の少女も含め、一四年までに約三〇〇〇人が欧米からイスラム国に志願して向かったといわれている。

＊6 自己責任を伴う近代における自由が重荷となって、みずからが判断す

いという感覚である。近代以前の社会が、身分や階級からの離脱が不可能な不自由な社会だったとして、現代の99％が、それ以上の不自由に規定されていることは、ピケティの本を読まずとも分かる。しかも、資本主義とは個人の自由を原理原則とする社会である。だから、ＩＳへの跳躍は「自由への逃走」という意識をともなっているとは言えるだろう。

　いちおうムスリムを「他者」という概念で括っておくとして、そのような他者に対する理解と承認という問題が先進資本主義国で浮上してきたのは、一九六八年であった。サイードも、「六八年」を承けている。すでに公民権運動という文脈が存在したアメリカ合衆国を中心として、世界的に、さまざまな他者たちが、理解と承認を求めて問題化されるにいたった。女性であり、黒人であり、「狂人」であり、「障害者」であり、同性愛者であり、第三世界であり、その他もろもろである。先進国のマジョリティー（ＷＡＳＰ！）は、基本的にそれらマイノリティーを「承認」する方向に舵を切った。しかし、とりあえず価値評価抜きで言えば、それは「理解」ということではなかっただろう。欧米のヘゲモニーがおびやかされない限り、さまざまな他者は勝手に存在してくれ、ということだ。いわゆる多文化共生にほかならない。かかる多文化共生を率先して実現したのも、また、バラク・オバマを大統領に選んだアメリカにほかならない。そのオバマがＩＳ掃討の先頭に立たざるをえないというのは皮肉と言えば皮肉だが、必然的

る自由を捨てて、権威への従属などに逃げること。ドイツの社会心理学者・エーリッヒ・フロム（一九〇〇—八〇）の著書『自由からの逃走』（東京創元社、一九六五年、原書は一九四一年）による。

＊7　池内恵（一九七三—）。アラブ研究者。件の発言は以下のとおり。「ヨーロッパからイスラム国入りした人々について調べてみると、その多くは欧米社会でそれなりの学歴を得た、比較的生活水準の高い層から出ている。動機としては、差別や貧困よりも、先に述べた「自由からの逃走」が圧倒的に強い」（「若者はなぜイスラム国を目指すのか」「読売クオータリー」NO.32、二〇一五冬号）。

な帰結でもある。

理解抜きの承認を旨としてきたヨーロッパ的普遍主義の限界があらわになってきたとして、では代替案があるのかと言えば、一九八九年／九一年で共産主義が見限られて以降、何もないと言ってよい。もちろん、ヨーロッパ的普遍主義とは異なった中国のヘゲモニーに、何がしかの期待を向ける者がいないわけではない。日本のジャーナリズムでは奇妙な期待感をもって中国経済の行き詰まりばかりが報道されているなかで、中国が提唱するアジアインフラ投資銀行[*8]（以下、AIIB）の立ち上げが、イギリス、ドイツ、フランスなどヨーロッパ主要国も巻き込んで進行している。周知のように、アメリカとともにアジア開発銀行を主導する日本は、AIIBは出資の透明性に欠けガバナンスがないという理由で今のところ参加を見合わせているが、財界は参加を促す方向が強い。AIIBの設立は、アメリカのヘゲモニーを確実に浸食していくだろうが、それと並行して、ヨーロッパ的普遍主義に代わるパラダイムを「帝国」中国に見出そうとする知的傾向も加速するだろう。しかしそれが、かつて毛沢東主義に希望を見出したヨーロッパ知識人のオリエンタリズム[*9]や、戦前日本の「大アジア主義[*10]」のヴァリエーションでないという保証は、どこにもない。

シャルリー・エブド襲撃事件[*11]（一月七日）当日、ミシェル・ウエルベックが「二〇二一年にムスリムがマリーヌ・ル・ペンを破ってフランス大統領になる」とい

*8 二〇一五年十二月二十五日、五十七ヶ国を創設メンバーとして発足。本部は中国北京市。アジアにおけるインフラ整備のための資金を貸し出すために中国が二〇一三年十月にアジア太平洋経済協力会議（APEC）で提唱していた。ヨーロッパからもイギリス、フランス、ドイツ、イタリアなどが参加している。

*9 特にフランスにおける一九六八年五月革命にもかかわったマオ派学生活動家の事例が有名。アンドレ・グリュックスマン（一九三七―二〇一五）やベルナール・アンリ・レヴィ（一九四八―）など。ほか作家のフィリップ・ソレルス（一九三六―）も一時、毛沢東思想に興味を持った。

*10 マルクス主義からの転向者である平野義太郎（一八九七―一九八〇）の『大アジア主義の歴史的基礎』（河出書房、一九四五年）、三木清の昭和研究会における「新日本の思想原理」の東亜共同体論など。

*11 二〇一五年一月七日フランス風刺週刊誌シャルリー・エブド本社を覆面の二人組が襲撃し、編集長、風刺漫画担当者など一二名が殺害された事件。シャルリー・エブドはこれまでイスラム

う近未来小説を出して話題となっているようだが[12]、それと同様に（以上に？）リアルな近未来小説は、「日本が中国の特別行政区になる」なのかも知れない。かつて村上龍は『半島を出よ』[13]（上・下巻、幻冬舎、二〇〇五年）という、着想としてはあまり出来のよくない近未来小説を書いた。しかし、日本の近未来が北朝鮮ではなく中国を軸にしていることは明らかだろう。村上龍は、やや早とちりをしたわけだが、今からでも遅くないかも知れない。ISが、とにもかくにも欧米の普遍主義によって抑え込まれるほかないのと違って、中国はグローバル資本主義を担うことで、「自由・平等・友愛」というパラダイムを浸食していくだろうからである。

しかし、たとえばいかにダライ・ラマ[14]が胡散臭いとしても、チベット独立運動を弾圧する中国政府[15]を支持することは難しいし、ウイグル独立運動についても然り、である。チベットやウイグルへの中国政府の弾圧を曖昧に肯いながら、同時に、香港のアンブレラ革命[16]（民主化運動）や台湾のひまわり学生運動（立法院占拠）に喝采することは、ちょっと不可能である。つまり、われわれはその限界を痛感しながらも、今なおヨーロッパ普遍主義以外の知的パラダイムを持たないのだ。

それは、パリで行われた「表現の自由」を支持する「私はシャルリー」デモ[17]（一月十一日）に参加した各国指導者の顔ぶれが、いかにもいかがわしいことをもっ

教に対する過激な風刺漫画を頻繁に掲載して物議を醸しており、それが襲撃対象となった理由と考えられた。その後の〝Je suis Charlie（私はシャルリー）〟をスローガンとした追悼イベントも話題となった。

*12 ミシェル・ウエルベック（一九五八―）。小説家。作品に『素粒子』（ちくま文庫、二〇〇六年）、『地図と領土』（ちくま文庫、二〇一五年）など。本文での近未来小説とは『服従』（河出書房新社、二〇一五年）のこと。同小説内で政権を取るムスリム同胞団は、フランスの治安及び経済の回復を実現する。また、高等教育の縮減と職業訓練教育の重視、小規模職人集団によるネットワークにもとづく経済、イスラム教のもとでの見合い結婚なども、近代に疲弊した主人公は悪くないものとして受け入れる。

*13 村上龍（一九五二―）。小説家。一九七六年に『限りなく透明に近いブルー』で第七五回芥川賞受賞。『半島を出よ』は、北朝鮮特殊部隊が福岡を制圧、その後上陸した北朝鮮の高麗遠征軍が福岡の統治を試みる模様を、三人称で章ごとに焦点人物を変えて書い

てしてもわかる。キャメロン首相[18]（イギリス）やメルケル首相[19]（ドイツ）とともに、ヨルダンのアブドラ国王[20]やイスラエルのネタニヤフ首相[21]が参加したことからも知られるように、そこに登場した各国が「表現の自由」を保障しているとはとうてい言うことができない。にもかかわらず、彼ら彼女らは共通に「表現の自由」というスローガンを掲げるほかはないのである。

　このことは、ヨーロッパ的普遍主義の要である「（表現の）自由」が、社会を統治する技術にほかならないことを意味しているだろう。何を言っても何を描いてもかまわない、ただし暴力をともなわない限りはというのが、そのメッセージである。しかし、そんな自由は可能だろうか。表現は常に行為へとひとをそそのかす。「殺せ！」という表現が、時として現実に殺人へとひとをプロパガンダするために書かれるという一事でも、そのことは知られよう。シャルリー・エブドの「風刺」についても、同様である。ある種のムスリムにとって、それは理解不可能な表現であり、理解せずして承認することができなかったがゆえに、暴力が発動されたには相違ない。

　「私はシャルリー」デモに参加したアブドラやネタニヤフは、「表現の自由」が不可能なことを知りながら、しかし、「表現の自由」を掲げることが政治的に必要だと痛感しているのだろう。おそらくは、キャメロンやメルケルにしても然りである。言うまでもなく、これは欺瞞である。しかし、「表現の自由」を否定す

た近未来小説。

＊14 ダライ・ラマ一四世（一九三五年—）。中央チベット行政府国家元首。

＊15 一九五一年、中国は中央チベットに侵攻、一七ヶ条協定を結び支配下に置く。一九五六年から五九年まで続くチベット騒乱への、一九五九年のダライ・ラマ一四世を頂点とするチベット政府のインド亡命と臨時政府の宣言後も続いた弾圧、六五年のチベット自治区発足後の監理などについて、中国政府を非難する声は根強い。

＊16 二〇一四年九月二十六日から香港で行われた香港特別行政区政府に対する抗議運動。二〇一七年予定の行政長官選挙について中国政府が、行政長官候補は親中派の多い指名委員会で過半数の支持が必要であると決定したことに反撥した学生たちが、授業ボイコットから始め、繁華街などで座り込みの占拠、幹線道路の封鎖などを行なった。一二月から強制排除、バリケード撤去などが開始され、終息した。

＊17 シャルリー・エブド襲撃事件を受け、被害者追悼と表現の自由を表明する「私はシャルリー Je suis Charlie」という文字が入った画像、あるい

る中国のような――ウイグルや香港に対するような――欺瞞なき対応を支持することもできないのは明らかである。だが、欺瞞であることを知りながら、どこまで、われわれはそれに耐えることができるのだろうか。

＊「表現の自由」は内から外から様々に規制され、不可能だが、それを踏まえて表現の自由を行使し主張せねばならない。

はそれをハッシュタグにしたツイートがツイッターに多数投稿され始め、これは事件後フランス国家のスローガンとなった。一一日にフランス各地で犠牲者追悼のデモが行なわれ、パリでは一六〇万人が参加したと伝えられる。ヨーロッパ各国、ロシア、イスラエルなどの首脳もこれに参加した。

＊18 デーヴィッド・キャメロン（一九六六―）。第七五代イギリス首相

＊19 アンゲラ・メルケル（一九五四―）。第八代ドイツ連邦共和国首相。

＊20 アブドラ2世・ビン・アル＝フセイン（一九六二―）。

＊21 ベンヤミン・ネタニヤフ（一九四九―）。第一三・一七代イスラエル首相。

2015年5月—7月
米国が「平和勢力」のいま、リベラルも左派も「反安保」を唱えることはない

集団的自衛権の行使容認等を内容とする安保法制と、それを推進する安倍政権への反対運動が盛り上がりをみせている。[*1] 一部では一九六〇年の安保闘争の再現とも評されるほどだ。十九歳のフリーター女性が「戦争したくなくてふるえる」とSNSで呼びかけたデモが共感をもって迎えられている。[*2]「自由で民主的な日本を守るための学生による緊急アクション」SEALDs[*3]も随時数千の若者を集めている。3・11以降の反（脱）原発運動では参加者の高齢が指摘されていたが、ここにきて若者も含む「国民的」な高揚が現出している、というわけだ。「本土」の運動を牽引するように、沖縄の反基地闘争も高揚を持続している。もちろん、こうした運動を後押しするように、多くの憲法学者の安保法制＝違憲論、[*4]さらには首相の側近と目される作家や議員たちの、「言論の自由」を否定するかのごとき「暴言」が頻出している。[*5]

＊1 二〇一五年六月四日衆院憲法審査会に自民党、公明党、次世代の党推薦の長谷部恭男、維新の党推薦の笹田栄司の三名の憲法学者が参考人として招致された。彼らが全員集団的自衛権を違憲と言明。翌日国会前で行なわれた安保法案反対運動において前日の参考人のひとり小林節がスピーチを行なったことはネット上で話題になった。反安保法案運動が盛りあがるきっかけにもなり、六月五日から九月十七日の参議院での法案強行採決まで、国会前での抗議行動は続けられた。

＊2 二〇一五年六月二十六日に札幌で行なわれた安保関連法案に反対するデモ。当時十九歳のフリーターだった女性が「戦争したくなくてふるえる」というキャッチコピーを掲げて、みずからが十九歳のフリーターであることも公にし、デモへの参加を呼びかけて話題になった。キャッチコピーは歌手・西野カナのヒット曲『会いたくて　会いたくて』の歌詞にかけたもの。

＊3 大学生による反安保法案運動団体。前身団体はSASPL（特定秘密保護法に反対する学生有志の会）。二〇一五

確かに、デモへの動員数の多寡を問わなければ（今のところ、十分の一くらいか）、六〇年安保と現在の状況は似ている。それは、ともに日米安保を問わない高揚だということでもある。当初は沈滞ぎみであった六〇年安保が一挙に高揚を迎えるのは、そのスローガンが「反安保」から「岸（信介、当時の首相）倒せ」と「民主主義を守れ」に転換した時からである。現在の運動も、「安倍倒せ」、「民主主義を守れ」へと転換しつつある。しかし、そのなかで日米安保が問われていないのは、六〇年安保の時以上だと言えよう。安保法制は問われても、日米安保は問われていないのである。

この欄で以前にも指摘したことだが、簡単に繰り返す。岸首相の安保改定の目論見は、それまでの「片務的」な日米安保を、相対的に「双務的」な関係に変えることだった。つまり、対米従属からの相対的な脱却である。これに対して、当時の運動の中心であった社会党や共産党は、安保改定を対米従属の強化であり、米国の戦争に巻き込まれるとして反対した。議論はほぼすれちがうのである。

同様のことは現在の安保法制にも言える。安倍が主張する集団的自衛権の行使容認は、米国世界支配の相対的な地位低落のなかでの、日米同盟の相対的な「双務化」であり、対米従属からの（更なる、多少の）相対的な脱却である。しかし、現在の反安倍の論調は、集団的自衛権の行使容認は、対米従属を深めるという議論の域を出ていない。対米従属だから、戦争に巻き込まれる、というものだ。

年六月以降盛んになった国会前抗議行動におけるスピーチや「安倍やめろ」、二〇一一年のオキュパイでも使用された「Tell me what democracy looks like! This is what democracy looks like! (民主主義ってなんだ　民主主義とはこういうもの)」などのコールを行ない、シンボル的存在となった。二〇一五年に国会で審議された安保関連法案を一貫して「戦争法案」と呼び、これが「憲法違反」であることをシングル・イシューに掲げて活動。マスメディア、ネットで多く取り上げられた。

＊4「朝日新聞」が七月十一日に公表した、『憲法判例百選』（有斐閣、二〇一三年）を執筆した存命の憲法学者全二〇九名を対象に行なったアンケート調査によれば、回答した一二二名のうち集団的自衛権は「憲法違反」と答えたのは一〇四名、「憲法違反の可能性がある」が十五名、「憲法違反にあたらない」は二名だった。

＊5 二〇一五年六月二十五日に行なわれた自民党若手議員の勉強会として開かれた文化芸術懇談会で、講師として招かれた作家の百田尚樹（一九五六―）は、沖縄の地元紙が政権に対して批判

だが、個別的自衛権[*6]のみの現行安保で良しとする反安倍の立場こそ、相対的に対米従属ではないかと言うこともできるはずだ。つまり、現在の状況下では、反安倍と言おうと、「反安保」を公然と主張することは、誰も——共産党さえ——できなくなっている。このことは、実は反原発運動においても潜在していたことだった。詳述はぼくが安保を含む日米同盟が破棄されないかぎり、論理的に考えて、日本の原発さえなくならない。しかし今にいたるまで、反原発運動のなかで反安保が掲げられることは、ほとんどないのである。

本年四月二十九日に行われたアメリカ議会演説[*7]の直後の五月五日、欧米のジャパノロジストたち百数十人が「日本の歴史家を支持する声明」を発し、多少の話題になった（その後、署名者は四百人以上に増えたという）。この声明は、「慰安婦」問題等にかかわって、安倍が予定している「戦後七〇年談話」への牽制であると見なす向きが多い。しかし、果たしてそうだろうか。

「声明」に署名したジャパノロジストたちの立場は雑多だが、『敗北を抱きしめて　第二次大戦後の日本人』（上・下巻、岩波書店、二〇〇一年）のジョン・ダワー[*9]や『小林多喜二　21世紀にどう読むか』（岩波書店、二〇〇九年）のノーマ・フィールド[*10]など、日本の研究者のあいだで「リベラル」あるいは「左派」と目される人間も多い。彼／彼女らの発言は、時として、百田尚樹が「つぶしたい」とうそぶくメディアで肯定的に紹介される。[*11] そして問題は、彼／彼女らが署名しているこの

的だという出席者の意見を受けて、「沖縄の二つの新聞はつぶさないといけない」と発言、これを受けて「スポンサーにならないことが（マスコミは）一番こたえる。文化人が経団連に働きかけてほしい」などと衆議院議員井上貴博が発言したことが問題となった。

*6 武力攻撃を受けた国家が、必要かつ相当限度で防衛のために武力を行使する権利。

*7 アメリカ連邦議会上下両院合同会議における安倍の「希望の同盟へ」と題された演説。安保関連法案に言及、またその成立を約束した。

*8 二〇一五年五月五日エズラ・ヴォーゲル、ジョン・ダワー、ノーマ・フィールドら在米の日本歴史学者など一八七名によって発表された慰安婦問題に関する声明。結語近くには以下の文言が読まれる。「今年は、日本政府が言葉と行動において、過去の植民地支配と戦時における侵略の問題に立ち向かい、その指導力を見せる絶好の機会です。四月のアメリカ議会演説において、安倍首相は、人権という普遍的価値、人間の安全保障の重要性、そして他国に与えた苦しみを直視する必要

「声明」が、安倍首相のアメリカ議会演説を高く評価するという前提の上でなされていることなのである。言うまでもなく、安倍の議会演説は、前日のオバマ大統領との会談での安保法制整備確約を継承している。「声明」が、さまざまな立場の人間のコンセンサスを得るべくハードルを低くしてあるとはいえ、もし日本の「リベラル」あるいは「左派」が、この「声明」に署名を求められたとして、賛同する人間がいるとは、ちょっと考えにくい。

「声明」が直接に危惧している「戦後七〇年談話」は、どうなるのだろうか。今の時点で予想することにあまり意味がないとはいえ、安倍首相の有力なブレーンの一人である北岡伸一の最近の発言などを踏まえれば[*12]、安倍が主観的にどう思っていようとも、おおよそ「村山談話[*13]」を継承する以外にはないだろう。少なくとも、ネトウヨやバカな右派国会議員が歓喜するようなものではありえまい。それが現在の日米同盟というものだろうからである。ジャパノロジストたちの前提は、単に日米同盟の堅持であり、安倍の安保法制整備についても、米国政府とともに肯定していることは当然なわけだ。そして、これはアメリカ・サイドからすれば常識的な考えではあるだろう。だとすれば、日本の「リベラル」や「左派」が、安保法制に反対しながらも反安保を言いえないのは矛盾ではないのか。問題を言い換えてみよう。なぜ、六〇年安保の時は、まだしも「反安保」を言いえたのに、現在は言いえないのか。

性について話しました。私たちはこうした気持ちを賞賛し、その一つ一つに基づいて大胆に行動することを首相に期待してやみません」。ここでいわれている「他国に与えた苦しみを直視する必要性について」話したとは、安倍の演説の次の部分を指す。「戦後の日本は、先の大戦に対する痛切な反省を胸に、歩みを刻みました。自らの行いが、アジア諸国民に苦しみを与えた事実から目をそむけてはならない。これらの点についての思いは、歴代総理と全く変わるものではありません」。

＊9 ジョン・ダワー（一九三八年―）。近代日本史学者。著書に『容赦なき戦争 太平洋戦争における人種差別』（平凡社ライブラリー、二〇〇一年）など。

＊10 ノーマ・フィールド（一九四七年―）。日本研究者。主著に『天皇の逝く国で』（みすず書房、一九九四年）など。夏目漱石『それから』の英訳も行なっている。

＊11 二〇一五年六月二十五日の文化芸術懇談会で百田が「つぶさないと」といった沖縄二紙は『琉球新報』と『沖縄タイムス』。ただここでは百田が敵視する『朝日新聞』のこと。近年では、

簡単である。かつてはソ連や中国という「社会主義国家」が「平和勢力」として存在した。[*14]安保を破棄しても（いや、破棄すればなおさら）、平和は実現されることになる。一九六〇年において、あるいは一九六八年においてさえ、ソ連や中国は「社会主義」あるいは「平和勢力」というファンタスムの参照先だと信じられていた。もちろん、すでにスターリン批判（一九五六年）の後であり、ソ連や中国がロクでもないことは知れていたが、ネガティヴにではあれ「社会主義国」が存在することによって、いまだファンタスムを紡ぐことが可能だったのである。

しかし、おおむね冷戦体制の崩壊と中国の資本主義化以降と言って良いだろうが、もはやファンタスムは不可能となった。「安倍を倒せ」、「民主主義を守れ」と言っても、それは日米同盟の枠内の出来事でしかありえないのであり、つまりは米国が「平和勢力」なのだ。アメリカのジャパノロジストの「声明」においては、リベラルも左派も、このことを明確に前提としているが、日本の反安倍勢力は、このことを「否認」しているわけである。しかし、反安保を言いえないことは、暗黙に、米国が世界で唯一の「平和勢力」だと認めていることではないのか。もちろん米国は、SEALDsが日本で目指そうとする「自由と民主主義」の国なのだ！　いやはや、である。

さて、この原稿が公になっている時には、反安倍デモはあらかた帰趨がはっきりしているだろうし、ここでつまらぬ予想をするのは愚かだから、それが反復し

ノーマ・フィールドへのインタビュー「「平和と繁栄」の後で」（「朝日新聞」二〇一四年三月一日）、ジョン・ダワーへのインタビュー「日本の誇るべき力」（「朝日新聞」二〇一五年八月四日）などが掲載されている。

*12 北岡伸一（一九四八年―）。政治学者。安倍が二〇一五年八月十四日に発表した「戦後七〇年談話」に関する有識者会議「21世紀構想懇談会」の座長代理である北岡伸一が、まだ談話の内容が定まっていない三月九日、上智大学でのシンポジウム「戦略的広報外交を考える」に出席、「私は安倍首相に「日本が侵略した」と言ってほしい」と発言したことなど。

*13 一九九五年八月十五日に第八十一代内閣総理大臣村山富市が発表した「戦後50周年の終戦記念日にあたって」。第二次世界大戦中、日本がアジア諸国で侵略、植民地支配を行なったことを認め、謝罪した公式の談話として認知されている。

*14 第二次大戦後、冷戦体制のなかで、日本の左派は、アメリカの帝国主義勢力に対して、ソ連や中国を「平和勢力」と解していた。このため、日本

ているという六〇年安保の教訓を瞥見しておこう。

すでに安保改定は国会での自動承認が決まっていたが、「岸を倒せ」と「民主主義を守れ」で高揚する六〇年安保は、死者まで出した六月十五日の全学連による国会突入闘争[*15]をピークに、一挙に収束していく。その収束に大きく与ったのが、「暴力を排し議会政治を守れ」という在京新聞七社の共同声明だった。それを主導したのは、当時はリベラルとして知られた朝日新聞の笠信太郎[*16]であった。端的に言えば、「民主主義を守れ」という闘争スローガンは、「民主主義を守れ」という同様の主張によって抑え込まれたのである。このことから知られるのは、われわれがそれ以上の制度をいまだ持ちえていない民主主義という制度の、解きがたいパラドックスである。

代議制民主主義とは国会内の議員数なわけだから、国会外のデモが高揚したとしても、基本的には影響されない。デモは、多数派を目指した少数派の「ガス抜き」以上を出ない。いや、議会内多数派にとっても、自らの主張を通す場合には少数派のガス抜きが必要なことさえあるだろう（もちろん、勝負が見えている少数派にとっても、ガス抜きは必要だ）。つまり、このようなガス抜きは、議会制民主主義を維持するための装置でさえあると言える。ガス抜きは、ないよりもあった方が良いだろう。そこで別の何かが見出せることもある。しかし、それは今や、ファンタスムなきガス抜き、つまり、スラヴォイ・ジジェクの言葉を借り

共産党は後者の核実験を「きれいな核」と評して擁護したこともあった。

＊15　一九六〇年六月十五日、約十一万人が国会を包囲。全学連主流派はデモ行進の際、警護に廻っていた右翼の襲撃を受けた後、国会構内に突入して抗議集会を行なうことを提案。南通用門の門扉にロープを巻いて引き倒すことに成功し、構内にバリケード代わりに置かれた装甲車を門外に引きずりだし、約三千名が進入。機動隊がこれを警棒などで応戦、このとき東大本郷の隊列でスクラムを組んでいた樺美智子が圧死した。

＊16　笠信太郎（一九〇〇—一九六七年）。朝日新聞論説主幹。六〇年安保闘争中の社説「岸退陣と総選挙を要求す」（『朝日新聞』一九六〇年五月二十一日）の一面掲載を指示したが、六月十五日後には七社共同声明を主導した。

れば、ノンアルコールビールで酔っぱらってみせる[17]に等しい事態にさえ追いつめられている。

＊反安保関連法案デモの帰趨が、二〇一六年七月参院選の、与党大勝だったことは周知のとおり。「民主主義って、これだ！」。

＊17「ノンアルコールのビール」はジジェクが多用するフレーズ。ほかに「カフェイン抜きのコーヒー」など。「次のような　事例からわれわれは、〈他者〉の実質性を剥ぎ取ったうえで〈他者〉としての対象へ接近するといったリベラル派の寛容が「ポストモダン」の基本操作を再生産するやり方を知ることができる。すなわち、惰性的とも言うべき恒常性としてその特徴を表示し、物質的実体を剥奪された現実それ自体である〈仮想現実〉に直結する、カフェイン抜きのコーヒーやアルコール抜きのビール、また肉体的接触がない性交渉の快楽といった事例が、それである。また同様の視点から、その〈他者性〉の実質を剥奪された民族的〈他者〉さえ、そうした寛容から論じられうるようになるのである」（『迫り来る革命　レーニンを繰り返す』長原豊訳、岩波書店、二〇〇五年、三十一―三十一頁）など。

2015年8月—11月

民主主義が問題化する今、明確な主張をもつ、新しい民主主義の具体的なイメージを描くことから始めるほかない

今夏から秋における安保法案反対運動は安保法制そのものが問われたというよりは、SEALDsのそのコールが鳴り響くなかで終始したことからも知られるように[*1]、「民主主義ってなんだ?」が問われたということができよう[*2]。私は民主主義がすばらしいとは考えていないが、それでも、今、民主主義が問題であるとは思っている。

安保関連法案に反対する各党その他の主張を見ても、その反対の理由は必ずしも明瞭ではなく、その最大公約数は、安倍政権が民主主義を蹂躙しているというところに集約されると言ってよい。とりわけ六月四日、国会での憲法学者たちによる安保法案「違憲」判断[*3]や、七月十六日の同法案衆議院通過に見られるような「強行採決」[*4]は、代議制民主主義の失調を多くの者に印象づけた。

では、国会前(のみならず、全国各地)のデモに集結した数十万のひとびとは、何をもって民主主義と考えていたのか。彼/彼女らとて、現在の国会内与野党勢

*1 例えば、国会前ではついに討議集会(ティーチイン)は行なわれなかった。何度も著名人や学者、政治家が参加してスピーチしたが、それは学生のスピーチがそうであったように、概ね「個人の感想」の域を出ていない。むしろ、討議集会は徹底的に忌避されたと考えられる。安保法案反対運動で積極的に行なわれたのは、人を集めること、「個人の感想」を聞いてSNSで(「個人の感想」を付け加えて)拡散すること、主催団体の学生が行なうコールに同調することだった。

*2 SEALDsの国会前行動のなかで生じたコール。これは反安保法案運動のなかで主要なキャッチフレーズとなり、SEALDsと高橋源一郎の対談本『民主主義ってなんだ?』(河出書房新社、二〇一五年)の表題にも採用された。

*3 本書二八六頁*1を参照。

*4 二〇一五年七月十五日、衆院特別委員会で安保関連法案の採決が行なわれた。野党議員が反対の意思表示をしたプラカードを掲げ、怒号が飛び交う混乱した事態となった。

力図を見れば、安保関連法案が通過せざるをえないことは漠然と知っていただろう。それは、安倍政権がいくら「熟議」を尽くしても、予想された帰結である。にもかかわらず、彼／彼女らは、デモの力で、それを廃案に追い込めるとも信じていた。なぜか？

彼／彼女らが、実は自分たちこそ「多数派」だと信じていたからにほかなるまい。「絶対に止める」と断言していた理由である。つまり、国会＝代議制下ではとりあえず少数派であっても、デモに象徴される直接民主主義という別の枠組みでは、自分たちが多数派（一般意志）たりえているという信憑があったわけである。カール・シュミットではないが、拍手と喝采による満場一致こそ民主主義の最終帰結だが、[*5]それに似た状況が国会前に現出していたと言えようか。

このたびの安保法案反対運動のなかで、国民の過半が同法案に反対だったかどうかは、各種世論調査を見ても不明である。「賛成」と「反対」をはるかに凌駕する「わからない」という層が存在していた。にもかかわらず、自らを「多数派」と見做すことは可能であり、それが議会内多数派を打倒することも、不可能とは言えない。そして、そのように考えうるところに「民主主義」の奇妙さがある。

民主主義のベースに「万人の万人に対する闘い」というホッブズ的暴力[*6]への認識があることは、多くのひとびとにおいて認められている。その暴力をいかにし

＊5「人民の意志は半世紀以来極めて綿密に作り上げられた統計的な装置によってよりも喝采（acclamatio）によって、すなわち反論の余地を許さない自明のものによる方が、むしろいっそうよく民主主義的に表現され得るのである」（カール・シュミット『現代議会主義の精神史的地位』稲葉素之訳、みすず書房、二〇〇〇年、二十五頁）。

＊6 トマス・ホッブズによれば、自然状態において人間はみずからの自然権を自由に行使するので、それらが衝突し、「万人の万人に対する闘い」となる。自然状態のままでは人間の生命と安全は脅かされるため、各自が一斉に自然権をコモンウェルスに譲渡する社会契約の必要が導かれる。

て馴致するかが、民主主義の課題である。代議制は、そのことを平等な個々人の多数決という「数」の論理で抑圧しようとした。しかし、数の論理が、それ自体、暴力でしかないのは明らかなのだから、代議制民主主義は大なり小なり直接民主制を許容することで、自らの暴力を緩和するほかない。すると、直接民主制に訴える者たちも、代議制の外における「多数派」を目指すほかなく、それが確かに多数派だと主張しうる論理は立つ。この度のことを例にとっても、たとえば、前回の衆院選で争われたのは、安倍首相も明言していたように、アベノミクスの是非であって安保法案のことではなかった、とか、現在の選挙区制では一票の格差が違憲状態である、とかである。それゆえ、「民意」はわれわれにあり、国会前のデモの数を見ても、われわれは「多数派」であると見做しうる、という次第である。ここにおいて、ふたたび「万人の万人に対する闘争」が反復される。かつて、「大正デモクラシー」から普通選挙（成人男子のみ）が実施される「昭和」初期は、同時に、テロリズムの時代だった。[*7] そのことは、民主主義の裏面に暴力が不可避的に貼り付いていることを示している。

では、代議制民主主義と直接民主主義のねじれを解消することは可能だろうか。来夏の参院選に向けて、日本共産党は野党に呼びかけて反安保法案の国民連合政府を提唱しており、[*8] SEALDsも安保法案賛成議員の落選運動を準備しているという。[*9] 今その帰趨を占うことにあまり意味はないが、巷間言われているように、あ

*7 いわゆる普通選挙法が公布された一九二四年の前年には、皇太子裕仁が難波大助により狙撃を受けた虎の門事件があった。さらに、当時民政党幹事長の井上準之助、三井財閥総師団琢磨が井上日召が指導する血盟団によって暗殺された一九三二（昭和七）年二、三月の血盟団事件や、同年の五・一五事件、三六（昭和十一）年の二・二六事件などが挙げられる。

*8 二〇一五年日本共産党委員長志位和夫は日本外国特派員協会で「国民連合政府」構想を発表した。安倍政権のもと成立した安保法制廃止と立憲政治回復のために、安保法制に反対する野党で構成する暫定政権。最大野党である民主党はこれに否定的な態度を示した。

*9 二〇一五年九月十六日、SEALDsは日本外国特派員協会で会見を行ない、「現在では、「賛成議員を落選させよう」というのは合い言葉のように使われている」と述べ、今後一六年の参院選に向けて落選運動を展開する考えを表明した。

まり成功は望めまい。共産党の多少の議席増以上のことはないだろう。その理由は幾つもあげられるが(そして、事実、あれこれとあげられているが)、その根本的な問題の一つは、「民主主義ってなんだ?」と問う勢力の、その民主主義の具体的なイメージが希薄なことだ。つまり、それは国会内の「熟議」と国会前デモでしかないのである。

この間の反安保法案運動のなかで、ほとんど唯一マトモな提言としてあったのは、法哲学者・井上達夫による徴兵制の提言であった*10(『リベラルのことは嫌いでも、リベラリズムは嫌いにならないでください 井上達夫の法哲学入門』〈毎日新聞出版、二〇一五年〉等)。これは、反安保法制運動が「戦争法案反対」とか「九条守れ」といったスローガンをも掲げていたことに対する、「リベラリズム」からのカウンターとして話題になった。しかし、これは私的な印象でしかないのかも知れないが、徴兵制とともに従来からの井上の主張である天皇制の廃棄については、ジャーナリズムで問題化されることが少なかったように思われる。徴兵制もネタとして消費されてしまったようだ。

周知のように、三・一一から安保法案反対運動にいたるなかで、リベラルの側での天皇家への評価は高まる一方である(逆に、右派は困惑しているようだ)。とりわけ安倍政権の成立以降は、天皇皇后を「民主主義の防波堤」であるとして称賛する声は公然と言われるようになった。もちろん、「従軍慰安婦」や「南京

*10 元AKB48の前田敦子が二〇一一年の「AKB48 選抜総選挙」で一位を獲得した際の発言「私のことは嫌いでも、AKBのことは嫌いにならないでください」をもじった表題が先行的に話題(ネタ)になった。かねて日本国憲法第九条の削除を主張する井上は本書で、削除のうえ国民が戦力保有を決定したら、その戦力は徴兵制にもとづくべきだと主張する。

*11 昭和天皇の誕生・命名に関する記述から崩御までの動向が、これまで存在の知られていなかった資料なども掲載して記述されている。だが、半藤一利・保阪正康・磯田道史『「昭和天皇実録」の謎を解く』(文藝春秋、二〇一五年)、原武史『「昭和天皇実録」を読む』(岩波書店、二〇一五年)で「実録」からの重大な記載漏れや記述の不正確さを指摘されており、資料の恣意的な選択が疑われる。

*12 二〇一五年八月十五日全国戦没者追悼式でのスピーチを、天皇が「ここに過去を顧み、さきの大戦に対する深い反省と共に、今後、戦争の惨禍が再び繰り返されぬことを切に願い、全国民と共に、戦陣に散り戦禍に倒れた

虐殺」をはじめ日本の戦争責任を問う声は内外ともに強いわけだし、『昭和天皇実録』[*11]（全一八巻＋一巻、東京書籍、二〇一五年）の刊行を機に、改めて昭和天皇の戦争責任を問う言説も見られる。しかし、昭和天皇の戦争責任を問うリベラル左派においても、父親の戦争責任を認めているようにさえ見える「今上」天皇夫妻を前にしては、[*12]天皇制そのものに対する否定的言説は影を潜めつつある。SEALDsの拠点校であるＩＣＵに在学中の佳子サマがデモに出たなら、リベラル派の皇室賛美は最高潮に達しただろう。

井上達夫の皇室廃止論は皇室民営化とでも言うべきものであって、かつては「右翼」の鈴木邦男あたりも唱えていたもので、[*13]穏健な主張だが、それさえ今のジャーナリズムではカッコに入れられてしまうというのは、『現代の貧困』（岩波現代文庫、二〇一一年）で井上も言うように、[*14]直接民主制が天皇制と決して背反するわけではないことを証している。井上の言う「リベラリズム」という文脈とは異なるが、日本においては、自由民権運動から「大正デモクラシー」にかけて、あるいは、「戦後民主主義」においても、「民主主義ってなんだ？」という議論はなされても、共和主義が俎上に上ることは少なかった。もちろん、共和制についてもさまざまな観点があるが、[*15]ここでは単純に、反君主制的共和主義でよい。いったい、反安保法制運動が安倍政権の主権者たる国民の無視というところにあったとすれば、天皇を「象徴」として必要とする国民主権とは何だろうか。

人々に対し、心からなる追悼の意を表し、世界の平和と我が国の一層の発展を祈ります」と結んだことなどは、安倍の「戦後七〇年談話」が村山談話を継承するか否かで迷走したのと対比して、リベラル派に歓迎された。

＊13 鈴木邦男と佐藤由樹の共著『天皇制の掟―『皇室典範』を読む』（祥伝社、二〇〇五年）参照。

＊14 井上は同書で、「象徴天皇制の国民的受容に見られるような、大多数の民衆の持続的な選択を、「真に民主的ではない」とみなすことを許す民主主義の定義は、民衆への信頼と深い次元で対立する」（三十二頁）、「根本的に重要なのは（…）「みんなで決める」民主主義は、決して「内なる天皇制」に対して免疫をもってはいないことを自覚することである」と書いている。

＊15 共和制 republic の語源がラテン語の res publica であることなどから、その定義はさまざまに解釈される。一般に主権が国民にあることが原則だが、君主制を含むか含まないか、民主制と同義であるか否かなど、必ずしも用法は一定ではない。

そして、国民に主権があるとすれば、その国民は単に選挙権・被選挙権を持つだけでなく、国軍の一員となる「権利」をも有するはずである。井上達夫の言う徴兵制はとりあえず問わず、それは「義務」である以上に、主権者たる国民の「権利」（＝法）だと言わねばならない。安倍首相は、七月三十日の参院特別委員会で、徴兵は「憲法が禁止する、意に反する苦役」に該当するとして徴兵制の復活を否定した。[*16] しかし、それは国民からの「権利」の剥奪と捉えるべきだろう。現代の先進資本主義国では、おおむね徴兵制は廃止の傾向にある。実際、経済的にも軍事的にも、徴兵制は合理的でないとされている。しかし、それは同時に、国民主権という「道理」を「無理」としてしりぞける、統治の現代的な形態だと捉えるべきなのだ。実質的な志願制である自衛隊を「合憲」と見なしながら「九条守れ」と言っていた反安保法案の運動は、安倍首相の主張とほとんど違わないとさえ言える。

もちろん、現在、九条破棄＝徴兵制を主張しても、この間の井上達夫がそうだったように、ネタ以上のものとしては受け取られまい。また、天皇条項[*17]（一条から八条）の破棄を言うことも、同様に、ほとんどリアリティーに欠けることは否定できない。まだしも、天皇皇后をリスペクトしながら「九条守れ」と言っていたほうが、大衆的な支持を得られそうに見える。しかし、それでは安倍首相と五十歩百歩ではないのか。それは、リベラル左派がウルトラ歴史修正主義的なもの

＊16　二〇一五年七月三十日、安保関連法案を審議する参議院特別委員会で、安倍は徴兵制について「徴兵制は憲法第一八条が禁止する、意に反する苦役に該当します。明確な憲法違反であり、徴兵制の導入はまったくありえない」と答弁した。
＊17　「日本国憲法第一章　天皇」。天皇を「日本国の象徴」とする第一条から国事行為の内容を定めた第七条、皇室の財産に関する第八条までからなる。

を期待していた「戦後七十年談話」[*18]が、もちろん突っ込みどころは幾つもあるとはいえ、意外に「リベラル」であったことと同様である。今なすべきことは、薄く多数派を形成することではない。何を主張し、どこで対立すべきかを明確にすることから始めるほかないだろう。

＊SEALDsやリベラル大学教員の問題点の第一は、キャンパスでビラ撒き一つできないところにある。それは現在、国会前でコールするより一〇〇倍難かしい。

＊18 二〇一五年八月一四日に発表されたこの談話のなかで、安倍は、第二次世界大戦で失った「三百万余の同胞の命」に哀悼の意を表すだけでなく、「戦火を交えた国々でも、将来ある若者たちの命が、数知れず失われ」たことに触れ、「中国、東南アジア、太平洋の島々など、戦場となった地域では、戦闘のみならず、食糧難などにより、多くの無辜の民が苦しみ、犠牲となりました。戦場の陰には、深く名誉と尊厳を傷つけられた女性たちがいたことも、忘れてはなりません」と続けた。また、日本の「痛切な反省」をすべき「誤り」を「侵略」と呼んだことにも一部で注目が集まった。

戦後憲法は「正統」に成立したのか、民主主義が必須に内包する「革命」をめぐって──「あとがき」に代えて

民主主義が世論調査に代替されえない理由は、前者が「革命」を必須の契機として内包し、不断に参照しているからである。このことは、良く知られているはずだが、時として忘れられる。革命とは、この場合、ゼロから一挙に或る社会を誕生させることだと理解してよい。ルソーは、それを「自然状態」というフィクションで語った。ルソーを思想的な背景としたフランス革命に反対したエドマンド・バークは、そうしたゼロから始まる革命の非現実性を指摘し、「伝統」的な知恵を対置した。言うまでもなく、バークの保守主義のほうがリアルではある。

ここで詳しく立ち入る余裕はないが、そのルソー批判にもかかわらず、保守主義と言えど現代では民主主義を採用するほかないのは、ほぼ明らかである。民主主義は、この場合、単純に男女同権の、匿名、自由選挙、つまり普通選挙と考えてよい。普選は、有権者を一旦はゼロの状態に落とし込むことから始める。投票

所に行き囲いのなかで投票用紙に向かう時、選挙権者は一切の規定を解除されたルソー的自然人と仮構されている。彼／彼女は、そこでは階級も性差も年齢も、その他もろもろの規定も括弧に入れられた自然人である。そのような自然人が、投票行動によって、ゼロから始めて或る社会契約を結ぶことが、民主主義において擬制されるわけだ。これは「革命」である。

このような革命が、世論調査で代替できないことは、明らかであろう。世論調査においては、調査対象の階級、性差、世代などの規定が、同時にチェックされ、そのことによって調査の真実性と公正性を担保しようとする。それは、自然人を対象としていないのである。今日、世論調査は精緻をきわめ、そのヴァリエーションである選挙の出口調査は、開票速報を待たずに選挙結果を算出できる。両者は、ほぼ完璧に一致する。にもかかわらず、選挙を世論調査で代替することができないのは、革命を参照しているか否かという理由によるだろう。

いわゆる社会主義国における民主主義（中国や北朝鮮を念頭に置けばよい）と、先進資本主義国（欧米や日本などを念頭に置けばよい）とを比較して、後者のほうが「革命的」に見える理由も、以上のことから明らかであろう。後者は制度化された国政選挙を定期的におこなうことによって、不断に革命を参照し、社会契約を刷新している（と擬制される）わけである。これに対して、後者の選挙の時期はきわめて恣意的であり（長期にわたって国民議会が開催されない）、その投票行動が「自然人」のものと仮構されているかどうかさえ疑わしい。

にもかかわらず、現代の先進資本主義国において、「革命」などありえないことは誰もが感知している。選挙結果は世論調査においてすでに明らかになっており、選挙における選択によって多少の揺れがあったとしても、体制が変わることはないと誰もが感じている。オバマが大統領になろうが民主党（民進党）が政権を取ろうがそうであったし、トランプであろうがヒラリーであろうが、そうであろう。革命はないし、民主主義は永遠である。それが、資本主義というものであり、資本主義こそ永遠である。いかに、世界資本主義の衰退が言われようとも、である。

だが、これは本当に民主主義が革命を参照していることだろうか。フランス革命やロシア革命、あるいはアメリカ革命等々のことはさしあたり措き、ここでは、とりあえず身近に、日本のことを瞥見しておこう。「民主主義ってなんだ」が問われたらしい昨年の安保関連法案反対闘争において、「立憲主義」ということが、しばしば言われた。その議論について、ここで言うことはない。問題にしたいのは、そもそも安保関連法案反対派が護持を求め、政府も安保関連法案は合憲だと言うところの日本国憲法は、果たして合法的に成立したのか、という問題である。注意すべきは、現行憲法を占領軍統治下の制約のもとに成立した「押しつけ」であると規定して、改憲を目指している安倍自民党でさえ、現行憲法が合法的に存在していること自体を否定していないのである。

周知のように、戦後憲法は明治憲法にのっとって改訂手続きが取られた。しかし、欽定憲法である明治憲法と、民定であるとされる戦後憲法のあいだに、連続性はありえない。このような観点から、戦後憲法の成立に反対したのが、大正デモクラシーの泰斗として知られた美濃部達吉であった。美濃部は、戦後憲法の改訂草案が天皇から枢密院本会議に「諮詢」された時、その改訂手続きの違法性を訴えて席を立った。

昨年の戦後七〇年や「立憲主義」論議のなかでは、「民主主義を守れ」という立場から、大正デモクラシーの肯定的な再評価も多く聞かれたが、その泰斗であった美濃部達吉が、戦後憲法の正統性に疑義を呈していたことは、どれだけ踏まえられていただろうか。寡聞にしてそれを知らない(美濃部はその後、時流に迎合して転向したが)。

美濃部の戦後憲法に対する疑義に対抗しうるロジックは、ある。それが、丸山真男や宮沢俊義によって唱えられた「八・一五革命説」にほかならない。つまり、「終戦詔勅」が公表された一九四五年の八月一五日において、明治憲法に体現されている旧権力が国民によって打倒されるという「革命」があったとする擬制である。もしもうであるなら、民定である戦後憲法も正統性を持つことになる。

知られているように、八・一五革命説には多くの難点がある。そもそも、それは「敗戦（終戦）」の日ではないが、それ以上に、八・一五革命説を唱えた丸山や宮沢にしてからが、それを信じていたわけではなかった。彼らは当初は、旧帝国憲法の運用で、戦後もやっていけると思っていたのだが、占領軍の「民主化」要求（押しつけ！）が急なので、転換したのである。戦争に負けるとは、戦勝国によって憲法を変えられることだというルソー的戦争観を容認するにしても、戦後憲法は旧国内法（明治憲法）にのっとって改訂されたのである。それが、戦勝国の意志であった。にもかかわらず、一九四五年の八月一五日に旧主権の打倒と国民主権の成立というフィクションを創造しないかぎり、新憲法の正統性は保証されないのだ。八・一五革命説が繰り返し、その虚偽性を論難されながらも、今なお漠然と「民主主義の原点」のように言われる理由も、そこにある。

だが、ここでは八・一五革命説に対する、これまで繰り返されてきた論難を反復することは避けよう。そんなことは、多分、丸山も宮沢も百も承知のことだったからであり、それが、丸山の賭けた戦後民主主義の「虚妄」というものでもあろう。ここで指摘しておきたいのは、もう一つ、別の難点である。

八・一五が革命であり、主権の転換であったとして、かつての天皇主権は打倒されてどうなったのか、ということがそれである。戦後憲法において、天皇は「象徴」という規定において残っていることは、誰もが知っている。では、「主権」から「象徴」へとは、どのような転換であり打倒であり「革命」であったのか。あるいは逆に、「国体」は護持されたのか。丸山真男は、八・一五革命を提唱した「超国家主義の論理と心理」（『現代政治の思想と行動』一九四六年）以来、日本の天皇制について批判的に論及した存在として知られている。それは、「無責任の体系」と呼ばれた。しかし、八・一五が「革命」であったとするならば、天皇主権はどのように打倒されたのかということこそ、まず論証しなければならなかったのではないのか。たとえ、フィクションとしても、である。「無責任の体系」とは、たかだか国民的な「論理と心理」の問題に過ぎない。

戦後民主主義体制は、確かに、八・一五革命説というフィクションなくしては存続できなかった。それは、「主権」となった国民にとってもそうであり、「象徴」となった天皇においても、そうである。そのことは、とりわけ二〇一一年三・一一以降顕在化してきた「今上」のさまざまな振舞いによっても確認できる。リベラル派の称賛の的であったアジア各地の戦地「巡礼」から昨今の「生前退位」まで、それは法的には正統性を持たぬであろう戦後憲法にのっとることを旨としたものであるという意味で、八・一五革命説を拠り所としていると言える。そして、今や、われわれは戦後民主主義が果たして本当に「革命」を参照しているのかどうかと、再度、問うべきであろう。そして、民主主義が制度内に組み込んでいる革命は、革命たりうるものかどうか、と。

＊

本書は今はない雑誌「en-taxi」に時評として連載された。壹岐真也氏、田中陽子氏のお世話になった。単行本化に際しては、一昨年に書肆を立ち上げた若い畏友・春日洋一郎氏に、ひとかたならぬ配慮をいただき、ここまでこぎつけることができた。また、本書最大の読みどころであると思われる詳細な脚注については、春日氏が編集長をつとめる意欲的な詩と批評の雑誌「子午線」の同人で、やはり若い畏友の長濱一眞氏の驚異的な力に負っている。本書が「面白い」とすれば、これらの方々のおかげである。

二〇一六年九月二十日

絓秀実

＊本書は文芸誌「en-taxi」（扶桑社）に二〇〇四年春号（Vol.5）から二〇一五年冬号（Vol.46）まで連載した時評に加筆、訂正を加えたものである。なお、「en-taxi」での連載第一回目「さらに、踏み越えられたエロティシズムの倫理　大西巨人の場合」（Vol.5 Spring 2004、二〇〇四年三月二十七日発行）ついては、文芸評論として書かれており、本書の時評集という性格から外れるため、これを収録しなかった。

絓 秀実 すが・ひでみ
1949年新潟県生まれ。文芸評論家。著書に『「帝国」の文学　戦争と「大逆」の間』（以文社、2001年）、『革命的な、あまりに革命的な　「1968年の革命」史論』（作品社、2003年）、『JUNKの逆襲』（作品社、2003年）、『1968年』（ちくま新書、2006年）、『吉本隆明の時代』（作品社、2008年）、『反原発の思想史 冷戦からフクシマまで』（筑摩選書、2012年）、『天皇制の隠語（ジャーゴン）』（航思社、2014年）他。共著に『昭和の劇 映画脚本家 笠原和夫』（荒井晴彦との共著、太田出版、2002年）他。編書に『ネオリベ化する公共圏 壊滅する大学・市民社会からの自律』（明石書店、2006年）他。
現在、木藤亮太（『子午線 原理・形態・批評』Vol.4に「柳田國男論」を掲載）との共著で柳田國男論の刊行を準備中。

タイム・スリップの断崖（だんがい）で

2016年11月25日　初版第1刷発行

著者　絓 秀実
装幀　濱崎浩司
発行者　春日洋一郎
発行所　書肆 子午線

〒360-0815 埼玉県熊谷市本石2丁目97番地
電話 048-577-3128 ／ FAX 03-6684-4040
URL http://www.shoshi-shigosen.co.jp

印刷　七月堂
製本　渋谷文泉閣

ISBN978-4-908568-08-4　C0036